高等教育立体化精品系列规划教材

金蝶KIS财务软件应用立体化教程

◎ 张成爱 杨国忠 主编
◎ 刘兴民 周成彧 副主编

人民邮电出版社
北京

图书在版编目（CIP）数据

金蝶KIS财务软件应用立体化教程 / 张成爱，杨国忠主编. -- 北京 : 人民邮电出版社，2015.6（2021.1重印）
高等教育立体化精品系列规划教材
ISBN 978-7-115-38381-5

Ⅰ. ①金… Ⅱ. ①张… ②杨… Ⅲ. ①财务软件－高等学校－教材 Ⅳ. ①F232

中国版本图书馆CIP数据核字(2015)第022557号

内 容 提 要

本书主要讲解金蝶 KIS 财务软件的相关应用，包括进入会计角色、创建会计资料、筹集业务资金、管理现金与银行账户、企业物资购入、物资出售和人员消耗、往来业务核算、期末结账与损益计算，以及编制财务会计报表等知识。本书最后还安排了综合实训内容，进一步提高学生对知识的应用能力。

本书采用项目式、分任务讲解，每个任务主要由任务目标、相关知识和任务实施 3 个部分组成，然后再进行强化实训。每章最后还总结了常见疑难解析，并安排了相应的练习和实践。本书着重于对学生实际应用能力的培养，将职业场景引入课堂教学，因此可以让学生提前进入工作的角色。

本书适合作为高等院校财会专业及会计电算化等相关专业的教材使用，也可作为各类社会培训学校相关专业的教材，同时还可供会计初学者、办公人员自学使用。

◆ 主　　编　张成爱　杨国忠
　副 主 编　刘兴民　周成彧
　责任编辑　王　平
　责任印制　焦志炜

◆ 人民邮电出版社出版发行　　北京市丰台区成寿寺路 11 号
　邮编　100164　　电子邮件　315@ptpress.com.cn
　网址　http://www.ptpress.com.cn
　涿州市京南印刷厂印刷

◆ 开本：787×1092　1/16
　印张：15　　　　2015 年 6 月第 1 版
　字数：336 千字　　2021 年 1 月河北第 7 次印刷

定价：42.00 元（附光盘）

读者服务热线：(010)81055256　印装质量热线：(010)81055316
反盗版热线：(010)81055315
广告经营许可证：京东市监广登字 20170147 号

前 言

随着近年来各院校教育课程改革的不断发展，以及会计电算化的不断升级，市面上很多教材的软件版本、教学内容等很多方面都已不再适应目前的教学和学习。

有鉴于此，我们认真总结了教材编写经验，用了2~3年的时间深入调研各地学校的教材需求，组织了一批优秀的、具有丰富的教学经验和实践经验的作者团队编写了本套教材，以帮助高等教育院校快速培养优秀的技能型人才。

本着“工学结合”的原则，我们在教学方法、教学内容和教学资源3个方面体现出了自己的特色。

教学方法

本书精心设计“情景导入→任务讲解→上机实训→常见疑难解析→课后练习”5段教学法，将职业场景引入课堂教学，激发学生的学习兴趣，在任务的驱动下，实现“做中学，做中教”的教学理念，最后有针对性地解答常见问题，并通过练习帮助学生全方位提升专业技能。

- **情景导入**：以情景对话方式引入项目主题，介绍相关知识点在实际工作中的应用情况及其与前后知识点之间的联系，让学生了解学习这些知识点的必要性和重要性。
- **任务讲解**：以实践为主，强调“应用”。每个任务先指出要做一个什么样的实例，制作的思路是怎样的，需要用到哪些知识点，然后讲解完成该实例必备的基础知识，最后按步骤详细讲解任务的实施过程。讲解过程中穿插有“操作提示”、“知识补充”和“职场法则”3个小栏目。
- **上机实训**：结合任务讲解的内容和实际工作需要给出操作要求，提供适当的操作思路及步骤提示供参考，要求学生独立完成操作，充分训练学生的做账能力。
- **常见疑难解析与拓展**：精选出学生在实际操作和学习中经常会遇到的问题并进行答疑解惑，通过拓展知识板块，学生可以深入、综合地了解一些提高性的应用知识。
- **课后练习**：结合该项目内容给出难度适中的上机操作题，通过练习，学生可以强化巩固所学知识，温故而知新。

教学内容

本书的教学目标是循序渐进地帮助学生掌握金蝶财务软件在实务中的应用，以及实操做账的相关知识。全书共10个项目，可分为如下几个方面的内容。

- **项目一**：主要讲解会计电算化的基本知识，包括会计电算化的工作环境、会计电算化软件的分类、会计工作的基本流程，以及金蝶KIS标准版会计核算软件的功能模块和操作界面。
- **项目二至项目三**：主要讲解做账前的准备工作，包括创建财务账套、新增用户并设置权限、建立财务系统核算结构，以及在账套中录入会计初始资料等。

- **项目四至项目九：**主要讲解使用金蝶财务软件进行日常账务处理的方法，包括筹集业务资金、管理现金与银行账户、企业物资购入、物资出售和人员消耗、往来业务核算，以及期末结账与损益计算等环节的会计核算。
- **项目十：**主要讲解报表的编制与分析，包括编制与分析资产负债表，编制与分析利润表，编制现金流量表，以及分析财务指标等相关知识。

教学资源

本书的教学资源包括以下 3 方面的内容。

（1）配套光盘

本书配套光盘中包含图书中实例涉及的素材与效果文件、各项目实训的操作演示动画。同时，为了方便大家报考全国会计从业无纸化考试，本书配套光盘还提供了针对“会计电算化”这个考试科目的模拟试题库。模拟试题库中含有丰富的关于会计电算化考试的相关试题，包括单项选择题、多项选择题、判断题和实务操作题等多种题型，可自动组合出不同的试卷进行测试。另外，还提供了两套完整的模拟试题，以便读者测试和练习。

（2）教学资源包

本书配套精心制作的教学资源包，包括PPT课件和教学教案（备课教案、Word文档），以便老师顺利开展教学工作。

（3）教学扩展包

教学扩展包中包括方便教学的拓展资源，包含金蝶KIS专业版操作演示视频、常用会计科目介绍、常用会计分录等实用会计资料。

特别提醒：上述教学资源包和教学扩展包可访问人民邮电出版社教学服务与资源网（http:// www.ptpedu.com.cn）搜索下载，或者发电子邮件至dxbook@qq.com索取。

本书由张成爱和北华大学杨国忠任主编，辽宁现代服务职业技术学院刘兴民和沈阳职业技术学院周成彧任副主编。张成爱编写项目一和项目二，杨国忠编写项目三和项目四，刘兴民编写项目五和项目六，周成彧编写项目七和项目八，张倩编写项目九，罗贝加编写项目十和附录。虽然编者在编写本书的过程中倾注了大量心血，但书中仍有疏漏，恳请广大读者及专家不吝赐教。

编者

2015年4月

目 录 CONTENTS

项目四 筹集业务资金 53

项目五 管理现金和银行账户 77

项目六 企业物资购入 97

项目七 物资出售和人员消耗 117

项目八 往来业务核算 143

项目九 期末结账与损益计算 165

项目十 编制财务会计报表 191

附录 综合上机实例 213

PART 1

项目一 走进会计电算化

情景导入

阿秀：小白，你知道现在的企业会计都如何做账吗？

小白：一般小型的企业采用手工做账，中、大型企业一般都会使用会计核算软件吧。

阿秀：没错，随着会计行业的发展，计算机在会计工作中的应用也越来越广泛，会计电算化的应用已经日益成熟，所以作为一名合格的会计工作者，必须了解并掌握会计电算化的相关知识。

小白：所谓会计电算化，就是指使用计算机来进行会计核算吗？

阿秀：“会计电算化”是一个统称，简单来说，就是在当前的信息时代，用会计核算软件来进行会计核算工作，以便更好地监督会计工作，收集会计资料。

小白：看来还真是活到老学到老，我得好好琢磨一下了。

学习目标

- 了解会计电算化的发展历程
- 掌握会计工作的基本流程
- 了解会计电算化软件的分类

技能目标

- 熟悉金蝶KIS标准版会计核算软件的功能模块
- 认识金蝶KIS标准版会计核算软件的操作界面

任务一 认识会计电算化

随着社会经济、科学技术的发展，在电子计算机日益普及和网络技术飞速发展的形势下，会计信息化成为会计发展的趋势。会计数据处理的技术也在会计信息化的趋势下不断地发展变化，经历了手工操作、机械化和电算化3个阶段。会计电算化是会计信息化的初级阶段，是会计信息化的基础工作。

一、任务目标

本任务将先对会计电算化进行简单介绍，然后对会计电算化的工作环境、核算流程，以及会计电算化软件类型等相关知识进行讲解。通过本任务的学习，可对会计电算化、会计核算软件等有初步的认识，为学会使用会计核算软件进行账务处理打下基础。

二、相关知识

（一）会计电算化简介

从会计人员的角度来说，可将会计电算化的含义定义为“由专业人员编制会计软件，由会计人员及有关操作人员操作会计数据，并指挥计算机替代手工完成会计工作的活动”。

我国会计电算化经历了模拟手工记账的探索起步阶段、与其他业务结合的推广发展阶段、引入会计专业判断的渗透融合阶段和与内控相结合建立ERP系统的集成管理阶段，如图1-1所示。

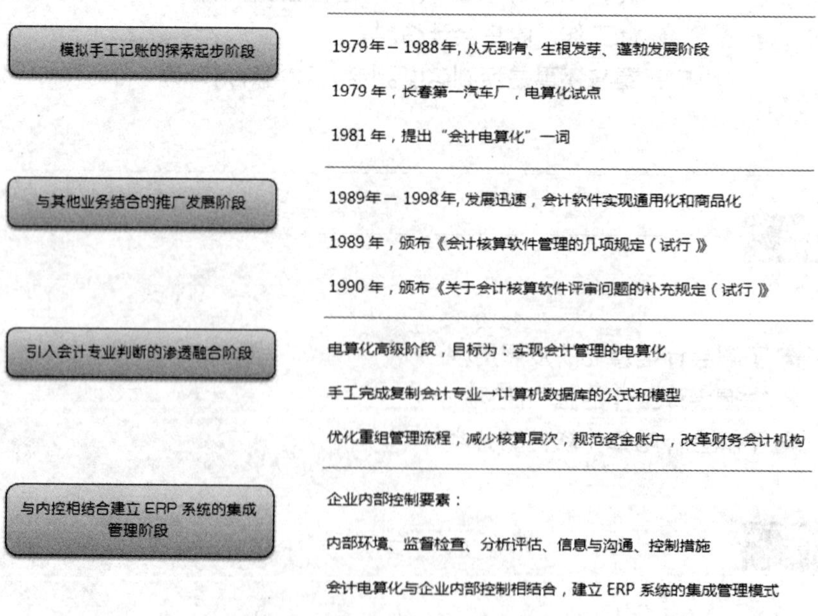

图1-1 会计电算化发展历程

通过图1-1可以看出，从20世纪80年代开始起步，到如今的ERP企业供需链的管理，会计电算化以飞速发展的势头，成为会计核算的先驱。下面将对各阶段的内容进行具体介绍。

1. 模拟手工记账的探索起步阶段

模拟手工记账的探索起步阶段具有相对简单的数据库管理系统，并根据企业自身的情况开发了相应的“账务处理系统”，减少无谓的手工劳动，提高会计工作效率；但没有主动将其作为企业信息化建设的重要组成部分。

这一阶段所开发的会计核算软件，实质上是将电子计算机作为一个高级的计算工具用于会计领域，软件系统开发的目的也仅仅是让会计人员摆脱手工账务处理过程中繁杂易错的重复工作。而在软件的应用过程中，并不能实现最大限度的数据共享，造成电算化会计数据资源的浪费，也不能实现会计电算化的会计信息与企业其他信息系统的有效融合。

2. 与其他业务结合的推广发展阶段

与其他业务结合的推广发展阶段是我国会计电算化的丰富发展阶段。该阶段完善了会计核算软件系统，包括账务处理、报表处理、往来管理、工资核算、固定资产核算、材料核算、成本核算和销售核算等，并将企业其他部门的日常核算纳入到计算机管理，与会计电算化形成一个有机的整体，构成一套完整的会计核算系统。

该阶段的基本特征主要是：程序已经构成了一个相对完整的系统，并以文件来实现一定的数据管理；程序和数据之间是相互独立的，可以更为灵活地使用。

3. 引入会计专业判断的渗透融合阶段

在引入会计专业判断的渗透融合阶段中，主要引入了以下两方面的会计专业判断。

（1）会计核算原则、条件和时间的判断。

（2）会计计量和核算方法的判断与选择。

引入会计专业判断的渗透融合阶段的基本特征主要是：将数据冗余度降到最低，数据可以无限扩张，有分布式终端和构造网络，如管理信息系统、各种经济处理模型等。

4. 与内控相结合建立ERP系统的集成管理阶段

ERP（企业资源计划）系统是一种面向企业供需链的管理，可对供需链上的所有环节进行有效的管理和控制。这些环节包括订单、采购、库存、计划、生产制造、质量控制、运输、分销、服务与维护、财务管理、人事管理等。

企业管理一般包括生产控制管理、物流管理和财务管理，ERP系统便是将企业的这三大管理系统进行整合集成管理。生产控制管理、物流管理、财务管理，再加上人力资源管理，便构成了ERP系统的主要模块，如图1-2所示。

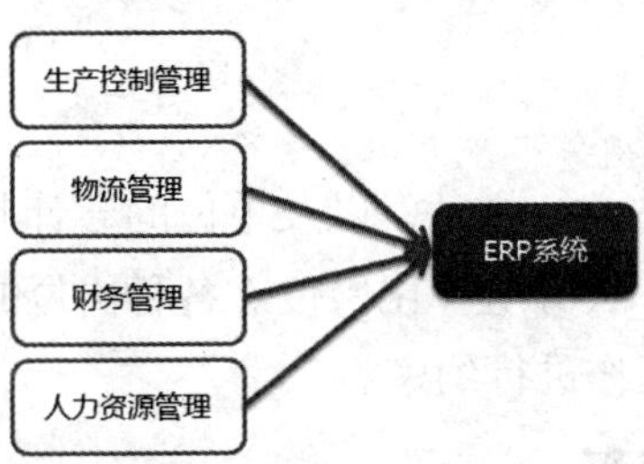

图1-2 ERP系统的主要模块

会计电算化的发展趋势要求会计电算化与企业内部控制相结合，并运用计算机实现内部控制的要求，最终建立ERP系统的集成管理模式。

（二）会计电算化系统的构成

会计电算化以计算机信息处理技术为手段，以会计核算软件为平台，以会计人员和会计制度为基础，实现会计核算的电算化管理。由此可见，会计电算化信息系统由计算机硬件、会计核算软件、会计人员、会计制度等部分构成。

1. 计算机硬件

会计电算化系统中的计算机，实质是指计算机的硬件设备，虽然不同计算机的外观、功能各不相同，但就其基本硬件组成而言，却是大致相同的。任何一台计算机的硬件系统都由运算器、控制器、存储器、输入设备和输出设备5部分组成，它是会计电算化的物质基础。计算机硬件设备的配置和性能，将直接影响会计电算化的工作质量和效率。图1-3所示为计算机硬件系统的基本结构。

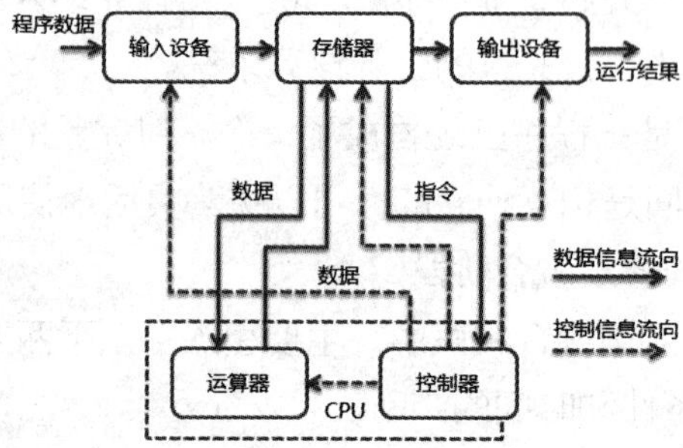

图1-3 计算机硬件系统

2. 会计核算软件

计算机软件是指计算机系统中的程序及其文档，而会计核算软件则是指专门用于进行会计核算的计算机软件。会计核算软件属于计算机应用软件，它是进行会计账务处理时与计算机硬件进行交流的接口。目前市面上使用的会计核算软件种类较多，但其功能大致相同，如其中的账务处理模块基本上属于必备模块。

3. 会计人员

会计人员包括在会计信息系统中从事管理、操作和维护的所有人员。企业实现会计电算化后，通常会根据需要设置会计电算化岗位，建立会计电算化岗位责任制，以明确会计人员的职责范围。会计电算化要求会计人员熟练掌握会计知识，并对计算机操作、网络信息管理等知识有系统的学习和了解。

4. 会计制度

会计制度包括国家的会计法律、规章，以及单位的会计制度、规章、准则等。会计制度的作用主要是对基本会计岗位和会计电算化岗位等各种岗位的职责进行分离，对会计工作的流程进行规范，对会计人员的工作进行约束。

（三）会计工作的基本流程

一个企业从成立之初开始，每一笔经济业务事项都是会计核算的对象，会计人员根据经济业务做账，保存及备份凭证、账簿和报表。一方面，通过日常账务处理可监督企业是否合法运营，另一方面也可通过反映企业收支情况的会计资料，分析企业状况，为企业发展提出建设性意见。

企业的日常业务包括现金收支，物资购售，或发生已收已付、未收未付等往来业务。这些业务的发生，将产生对应的原始凭证。在经济业务事项处理过程中，会计工作常涉及原始凭证、记账凭证、账簿、报表等会计资料的获取和制作，其具体流程如图1-4所示。

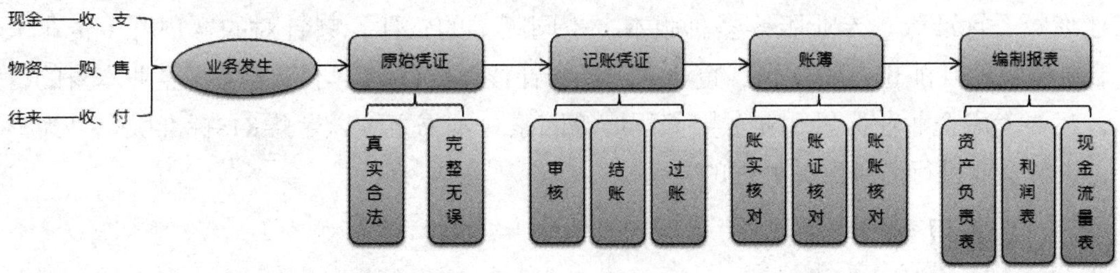

图1-4　账务处理的基本流程

（四）会计核算软件的分类

会计核算软件按不同的标准可划分为不同的类型：按会计软件的适用范围来划分，可将会计核算软件分为通用会计核算软件和专用会计核算软件；按硬件结构划分，可将会计核算软件分为单用户会计核算软件和多用户（网络）会计核算软件，如图1-5所示。

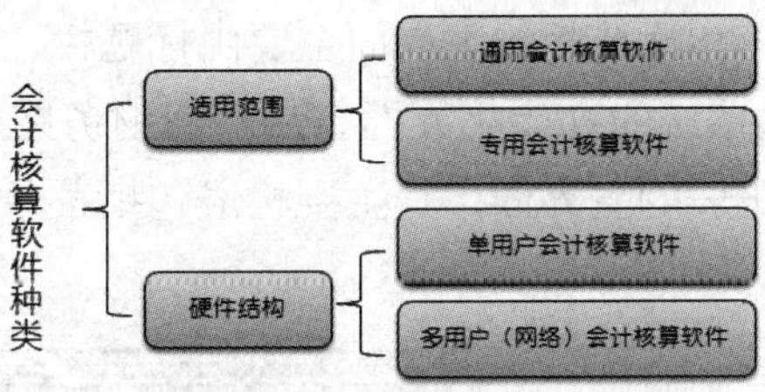

图1-5　会计核算软件的分类

- **通用会计核算软件：**是指由专业软件公司研制，在市场上公开销售，能适应不同行业、不同单位会计核算与管理基本需要的会计核算软件。通用会计核算软件具有通用性强、保密性强、软件由商家统一维护与更新、开发水平高、易学性较差且初始化工作量较大等特点。
- **专用会计核算软件：**是指由使用单位根据自身会计核算与管理的需要，自行开发或委托其他单位开发，专供本单位使用的会计核算软件。专用会计核算软件的特点在于可事先将使用单位的会计核算规则编入软件，适合本单位的会计核算，但不足之处是使用范围小，只适用于极少数的企业。
- **单用户会计核算软件：**是指将会计核算软件安装在一台或几台计算机上，每台计算机的会计核算软件单独运行，生成的数据只存储在各自的计算机中，各计算机之间不能直接实现数据的交换和共享。

● **多用户（网络）会计核算软件**：是指将会计核算软件安装在一个多用户系统的主机（或计算机网络服务器）上，该系统中各个终端（工作站）可以同时运行软件，且不同终端上的会计操作人员能够共享会计信息。

任务二 初识金蝶KIS

金蝶KIS是金蝶软件公司开发的用于会计核算及账务处理的一系列软件的总称。金蝶KIS分为迷你版、标准版、专业版等多种版本，不同版本的软件，其针对的客户群（企业）不同，会计核算的功能也有所差别。企业在选择会计核算软件时，不仅要考虑企业本身的行业性质，还要考虑企业业务量和业务繁简程度等因素。本书主要以金蝶KIS标准版V9.1为核算软件，讲解企业进行各种账务处理的方法。

一、任务目标

本任务将认识金蝶KIS标准版会计核算软件的功能模块，熟悉金蝶KIS标准版的操作界面，以及对本书会计核算对象欣宝月实业有限公司的概况有大致的了解。通过本任务的学习，可对欣宝月实业有限公司和金蝶KIS标准版有较全面的认识，以及尝试如何根据企业概况选择会计电算化核算软件。

二、相关知识

（一）认识金蝶KIS标准版的操作界面

和其他软件一样，金蝶KIS标准版的主界面主要由标题栏、菜单栏、功能选项卡、功能区等部分组成，但进入软件系统的初始化界面、启用新财务账套后的主界面会有细微的区别。图1-6所示为系统初始化后的主界面，其主要构成包括菜单栏、功能选项卡、导航和状态栏。

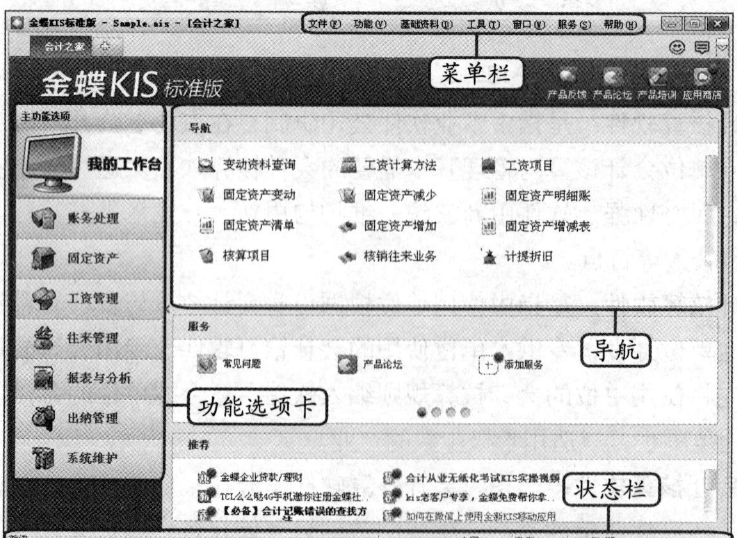

图1-6 金蝶软件系统的主界面

- **菜单栏**：位于金蝶KIS标准版界面的顶部，其左侧为软件名称、财务账套名称，其右侧为窗口控制按钮。菜单栏包括“文件”、“功能”、“基础资料”、“工具”、“窗口”、“服务”和“帮助”菜单项，每个菜单项又包括多个菜单命令。单击菜单项即可查看该菜单项对应的菜单命令。
- **功能选项卡**：位于主界面左侧，除“我的工作台”功能选项卡外，其他功能选项卡则对应软件的功能模块，单击功能选项卡中任意项后，即可在其右侧打开与之对应的功能区。图1-7所示为单击“账务处理”功能选项卡后的显示界面。

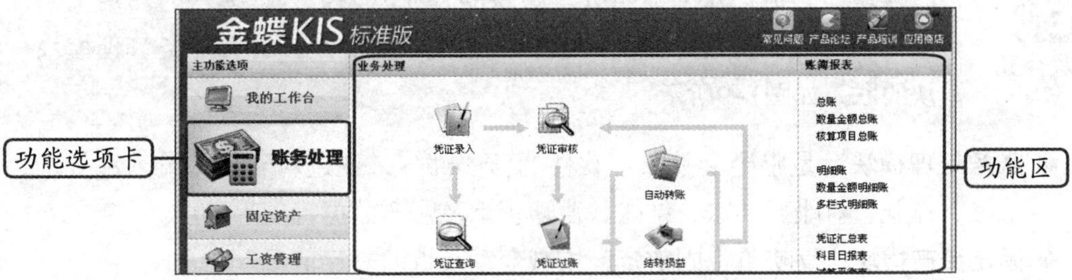

图1-7 “账务处理”功能选项卡对应的功能区

- **导航**：实际上是“我的工作台”功能选项卡对应的功能区，包括金蝶KIS标准版软件的常用核算功能，可直接通过在导航区中单击相应的超链接，快速进入会计核算窗口，进行会计核算。
- **状态栏**：位于操作界面最下方，用于显示当前期间、操作员等信息。单击右下角的操作员姓名，将打开登录界面，此时可使用其他账户登录软件系统。

知识补充

新建账套后，将进行账套初始化操作，需要设置币别、核算项目、会计科目等多种参数，此时的界面又会有所差别，如图1-8所示。当设置完成后，单击“启用账套”超链接后，即可进入如图1-6所示的主界面。

图1-8 初始化界面

（二）金蝶KIS标准版会计核算软件的功能模块

会计核算软件通常包括账务处理、工资核算、固定资产核算、存货核算、销售核算、成本核算、应收/应付款核算、会计报表生成与汇总及财务分析9个功能模块，而金蝶KIS标准版只包含会计核算中的主要模块，分别为账务处理、固定资产、工资管理、往来管理、报表与分析和出纳管理6个模块，各模块的主要功能介绍如下。

> **知识补充** 无论是在哪种会计核算软件中，账务处理模块都是整个会计信息系统的核心模块，其他模块为账务处理模块的补充。账务处理模块的作用主要是管理账簿和有关按科目分类的制表，其他模块一般是核算和业务管理模块。各模块的联系如图1–9所示。

- **账务处理模块**：是整个会计核算软件的核心部分，通过对凭证的输入和处理，完成记账、算账、对账、转账、结账、账簿查询及账务数据管理等功能。
- **固定资产模块**：反映单位固定资产增减变动及折旧提存情况。
- **工资管理模块**：计算职工应发工资和实发工资，并根据工资用途进行分配。
- **往来管理模块**：根据往来业务凭证，完成应收账款、应付账款等往来业务的登记与核销工作，并生成各种账表。
- **报表与分析模块**：根据会计核算数据完成会计报表的编制与汇总工作，并根据报表数据生成各种分析报表。
- **出纳管理模块**：对现金余额、银行存款余额，现金日记账、银行日记账，现金盘点和对账、银行存款对账，以及支票进行管理。

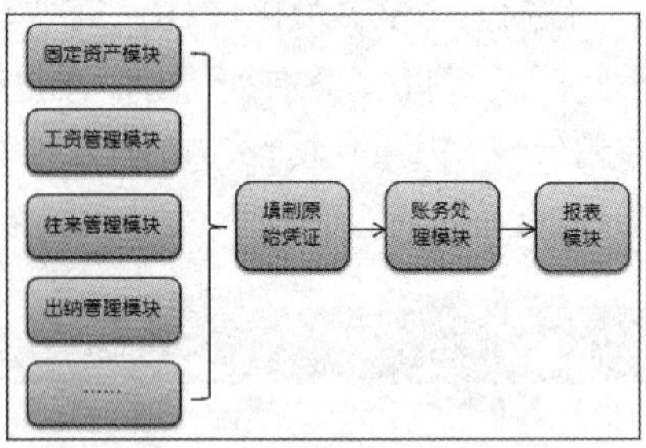

图1–9　模块间的联系

常见疑难解析

问：是否所有的企业都必须使用会计电算化软件进行会计核算？

答：通过会计核算软件，不仅可以使会计人员的职责更加明确，还能最大限度地简化账簿登记工作（与手工记账的区别）。可以说，使用会计核算软件进行账务核算，是会计工作的主流趋势，但这并不代表所有的企业都必须使用会计核算软件，如员工人数在5人以下的，且业务量较少的企业，就可以以手工做账为主。

问：市面上有多种类型的会计核算软件，应该如何选择适合本单位的呢？

答：会计人员在做账之初，应综合分析企业的业务情况，根据企业的规模、业务量、往来等多种因素，来判断是否应选择会计核算软件，以及应该选择哪种会计核算软件。由于会计核算软件的种类不同、版本不同，其功能模块也有所区别，所以可通过查看功能模块来选择会计核算软件。以金蝶KIS为例，若业务量较少，只涉及日常业务、往来业务等，可选择金蝶KIS迷你版；若业务量相对较多，企业结构较完整，则可选择金蝶KIS标准版；若企业业务结构非常完整，业务涉及采购、仓管、销售、应收应付等流程，则可选择金蝶KIS专业版。

拓展知识

（一）会计核算软件与手工会计核算的异同

1. 会计核算软件与手工会计核算的相同点

- **目标一致**：两者的目标都是进行会计核算，提供与决策相关的会计信息，参与企业经营决策，加强经营管理，提高企业经济效益。
- **遵守共同的会计准则和会计制度**：两者都要遵守会计和财务制度，以及国家制定的各项财经法纪，并严格贯彻执行会计法规，从措施、技术和制度上堵塞各种可能的漏洞，消除弊端，防止作弊。
- **遵守共同的基本会计理论和会计方法**：两者都要遵守共同的基本会计理论和会计方法，都采用复式记账原理。
- **会计数据处理流程大体一致**：会计核算软件的数据处理流程本质上是模仿手工会计核算流程的，因此两者的会计数据处理流程基本相同。

2. 会计核算软件与手工会计核算的区别

会计核算软件与手工会计核算的区别如表1-1所示。

表1-1 会计核算软件与手工会计核算的区别

项目	核算工具	信息载体	记账规则	处理流程
会计核算软件	计算机	磁性介质、光盘等	录入数据，自动生成	集中收集、统一处理、数据共享
手工记账	算盘、笔、纸	纸张	多种记账规则，如平行登记、错账更正等	分散收集、分散处理、重复登记

（二）会计人员职务的取得流程

1. 取得资格

会计从业资格是指进入会计职业、从事会计工作的一种法定资质，是进入会计职业的

"门槛"，从事会计工作必须持证上岗。申请参加会计从业资格考试的人员，应当符合下列基本条件：

- 遵守会计和其他财经法律、法规，具备良好的道德品质，具备会计专业基本知识和技能。
- 通过会计从业资格考试中财经法规和会计职业道德、会计基础和会计电算化3个科目的考试。

除了会计从业资格考试外，我国还实行会计专业技术资格考试。会计专业技术资格分为初级资格、中级资格和高级资格3个级别。其中初级、中级会计资格的取得实行全国统一考试制度；高级会计师资格实行考试与评审相结合制度。

2. 任用上岗

我国会计从业资格证实行注册登记管理制度。持有会计从业资格证书的人员从事会计工作时，应进行上岗注册登记、离岗备案、调转登记和变更登记制度，如表1-2所示。

表 1-2　会计人员的任职上岗

上岗注册登记	离岗备案	调转登记	变更登记
从事会计工作 90 日内填写注册登记表，持会计从业资格证和单位证明办理注册登记	离岗 6 个月，填写注册登记表，持证书到原注册登记机构备案	离开原单位 90 日内填写调转登记表，办理调转登记	持学历、学位、会计专业技术职务资格等办理变更登记

3. 继续教育

会计人员继续教育是指取得会计从业资格的人员持续接受一定形式的、有组织的理论知识、专业技能和职业道德的教育和培训活动，不断提高和保持其专业胜任能力和职业道德水平。会计人员继续教育的形式包括接受培训和自学两种。会计人员应当接受继续教育，每年参加继续教育不得少于24小时。

课后练习

（1）通过对会计电算化基础知识的学习，分析一般企业会计工作的基本流程。

（2）在网络中查询目前主流的会计电算化软件有哪些？分别属于哪种会计电算化软件类型？

（3）观察金蝶KIS标准版的操作界面，总结使用功能选项卡对应的功能区和选择菜单命令的异同，分析是否能使用两种方法完成相同操作。

（4）若曾了解过其他会计核算软件，可与金蝶KIS标准版进行对比，找出其异同分析软件功能模块之间的联系。

PART 2

项目二 进入会计角色

情景导入

阿秀：小白，我们今天就要开始使用金蝶KIS标准版会计核算软件建账了，你先去准备资料吧。

小白：建账是什么意思？哪些资料需要我准备呢？

阿秀：建账指建立账套，简单来说，账套就是存放会计资料的一个"容器"，先把容器准备好，才能往这个容器里面慢慢地添加内容，这个就是做账的过程。

小白：比喻得真贴切。容器准备好了，往里面添加的内容，应该就是我需要准备的东西了吧。

阿秀：孺子可教，不过建账可不光是准备"容器"这么简单，还需要根据企业的实际情况和会计部门的相关人员进行设置。

小白：我知道，会计制度要严格遵守，会计工作要认真对待。你就别卖关子了，赶紧教教我吧。

学习目标

- 了解建账前的资料准备
- 掌握建立财务账套，备份和恢复财务账套，以及删除财务账套的操作方法
- 掌握新增用户组和新增用户的方法
- 了解电算化岗位设置原则，并掌握为用户设置权限的方法

技能目标

- 为企业新建财务账套
- 备份和恢复财务账套，以及删除系统多余的财务账套
- 新增用户组和用户，并为相应的用户设置权限

任务一 创建财务账套

要使用金蝶KIS标准版会计核算软件进行账务处理，必须先创建财务账套（以下简称账套），对账套进行初始化，然后启用设置好的账套，即可在其中进行财务核算。下面将介绍账套的基础知识，以及在金蝶KIS标准版会计核算软件中创建账套的方法。

一、任务目标

本任务将介绍新建、备份、恢复和删除账套的相关操作，以及了解建账的相关准备工作和企业划分标准。通过本任务的学习，掌握根据企业实际情况判断企业类型，并创建相应的账套的方法。图2-1所示为新创建账套的初始化界面。

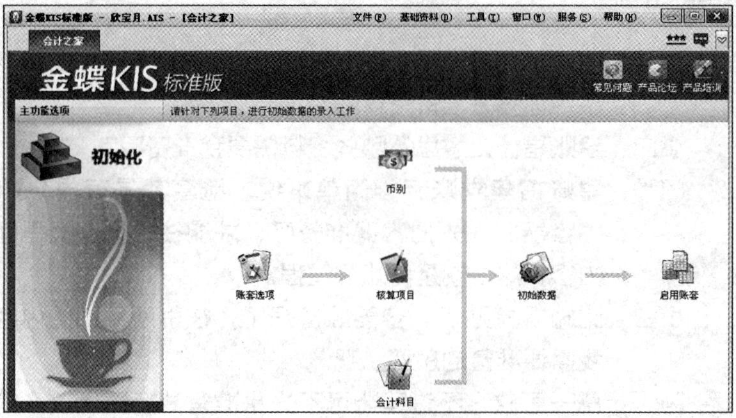

图2-1　新建账套的初始化界面

二、相关知识

（一）什么是账套

账套是一个独立、完整的数据集合，这个数据集合由一整套系统控制参数、用户权限、基本档案、会计信息、账表查询等组成。在金蝶KIS标准版会计核算软件中，可以进行账套的新建、备份、恢复和删除，以及设置账套选项等操作。

1. 认识账套

一个账套包含了企业在会计电算化系统中的所有会计资料，它是存放企业财务和业务数据的特定载体。金蝶KIS标准版对账套的数量没有限制，使用该会计核算软件可以处理多个企业的账务。但值得注意的是，一个账套只能对一个会计主体的业务进行核算，即应分别为每个企业都建立账套，存放企业相应的会计资料和信息。图2-2所示为在金蝶KIS标准版中建立的多个账套。

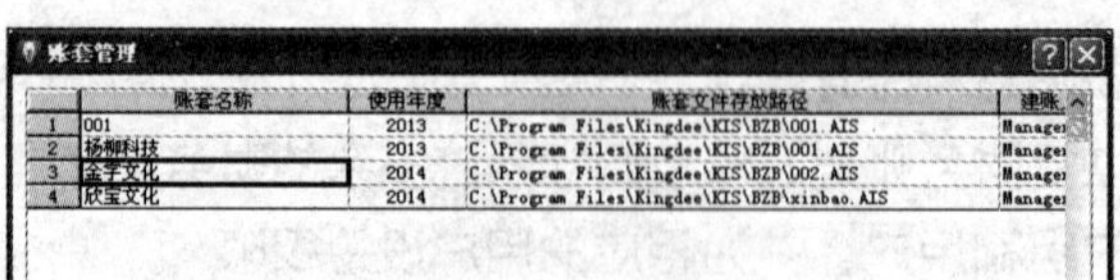

图2-2　容一个会计核算软件中的多个账套

新建账套的过程可分为3个阶段，分别为增设账套、设置账套属性和正式启用账套。新建账套后，在计算机中将产生一个账套文件，账套文件就是存放所有会计数据的“容器”。同时在新建账套时，还涉及多个核算参数的设置，具体介绍如下。

- **账套路径**：存放账套文件的位置。
- **文件名和账套名**：文件名指账套文件的名称，可随意设置；账套名则是指账套的名称，一般情况下都使用公司的全称，同时应注意两个名称之间的区别。
- **公司所属行业**：提供多种行业类型，启用账套后，系统自动获取该行业的常用会计科目。若不需要使用系统默认的会计科目，可在设置行业时选中“不建立预设科目表”复选框；若需要使用常用的会计科目，可选择“企业会计准则”、“小企业会计准则”或“新会计准则”等选项。图2-3所示分别为金蝶KIS标准版会计核算软件中，工业企业和施工企业默认的“成本”类会计科目。

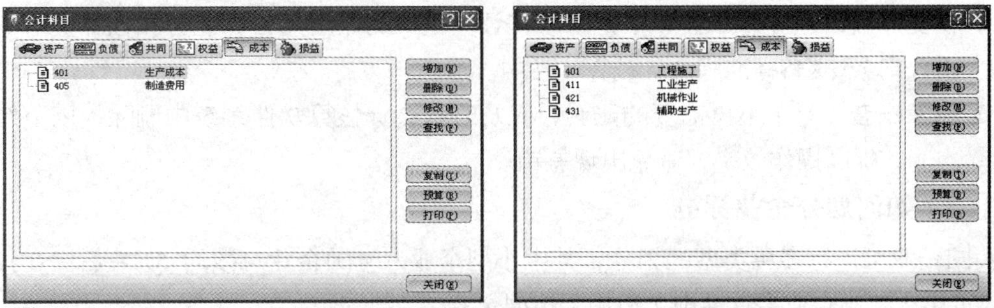

图2-3　工业企业和施工企业默认的“成本”类会计科目

- **记账本位币**：一般以人民币作为记账本位币，若企业外币业务较多，可以选定某一外币作为记账本位币，但是编制的财务会计报告应当折算为人民币。记账本位币确定后，不能随意更改。
- **会计科目结构**：指总分类会计科目和明细分类会计科目代码的结构。一般设置科目级数为“4”级，有“3-2-2-2”和“4-2-2-2”等多种设置方法，目前最常用的是“4-2-2-2”的科目结构。
- **会计期间**：需设置会计期间界定方式、会计年度开始日期、账套启用会计期间等多个参数。一般选择期间界定方式为“自然月份”，其他日期和时间则应根据企业实际情况、建账日期和时间进行设置。

2. 账套管理

账套管理包括设置账套选项、备份账套、恢复账套和删除账套操作。

- **设置账套选项**：新建账套后，即可进入系统初始化状态，在该状态下可对账套选项进行设置，以便更符合企业的会计工作需要。设置账套选项包括对凭证选项、账簿顺序、固定资产减值准备科目、结账和报表等相关参数进行设置。图2-4所示为设置账套的“账套选项”对话框。
- **备份账套**：即导出账套，指将金蝶KIS标准版会计核算软件中的账套以文件的形式另存到计算机的其他位置，保证业务和核算资料的安全和完整。账套的备份可随时进行，在实际工作中可坚持每天备份一次。除此之外，每月结账前、更新软件版本前和会计年度结账前都应该对账套进行备份。

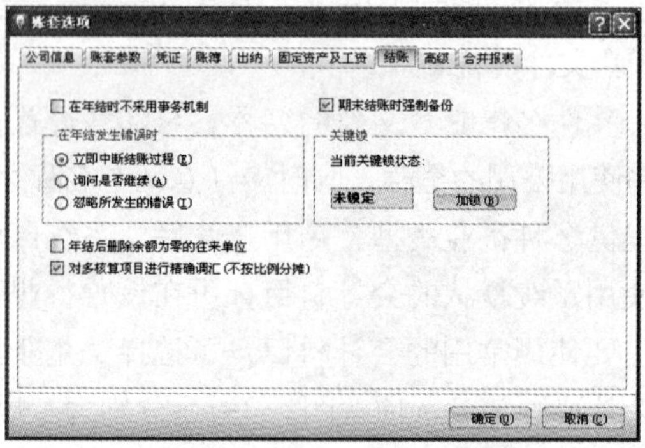

图2-4　“账套选项”对话框

- **恢复账套**：即导入账套，指把存放在计算机中的账套（会计业务和核算资料）数据引入到金蝶KIS标准版会计核算软件中。
- **删除账套**：对于不再需要的账套，应及时从会计核算软件系统中删除，以节约硬盘空间，提高操作效率，避免出现差错。

（二）如何划分企业标准

我国企业可进行多种类型的划分，其中小型企业占全国企业总数的95%左右。在我国的会计制度中，《小企业会计准则》适用于小型企业。

小型企业划分的具体标准应根据企业从业人员、营业收入、资产总额等指标，结合行业特点制定。小型企业的划分标准如表2-1所示。

表2-1　小企业划分标准

企业类型	职工人数	年销售额	资产总额
工业企业	300人以下	3 000万以下	4 000万以下
建筑业企业	600人以下	3 000万以下	4 000万以下
批发业企业	100人以下	3 000万以下	
零售业企业	100人以下	1 000万以下	
交通运输业企业	500人以下	3 000万以下	
住宿和餐馆业企业	400人以下	3 000万以下	
房地产企业	100人以下	1 000万以下	
金融企业	100人以下	5 000万以下	
租赁企业	100人以下	1 000万以下	

在企业行业不同、规模不同、内部构成不同、部门设置不同等因素下，其会计核算的要求也不尽相同。《企业会计准则》适用于除《小企业会计准则》规定以外的所有企业，在金蝶KIS标准版会计核算软件中，《企业会计准则》被称为《新会计准则》。

三、任务实施

【案例1】2014年1月1日，欣宝月实业有限公司成功注册，企业总经理要求财务部门使用正规的会计核算软件进行日常账务处理。财务部购入金蝶KIS标准版会计核算软件，并于当日正式投入使用。财务主管李四按总经理要求，以2014年作为会计年度，1月1日作为启用账套日期，立即开始建账。

（一）为欣宝月实业新建账套

在建账过程中，应合理考虑并结合企业的实际情况对账套参数进行设置。下面为欣宝月实业有限公司建立账套，其具体操作如下。（微课：光盘\微课视频\项目二\为欣宝月实业新建账套.swf）

STEP 1 选择【开始】/【所有程序】/【金蝶KIS】/【金蝶KIS标准版】菜单命令，启动“金蝶KIS标准版”会计核算软件。

STEP 2 打开“金蝶KIS标准版系统登录”窗口，在下方单击 新建账套 按钮，如图2-5所示。

STEP 3 打开“新建帐套”对话框，在“保存在”下拉列表中选择账套文件的保存位置，在“文件名”文本框中输入账套名称“欣宝月”，然后单击 保存(S) 按钮即可，如图2-6所示。

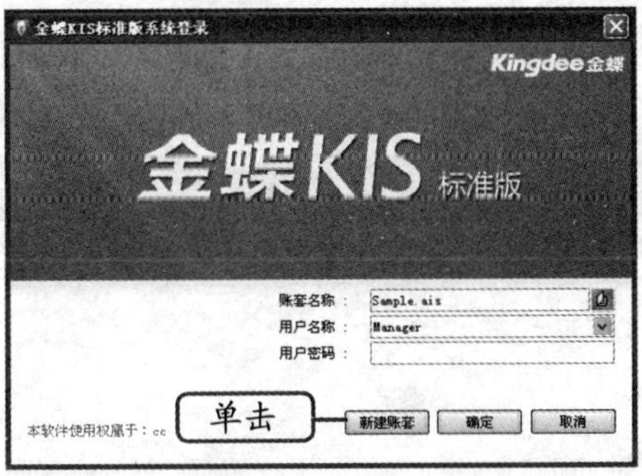

图2-5 用户登录界面

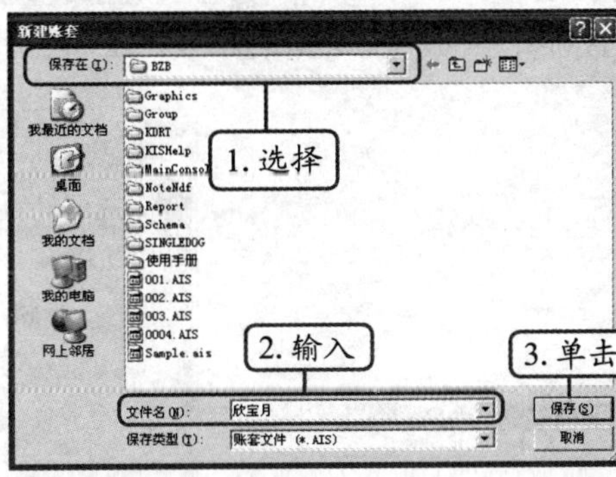

图2-6 新建并保存账套文件

STEP 4 打开“建账向导”对话框，直接单击 下一步 > 按钮，打开输入账套名称的对话框，在“请输入”文本框中输入账套名称“欣宝月实业有限公司”，单击 下一步 > 按钮，如图2-7所示。

STEP 5 打开设置行业类型的对话框，在列表框中选择“新会计准则”选项，单击 下一步 > 按钮，如图2-8所示。

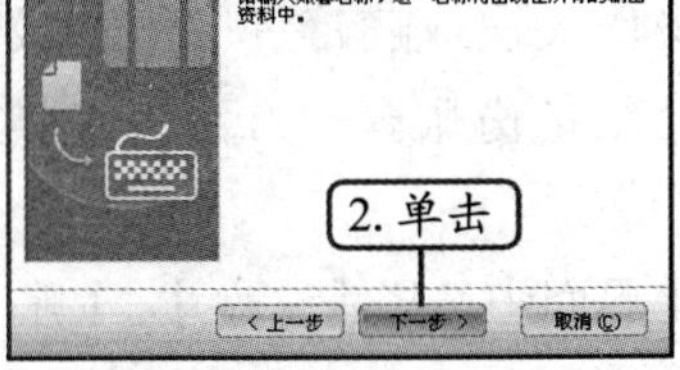

图2-7 输入账套名称

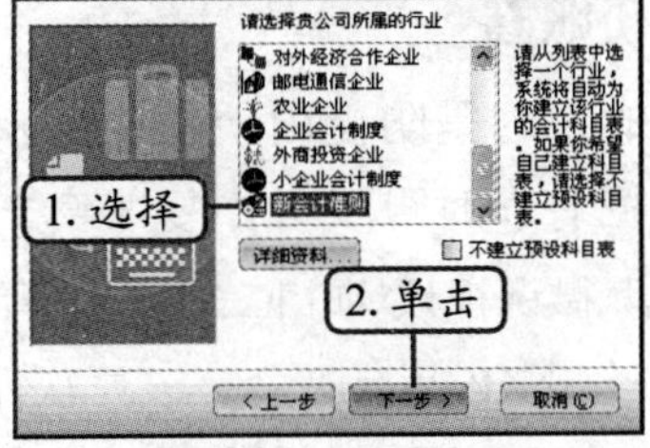

图2-8 选择行业类型

STEP 6 打开设置记账本位币的对话框，此时系统默认本位币为“人民币”，可根据需要对记账本位币进行设置，完成后单击【下一步 >】按钮，如图2-9所示。

STEP 7 打开设置科目结构的对话框，在“会计科目级数”数值框中输入“4”，在二、三、四级会计科目对应的数值框中输入“2”，完成后单击【下一步 >】按钮，如图2-10所示。

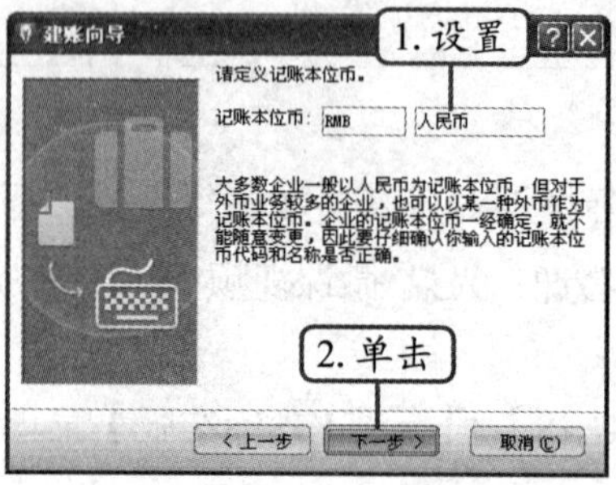

图2-9 设置记账本位币

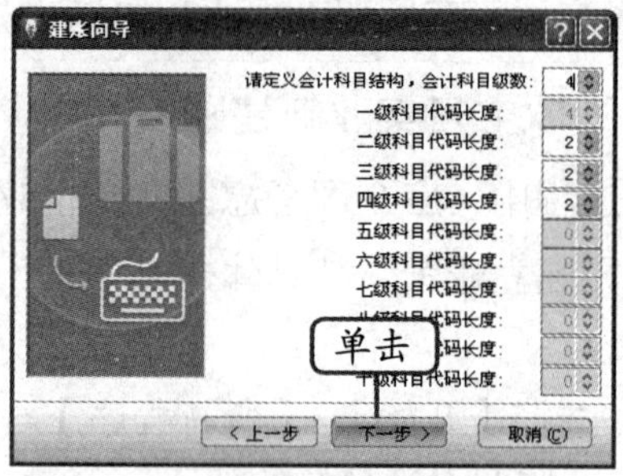

图2-10 设置会计科目结构

STEP 8 打开设置会计期间的对话框，设置期间界定方式为“自然月份”，设置会计年度开始日期为“1月1日”，设置账套启用会计期间为“2014年1期”，完成后单击【下一步 >】按钮，如图2-11所示。

STEP 9 在打开的对话框中单击【完成】按钮，系统自动进入新建的账套，并打开账套的初始化界面，完成账套的新建，如图2-12所示。

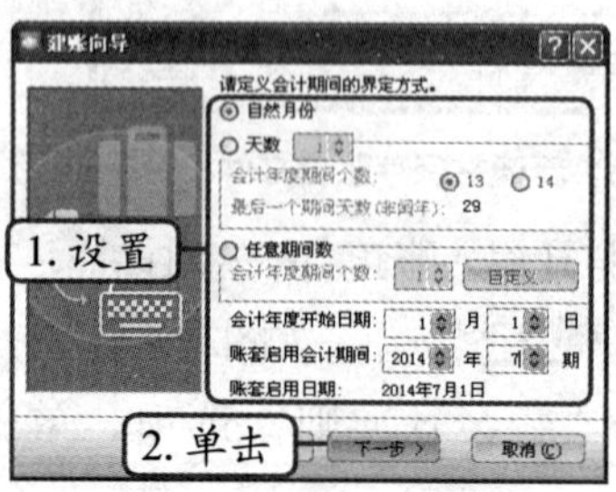

图2-11 设置会计期间

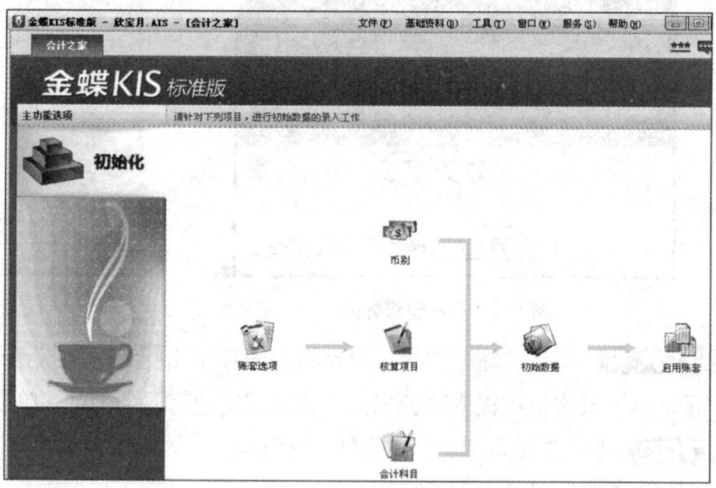

图2-12 新建账套的初始化界面

（二）备份账套

备份账套的目的是防止由于硬件、软件、操作失误或病毒等原因造成账套损坏不能使用，或在数据有误时可及时恢复账套。下面介绍备份账套的方法，其具体操作如下。

（**微课**：光盘\微课视频\项目二\备份账套.swf）

STEP 1 在金蝶KIS标准版会计核算软件初始化界面中选择【文件】/【账套维护】/【账套备份】菜单命令，如图2-13所示。

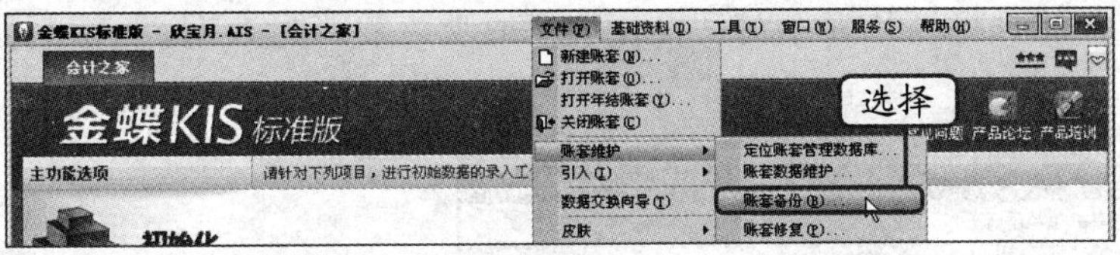

图2-13 选择菜单命令

STEP 2 打开“账套备份”对话框，在下拉列表和列表框中分别选择备份文件要保存的磁盘盘符及保存的文件夹位置，选中“整理账套碎片”复选框，然后单击【备份】按钮，备份账套并整理账套碎片，如图2-14所示。

STEP 3 此时将打开提示对话框提示备份完成，单击【确定(O)】按钮，如图2-15所示（效果参见：光盘/效果/项目二/欣宝月.AIR）。

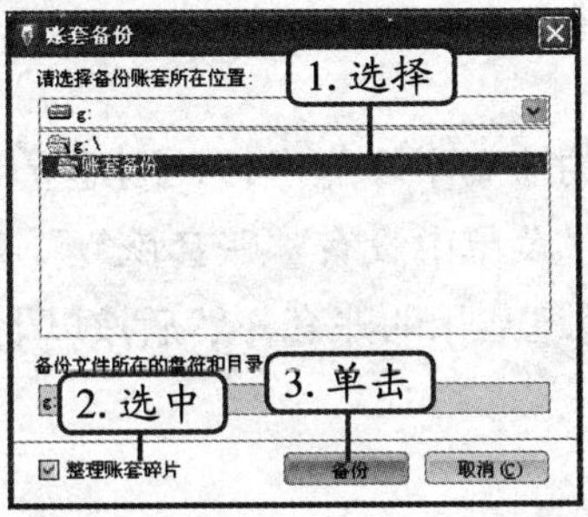

图2-14 设置备份账套保存位置

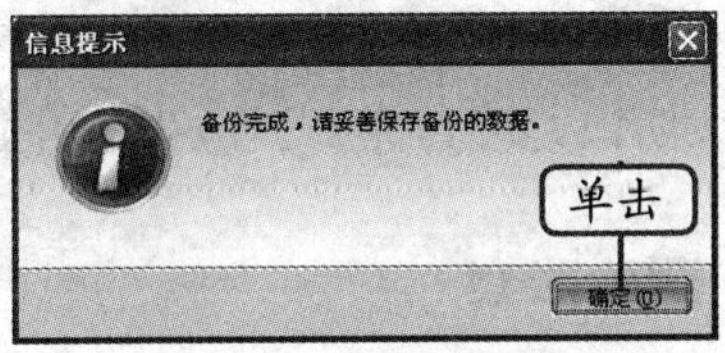

图2-15 成功备份账套

（三）恢复账套

备份账套后只有通过恢复账套，才能查阅备份账套中的会计资料，并在其中正常进行会计核算。其具体操作如下。（**微课**：光盘\微课视频\项目二\恢复账套.swf）

STEP 1 在金蝶KIS标准版会计核算软件的初始化界面中选择【文件】/【账套维护】/【账套恢复】菜单命令，如图2-16所示。

STEP 2 打开“恢复账套”对话框，在“查找范围”下拉列表中选择备份账套保存的位置，在列表框中选择要恢复的账套，单击【打开(O)】按钮，如图2-17所示。

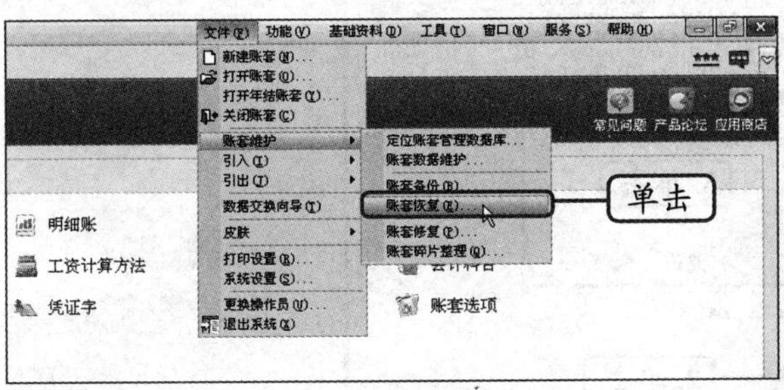

图2-16 选择菜单命令

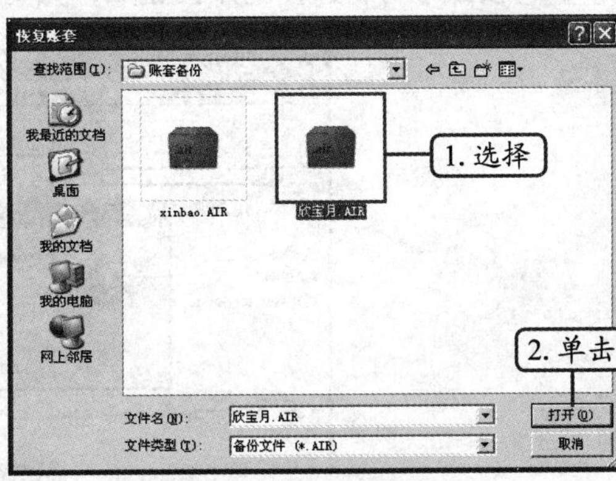

图2-17 选择要恢复的账套

STEP 3 打开“恢复为”对话框，重新设置恢复后账套的存储文件名，然后单击【保存(S)】

按钮保存账套，此时将打开提示对话框，提示成功恢复账套数据，单击【确定(O)】按钮，如图2-18所示。

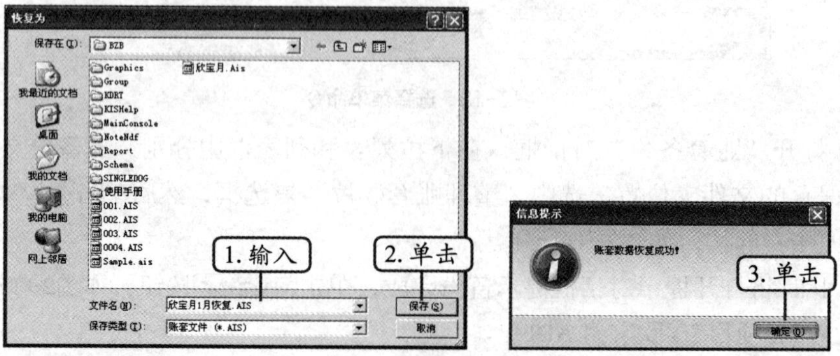

图2-18　重新保存账套

> **知识补充**　账套的恢复操作只能在已启用的账套中才能进行，刚建立的账套没有任何数据，且未启用，此时的“文件”菜单中没有“账套恢复”菜单命令项，所以要恢复账套，应先打开其他任意已启用的账套，然后按以上操作进行。

（四）删除账套

账套以账套文件的形式存放在计算机中，所以为了节约磁盘空间，可定期清理计算机中多余、无用的账套，并将其删除，其具体操作如下。（**微课**：光盘\微课视频\项目二\删除账套.swf）

STEP 1　在金蝶KIS标准版会计核算软件初始化主界面中选择【文件】/【账套维护】/【账套数据维护】菜单命令，打开“账套管理”对话框。

STEP 2　在列表框中查看并选择需要删除的账套，此时将在下方的列表框中显示账套名称、建账日期和软件版本信息。

STEP 3　确认后单击【删除(D)】按钮，打开提示对话框，提示是否删除账套信息，单击【是(Y)】按钮即可将选择的账套删除，如图2-19所示。

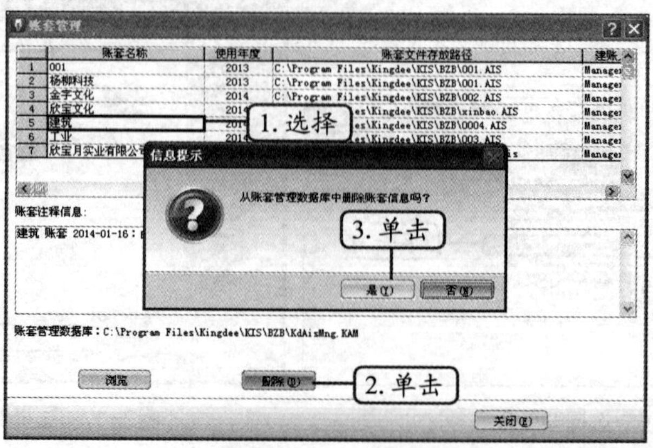

图2-19　删除账套

任务二 新增用户和设置权限

不管使用哪种会计核算软件，在会计核算过程中，都将涉及多个用户的操作，如凭证的录入和审核应由两个用户分别完成。不同的用户，其软件的操作权限也不相同，下面将在新建的欣宝月实业有限公司账套中新增用户并设置权限。

一、任务目标

本任务将根据欣宝月实业有限公司财务部人员组成和部门结构，在金蝶KIS标准版会计核算软件中新增用户组、用户，并为新增的用户设置密码和操作权限等。通过本任务的学习，可认识会计电算化岗位和职责，了解岗位设置原则，掌握用户组、用户的新增方法，以及掌握用户密码和用户权限的设置方法。表2-2所示为欣宝月实业有限公司财务人员信息详情。

表2-2 欣宝月实业有限公司财务人员信息详情

姓名	职位	密码	用户组	权限
牟一	系统管理员	111111	系统管理员组	所有权限
张二	操作员	222222	操作员组	账务处理凭证（除审核、检查和过账外）、工资、固定资产、往来管理、科目
赵三	操作员	333333	操作员组	账务处理凭证（除审核、检查和过账外）、工资、固定资产、往来管理、科目
李四	审核员	444444	审核员组	凭证审核、过账、期末处理、报表、科目
王五	审核员	555555	审核员组	凭证审核、过账、结账、报表、科目
刘六	出纳	666666	出纳组	出纳管理所有权限
郭七	系统维护	777777	系统维护员组	系统维护

二、相关知识

（一）会计电算化岗位设置原则

企业在设置任何岗位时，都应遵循一般的职责分离原则，其中设置会计电算化岗位时应注意的主要职责分离原则包括以下两点。

- **软件开发与数据处理的职责分离**：是指会计电算化软件的开发人员、维护人员，不能担任该软件系统的管理人员、操作人员、数据审核人员、数据稽核人员等。系统维护人员应由专人担任。
- **出纳与数据处理的职责分离**：出纳不能兼任数据录入员、记账员、审核员、资料保管员等职位。

职场法则

《会计基础工作规范》对会计人员回避制度作出了相关规定，内容主要包括：（1）单位负责人的直系亲属不得担任本单位的会计机构负责人、会计主管人员；（2）会计机构负责人、会计主管人员的直系亲属不得在本单位会计机构中担任出纳工作。

直系亲属包括夫妻关系、直系血亲关系、三代以内旁系血亲以及近姻亲关系。

（二）会计电算化岗位及主要职责

企业规模不同、业务内容不同，其会计岗位的设置也有一定的区别。实行会计电算化涉及的工作岗位可分为基本会计岗位和电算化会计岗位。

- **基本会计岗位**：包括会计主管、出纳、会计核算各岗、稽核和会计档案管理等工作岗位。
- **电算化会计岗位**：是指直接管理、操作、维护计算机以及会计核算软件的工作岗位，包括电算主管、软件操作、审核记账、点算维护、电算审查、数据分析等工作岗位。实行会计电算化的单位，要建立会计电算化岗位责任制，要明确每个工作岗位的职责范围，切实做到事事有人管，人人有专责，办事有要求，工作有检查。

下面对常见电算化会计工作岗位及其职责进行简单介绍，在实际工作中应根据企业实际情况，对会计电算化岗位进行增减变化。

- **电算主管**：负责协调计算机及会计软件系统的运行工作，要求具备会计和计算机知识，以及相关的会计电算化组织管理的经验。电算化主管可由会计主管兼任，采用中小型计算机和计算机网络会计软件的单位，应设立此岗位。“电算主管”具有很大的软件使用权限，一般可调用所有的功能和程序，但不能调用系统源程序及详细的技术资料。
- **软件操作**：负责输入记账凭证和原始凭证等会计数据，输出记账凭证、会计账簿、报表，进行部分会计数据处理工作，要求具备会计软件操作知识，达到会计电算化初级知识培训的水平。
- **审核记账**：负责对输入计算机的会计数据（记账凭证和原始凭证等）进行审核，操作会计软件登记机内账簿，对打印输出的账簿、报表进行确认。
- **电算维护**：负责保证计算机硬件、软件的正常运行，管理机内会计数据；此岗位要求具备计算机和会计知识，经过会计电算化中级知识培训；采用大型、小型计算机和计算机网络会计软件的单位，应设立此岗位。
- **电算审查**：负责监督计算机及会计软件系统的运行，防止利用计算机进行舞弊；要求具备会计和计算机知识，达到会计电算化中级知识培训的水平，此岗位可由会计稽核人员兼任；采用大型、小型计算机和大型会计软件的单位，可设立此岗位。

知识补充 对于小型企业，可以不设置电算维护、电算审查岗位，只对电算主管、软件操作和审核记账等岗位进行人员分配，如软件操作岗位可分别由出纳和会计员分工，分别对现金、银行存款，以及日常账务进行处理。

三、任务实施

【案例2】2014年1月1日，欣宝月实业有限公司财务部要求在新建的账套中根据部门人员结构和组成，创建相应的用户组及用户。完成后，再为每个用户授予与其职位相应的操作权限。

（一）新增用户组

在金蝶KIS标准版中，用户可以分为多个组，每个组添加多个用户，以方便为同一组中的相同职权的用户授权。下面新增用户组，其具体操作如下。（**微课**：光盘\微课视频\项目二\新增用户组.swf）

STEP 1 选择【工具】/【用户管理】菜单命令，打开“用户（组）管理”对话框，在“用户组设置”栏中单击 新增组 按钮，如图2-20所示。

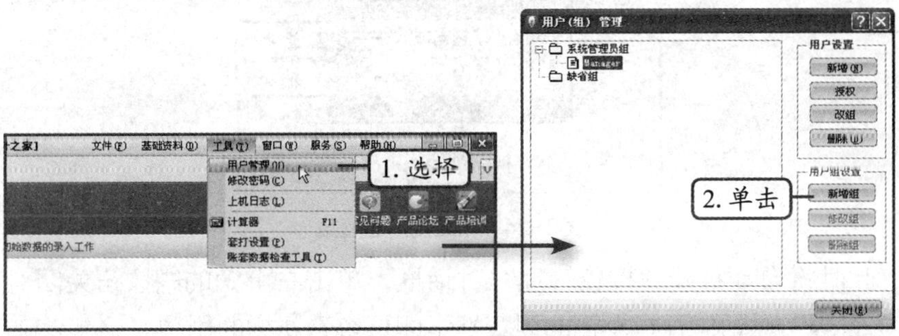

图2-20 打开对话框

STEP 2 打开“增加用户组”对话框，在“用户组名”文本框中输入用户组的名称，然后单击 确定(O) 按钮，如图2-21所示。

STEP 3 返回“用户（组）管理”对话框，即可查看新增的用户组，使用相同的方法创建其他用户组，效果如图2-22所示。

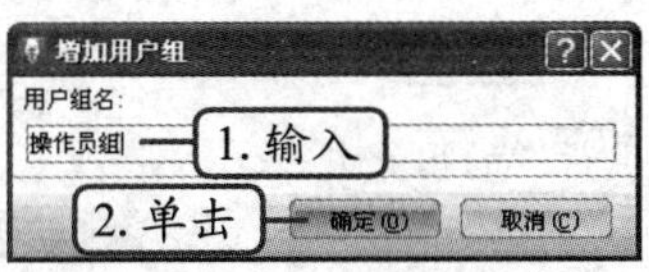

图2-21 设置用户组名

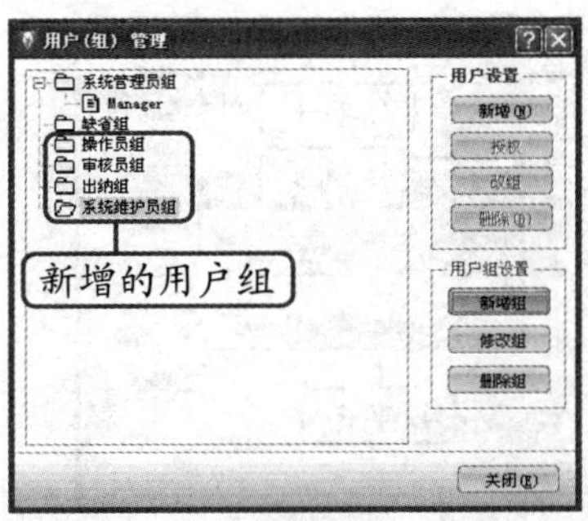

图2-22 查看新增的用户组

操作提示

在“用户（组）管理”对话框左侧列表框中选择用户组，单击修改组按钮，将打开“修改当前用户组名”对话框，重新设置用户组名并单击确定(O)按钮后，可成功修改用户组名，如图2-23所示。

图2-23　修改用户组名

（二）新增用户

新增用户组后，即可在相应的用户组中新增与其职位相符的用户。下面将根据欣宝月实业有限公司财务部人员结构和组成，新增多个用户，其具体操作如下。（**微课**：光盘\微课视频\项目二\新增用户.swf）

STEP 1 打开“用户（组）管理”对话框，在右侧“用户设置”栏中单击新增(N)按钮。

STEP 2 打开“新增用户”对话框，在“用户组名”下拉列表中选择“系统管理员组”选项，在“用户名”文本框中输入用户姓名“牟一”，单击确定(O)按钮确认操作，如图2-24所示。

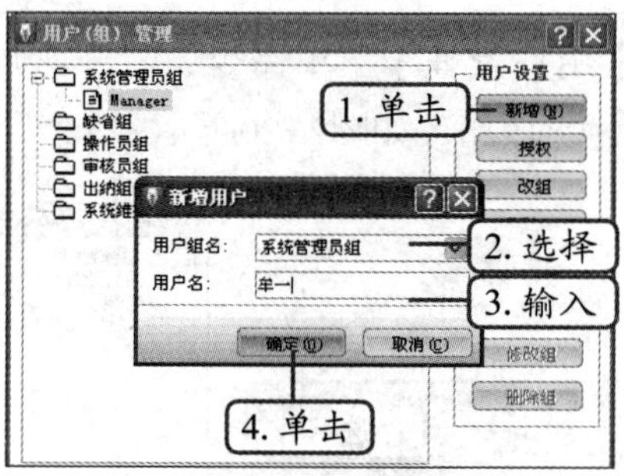

图2-24　新增用户管理员

STEP 3 此时将自动打开“授权管理”对话框，单击右上角的×按钮关闭对话框。返回“用户（组）管理”对话框，在左侧的列表框中即可查看新增的用户。

STEP 4 在左侧列表框中选择“操作员组”选项，在右侧“用户设置”栏中单击新增(N)按钮，打开“新增用户”对话框，此时“用户组名”下拉列表框中自动选择“操作员组”选项，在“用户名”文本框中输入“张二”，单击确定(O)按钮，如图2-25所示。

STEP 5 打开“授权管理”对话框，单击右上角的×按钮关闭对话框，根据前面表2-2的信息，使用相同的方法在对应的用户组中新增多个用户，效果如图2-26所示。

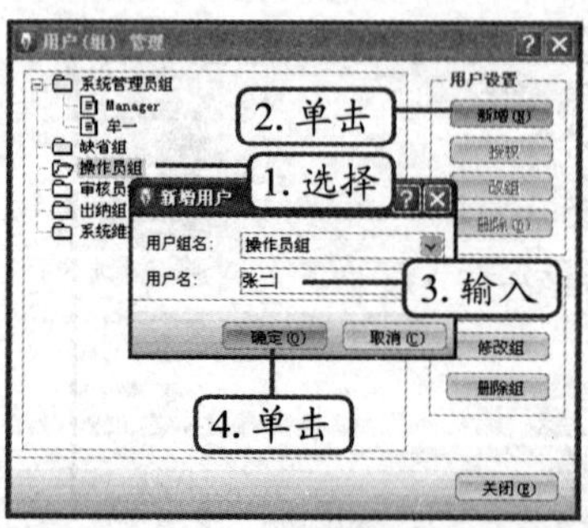

图2-25　在“操作员组”新增用户

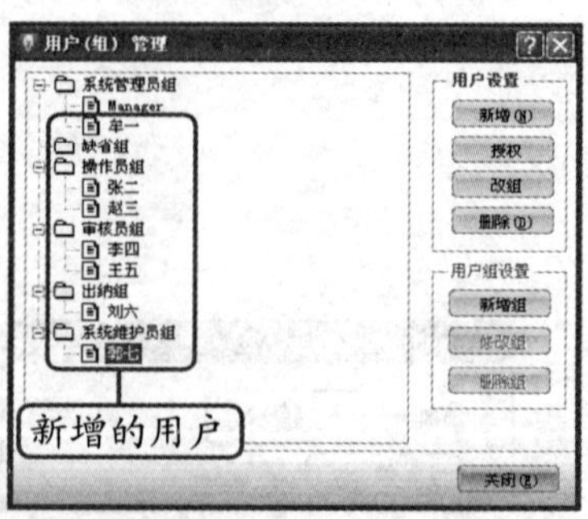

图2-26　新增多个用户

> **操作提示**
>
> 在“新增用户”对话框的“用户组名”下拉列表中可直接选择用户所在用户组。且新增用户后，可直接在打开的“授权管理”对话框中及时为该用户设置权限，这里为了统一为同一用户组中的用户设置权限，并未设置用户权限，实际工作中可根据需要自行设置。

（三）设置用户权限

金蝶KIS标准版中提供了设置管理员权限、用户组权限和用户权限3种方式，可快速为单个或本组多个用户设置权限。下面将对欣宝月实业有限公司不同用户组中的用户设置对应的权限，其具体操作如下。（**微课**：光盘\微课视频\项目二\设置用户权限.swf）

STEP 1 在“用户（组）管理”对话框左侧的列表框中选择“系统管理员组”中的“牟一”用户，在右侧“用户设置”栏中单击 授权 按钮，如图2-27所示。

STEP 2 打开“权限管理”对话框，选中“系统管理员”复选框，单击 授予所有权限 按钮即可为管理员用户“牟一”设置拥有所有权限，如图2-28所示。

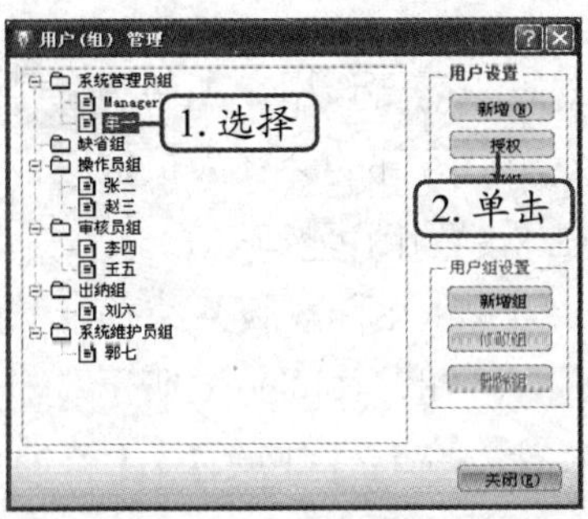

图2-27 选择用户

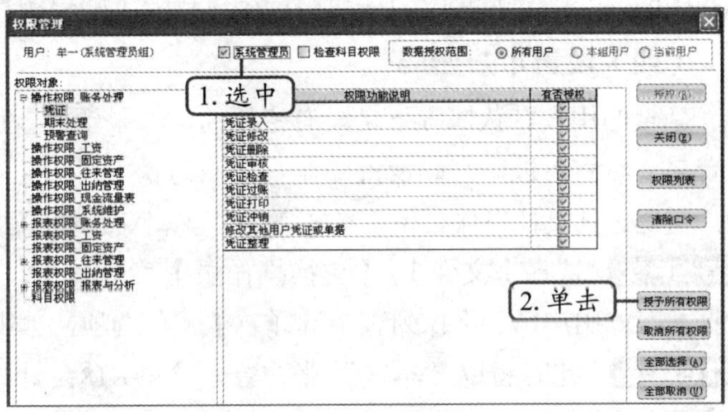

图2-28 设置系统管理员权限

STEP 3 单击 关闭(C) 按钮返回“用户（组）管理”对话框，选择“操作员组”的“张二”用户，然后在右侧“用户设置”栏中单击 授权 按钮。

STEP 4 打开“权限管理”对话框，在“权限对象”列表框中选择“操作权限_账务处理”下的“凭证”选项，在中间的列表中依次选中“凭证查询”、“凭证录入”、“凭证修改”、“凭证审核”、“凭证打印”、“凭证冲销”、“凭证管理”权限功能后对应的复选框，然后单击 授权(B) 按钮，如图2-29所示。

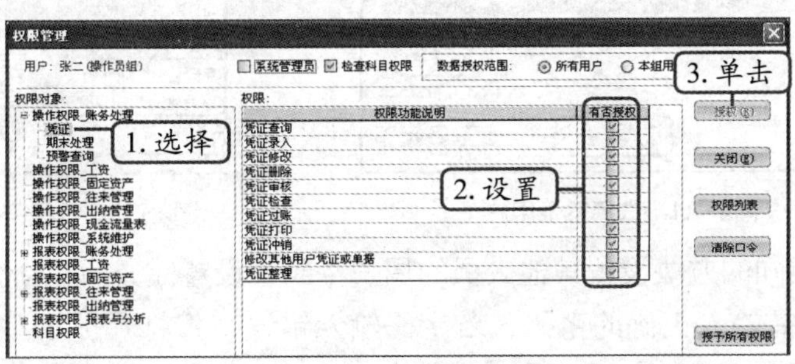

图2-29 设置操作员凭证操作权限

STEP 5 在左侧"权限对象"列表框中选择"操作权限_固定资产"选项，在右侧单击[全部选择(A)]按钮，表示选择所有权限功能，然后再单击[授权(R)]按钮，如图2-30所示。

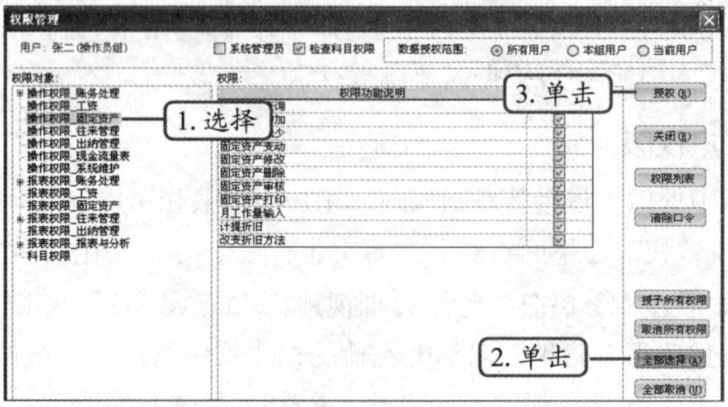

图2-30　设置操作员报表账务处理权限

STEP 6 依次为用户"张二"设置其他权限，并根据欣宝月实业有限公司财务部人员信息表中的权限，为账套中的其他用户设置权限（同组用户权限相同）。

（四）设置用户密码

新增的用户默认情况下是没有密码的，如果要设置用户密码，需要该用户先使用账号进行登录，然后再进行密码设置操作。下面为欣宝月实业有限公司财务部的会计人员依次设置用户密码，其具体操作如下。（**微课：**光盘\微课视频\项目二\设置用户密码.swf）

STEP 1 选择【文件】/【更换操作员】菜单命令，打开"金蝶KIS标准版系统登录"对话框，在"用户名"下拉列表中选择"牟一"选项，单击[确定]按钮，如图2-31所示。

STEP 2 此时将以"牟一"账户登录金蝶KIS会计核算软件，选择【工具】/【修改密码】菜单命令，打开"修改密码"对话框，由于默认无密码，所以"旧密码"文本框中不用输入任何数据，在"新密码"和"确认新密码"文本框中输入相同的密码"111111"，完成后单击[确定(O)]按钮，如图2-32所示。

图2-31　选择登录用户

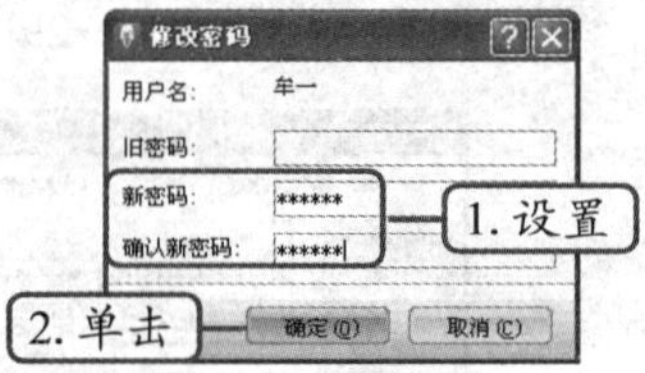

图2-32　设置新密码

STEP 3 使用相同的方法设置其他人员的用户密码，设置完成后重新登录金蝶KIS标准版会计核算软件时，需输入正确的密码，若密码输入错误，将打开提示对话框，提示确认密码，单击[确定(O)]按钮并重新输入正确的密码即可，如图2-33所示。

图2-33 密码错误时的提示信息

实训一 创建符合要求的新账套

【案例3】2015年初，欣宝月实业有限公司成立分公司，并要求其独立核算。分公司财务部决定根据企业财务现状使用金蝶KIS标准版作为会计核算软件，财务部员工整理了详细的账套信息表，要求分别根据账套一和账套二的详细信息在金蝶KIS标准版中新建账套，如表2-3所示。

表 2-3 账套信息表

项目	账套一	账套二
文件名	上半年	下半年
账套名	欣宝月实业	欣宝月实业
所属行业	新会计准则	新会计准则
记账本位币	RMB- 人民币	RMB- 人民币
会计科目结构	2-2-2-2	2-2-2-2
会计期间	自然月份 开始日期：1 月 1 日 启用期间：2015 年 1 期	自然月份 开始日期：7 月 1 日 启用期间：2015 年 2 期

【实训要求】

本实训要求根据欣宝月实业有限公司提供的账套信息表，在金蝶KIS标准版中新建多个账套，对同一会计年度中不同会计期间的日常业务进行会计核算。

【实训思路】

通过账套信息表可知，账套一和账套二是对同一会计年度中不同会计期间的会计核算，每个账套的核算时间为半年。除此之外，还可看出两个账套的账套名称、所属行业、记账本位币和会计科目结构的参数都相同。所以操作时只需根据建账流程，依次设置参数即可。

【步骤提示】

STEP 1 选择【开始】/【所有程序】/【金蝶KIS】/【金蝶KIS标准版】菜单命令，打开金蝶KIS标准版的登录窗口。

STEP 2 单击 新建账套 按钮，打开“新建账套”对话框，默认账套保存位置，在“文件名”

下拉列表框中输入“上半年”，然后单击[打开(O)]按钮。

STEP 3 打开“新建向导”对话框，单击[下一步>]按钮，在打开的对话框中要求输入账套名称，在文本框中输入“欣宝月实业”文本，然后单击[下一步>]按钮。

STEP 4 在打开对话框的列表框中选择公司所属行业，这里选择“新会计准则”选项，单击[下一步>]按钮。

STEP 5 在打开的对话框中设置记账本位币，由于默认的记账本位币为人民币，所以这里不做修改，直接单击[下一步>]按钮。

STEP 6 在打开的对话框中设置会计科目级数为“4”，一级至四级科目代码的长度均为“2”，单击[下一步>]按钮。

STEP 7 在打开的对话框中选中“自然月份”单选项，设置会计年度开始日期为“1月1日”，设置账套启用会计期间为“2015年1期”，完成后单击[下一步>]按钮，并在打开的对话框中单击[完成]按钮。

STEP 8 使用相同的方法新建账套二，注意会计年度开始日期为“7月1日”，账套启用会计期间为“2015年2期”。

实训二 新增用户并为其授权

【案例4】根据业务需要，欣宝月实业有限公司为财务部新增3名员工，并且为了日常工作的正常进行，部门将在金蝶KIS会计核算软件中新增用户并授予相应的权限，员工详细信息如表2-4所示。

表2-4 新员工信息详情

姓名	职位	密码	用户组	权限
朱八	系统管理员	888888	系统管理员组	管理员所有权限
丘九	操作员	999999	操作员组	凭证查询、录入、修改，登记账簿，打印凭证、账簿、报表，数据备份
黄零	审核员	000000	审核员组	审核输入和输出的凭证、账簿、报表

【实训要求】

本实训要求根据欣宝月实业有限公司新员工的详细信息，在金蝶KIS标准版中新增用户，为用户授予权限，并添加用户登录密码等。

【实训思路】

由于系统管理员组、操作员组、审核员组等组别前面都已经设置好了，所以这里只需在对应的组中添加员工信息，并在打开的权限设置对话框中设置权限。3名员工的信息录入完成后，再依次设置用户密码即可。

【步骤提示】

STEP 1 选择【工具】/【用户管理】菜单命令，打开"用户（组）管理"对话框，选择用户组，单击 新增(N) 按钮，在打开的对话框中设置用户名称，完成后单击 确定(O) 按钮。

STEP 2 打开"权限管理"对话框，根据要求为该用户设置权限，选中对应权限后的复选框，然后单击 授权(R) 按钮。

STEP 3 使用相同的方法添加剩余用户并为其设置对应权限。

STEP 4 选择【文件】/【更换操作员】菜单命令，使用新增的用户进入账套，然后选择【工具】/【修改密码】菜单命令，打开"修改密码"对话框。

STEP 5 输入并确认新密码，然后单击 确定(O) 按钮。

STEP 6 利用相同的方法更换其他新增的操作员，并设置新密码（效果参见：光盘/效果/项目二/欣宝月.AIS）。

常见疑难解析

问：恢复账套后是否可能导致数据丢失？

答：账套的备份和恢复是为了防止财务数据出错而进行的操作。备份账套后，生成的备份文件中保留的数据是截至备份时的所有财务数据。备份后，若原账套在某一时刻出错，需要恢复账套，则恢复后的账套中的财务数据同样只保留截至备份时的财务数据，备份后至账套出错前的数据都将遗失，需要财务人员根据实务进行补充。所以平时应及时更新备份文件，保证财务数据的连续。

问：在金蝶KIS标准版中，用户可以修改自己的操作权限吗？

答：一般用户有权修改自己密码（口令），无权更改其操作权限。系统管理员则可以进行用户的新增与授权操作，授权时必须遵守职责相分离的原则。另外，在实际工作中出现人员新增、岗位调整或离职等情况时，应及时在会计核算软件中对用户及其权限进行调整，特别是人员离职后，应及时删除或禁用相应的用户，以防止数据泄露。

问：如何避免盲目建账？

答：盲目建账是指没有固定的建账周期，建账行为随意，账套管理不严。一般情况下，企业以一个年度为建账周期（也可为半年度、季度等）。也就是说，该企业年初建账后，当前年度发生的所有经济业务事项，都应在该账套中进行核算，只有这样才能保证年末生成的财务报表数据的准确。企业确定建账周期后，财务部门在该会计期间内都不能再进行建账，一是为了避免出现多套账的违规现象，二是为了避免会计期间内数据的混淆，三是确保各种会计数据的真实。

拓展知识

（一）修改用户密码

修改用户密码的操作和设置用户密码的操作相同，只需在"修改密码"对话框的"旧密码”文本框中输入原来的密码，在“新密码”和“确认新密码”文本框中输入相同的新密码，然后确认设置即可。值得注意的是，只有旧密码正确，新密码才能成功修改。

（二）删除用户组或用户

若企业人员流动，应及时删除该员工登录系统的权限，要实现这一功能，只需在金蝶KIS标准版系统中将该用户删除即可。方法是使用管理员账户登录金蝶KIS标准版会计核算软件，选择【工具】/【用户管理】菜单命令，在打开对话框左侧的列表框中选择要删除的用户，在“用户设置”栏中单击删除(D)按钮，打开提示对话框，提示是否删除该用户，单击是(Y)按钮即可成功删除。若某一用户组的成员全部离职，可直接删除用户组，方法是在列表框中选择用户组，然后在“用户组设置”栏中单击删除(D)按钮即可。值得注意的是，系统管理员组及系统管理员用户不能删除。

课后练习

（1）大顺粮油为食品加工企业，以该公司财务部员工身份在金蝶KIS标准版中为公司新建一个账套，建账前需充分考虑账套信息，如账套名称、行业类型、会计科目结构、账套启用期间等。

（2）为新建的账套设置用户组，名称分别为“会计主管”、“会计员”和“出纳”。

（3）根据如表2-5所示信息，分别在新增的用户组中添加用户，设置用户密码和权限。

表 2-5　新员工信息详情

姓名	职位	密码	用户组	权限
王丽	会计主管	666666	会计主管	审核输入和输出的凭证、账簿、报表
李秋	一般会计员	888888	会计员	凭证查询、录入、修改，登记账簿，打印凭证、账簿、报表，数据备份
张枫	出纳	999999	出纳	出纳管理所有权限

PART 3

项目三 创建会计资料

情景导入

阿秀：小白你知道应该如何启用账套吗?

小白：不是直接就可以启用了吗，难道还有什么别的事情需要做吗?

阿秀：当然还有“别的事情要做”,每个企业都有自己企业的相关数据信息，如果每个企业都可以打开软件直接启用账套，那么所有的企业岂不都是相同点数据，你觉得这样合理吗?

小白：不合理，那么我应该做些什么呢?

阿秀：你应该收集企业的会计资料，把这些资料数据都录入到系统里面，然后再启用账套。

小白：原来还有这么多事情要做啊，那我得好好研究研究了。

学习目标

- 熟悉总分类科目和明细分类科目的关系
- 熟悉企业会计资料的收集
- 掌握会计科目的设置
- 掌握会计科目初始数据的录入

技能目标

- 根据会计资料创建财务核算系统
- 设置会计科目
- 录入会计科目初始数据并试算平衡

任务一 建立财务系统核算框架

建立一个功能全面、实用、操作方便、易学易用的会计电算化信息系统，首先要根据需要建立一个财务系统核算的框架，以确定其基本结构、选项设置等内容。财务系统核算框架类似于建筑的地基，它是数据处理的前提，是会计核算的基础。在创建财务系统核算框架之前，需要先收集一些资料，完成一些创建框架前的准备工作。

一、任务目标

本任务将介绍建立完整财务系统核算框架的方法，包括设置币别、凭证字、结算方式、核算项目、会计科目和常用摘要等各项参数的方法，也就是初始化数据的设置工作包含会计科目设置、币别的设置、凭证字的设置和结算方式的设置等。初始化设置窗口如图3-1所示。

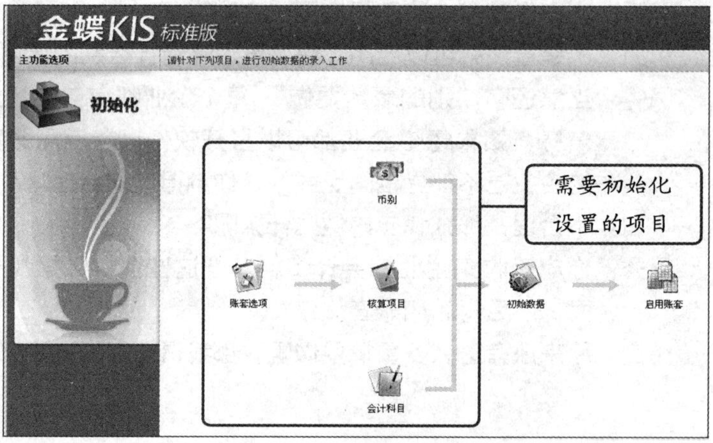

图3-1 初始化设置窗口

二、相关知识

（一）收集企业基础数据

因为会计核算软件并不是针对每个公司的实际情况进行设置的，所以欣宝月公司的会计人员要根据自己公司的资料进行设置。表3-1至表3-3所示为欣宝月实业有限公司财务系统核算框架的基础数据。

表3-1 币别

币别代码	币别名称	期初汇率	期末汇率
HKD	港币	0.87	期末调汇前输入

表3-2 凭证字、结算方式和核算项目

凭证字	记	收	付	转	–
结算方式	支票	汇票	–	–	–
核算项目	往来单位	部门	职员	库存商品	材料

表 3-3 总分类科目和明细分类科目

总科目	科目代码	明细科目	总科目	科目代码	明细科目
银行存款	100201	工商银行	应交税费	222101	应交增值税
	100202	农业银行		22210101	进项税
	100203	建设银行		22210102	销项税
				222102	未交增值税
				222103	营业税

（二）确定总分类科目和明细分类科目

会计科目是为了满足会计确认、计量和报告的需要，根据企业内部管理和外部信息的需要，对会计要素（会计对象的基本分类）进行分类的项目。

会计科目有多种分类方法，按其所提供信息的详细程度及其统驭关系不同，可分为总分类科目和明细分类科目两种，其关系如图3-2所示。

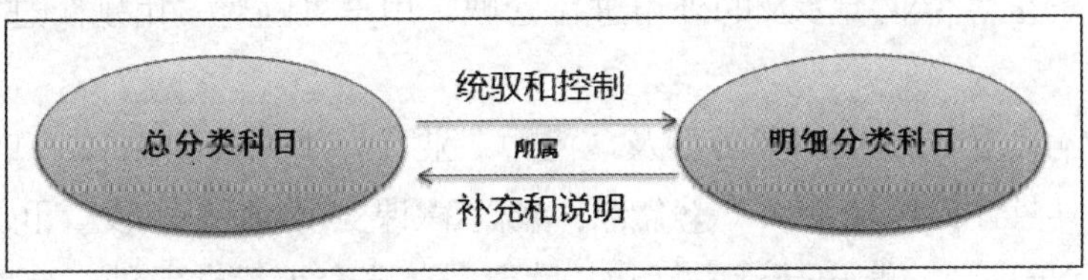

图3-2 总分类科目和明细分类科目的关系

企业建账后，会计核算软件的系统将自动根据建账时所选择的行业类型来获取该行业常用会计科目，由于不同企业的会计核算习惯不同，常在总分类科目下设置不同的明细分类科目，如可在“银行存款”科目下增设“农业银行”、“工商银行”、“建设银行”等明细分类科目。

在会计核算软件中设置会计科目前，应充分考虑本公司的实际情况，确定常用科目，以及分析该科目下是否可能存在使用率较高的明细分类科目，以便在设置会计科目时一并添加。确定总分类科目和明细分类科目的流程如图3-3所示。

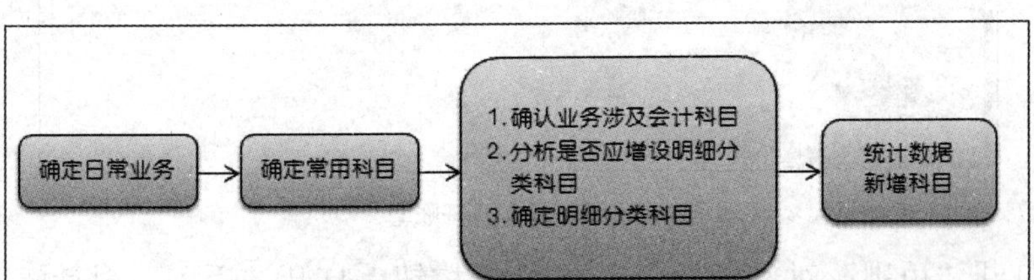

图3-3 确定总分类科目和明细分类科目的流程

（三）确定会计辅助核算项目

辅助核算项目是指在会计核算过程中配合会计科目使用、用以表示详细的会计业务的辅助信息，如往来单位、部门、职员、商品、订单等多种参数。从某种程度上来说，辅助核算项目的作用和明细科目的作用相同，都是对经济业务事项中涉及的会计科目的补充和说明，如“实收资本——A企业”中的“A企业”表示“实收资本”来自“A企业”，即收到A企业的资本投资。这里的“A企业”属于辅助核算项目中的“往来单位”，并不是明细科目的范畴。使用辅助核算项目时，一定要将明细核算与明细科目区分开来，具体将在项目四中讲解。

三、任务实施

【案例1】欣宝月实业有限公司的日常业务中有涉及“港币”的业务，由于公司的业务开展中大部分的业务不能使用现金，只能使用其他结算方式进行交易，故该公司使用支票和汇票的结算方式进行货币给付。

（一）设置币别

货币是财务核算的基本单位，对于有外币业务的企业，财务核算的计算单位可能涉及多种货币。币别设置是对企业所涉及的外币进行管理，用户可以对“币别”进行增加、修改、浏览等操作。

欣宝月实业有限公司发生的业务涉及“港币”业务，下面将根据表3-1增加“港币”的初始数据录入，其具体操作如下。（**微课**：光盘\微课视频\项目三\设置币别.swf）

STEP 1 以“牟一”的账户登录后打开“欣宝月”账套（素材参见：光盘/素材/项目三/欣宝月.AIS），在主界面中单击“币别”超链接，如图3-4所示。

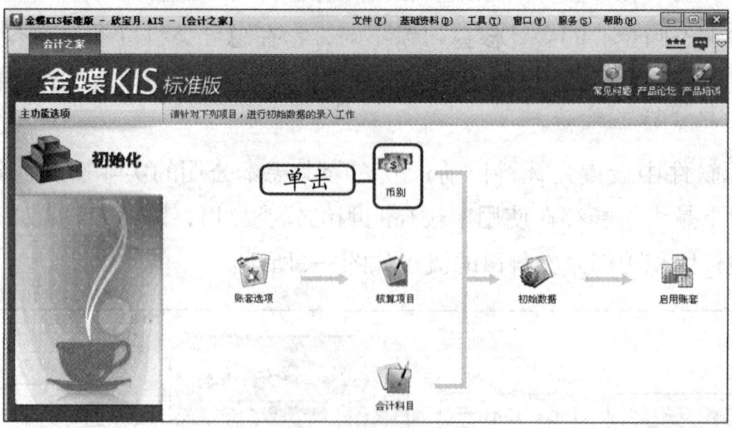

图3-4 打开账套

STEP 2 打开“币别”对话框，单击 增加(N) 按钮，打开“币别”对话框，在“币别代码”和“币别名称”文本框中分别输入“HKD”和“港币”，在“期间1”的“期初汇率”的数值框中输入文本“0.87”，最后单击 增加(N) 按钮即可，如图3-5所示。

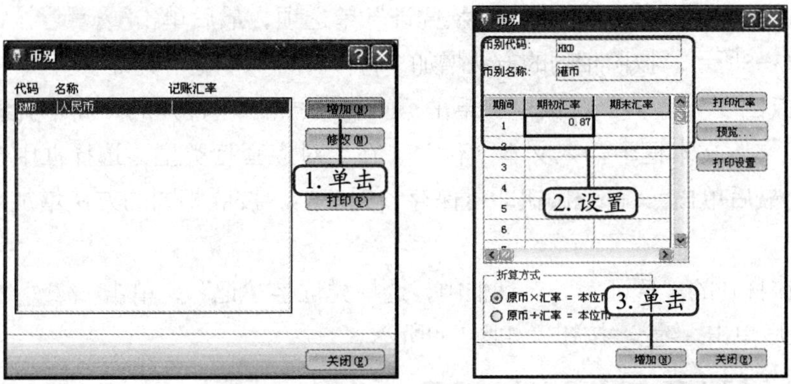

图3-5 设置币别

操作提示 在“设置币别”的操作中，关于币别的设置，因为前面并没有给出有关“期末汇率”和其他期间的已知条件，所以操作中并没有这方面数据的录入。但在实际操作中，若有相关的数据设置，操作人员应在操作中设置。

（二）设置凭证字

在日常经营活动中，企业使用的基本凭证包括转账凭证、收款凭证和付款凭证。在金蝶软件中可以增加凭证字，在日后的凭证录入中选择其中一种凭证字，软件便可以自动生成凭证，其具体操作如下。（**微课**：光盘\微课视频\项目三\设置凭证字.swf）

STEP 1 在金蝶KIS标准版初始化界面中选择【基础资料】/【凭证字】菜单命令，如图3-6所示。

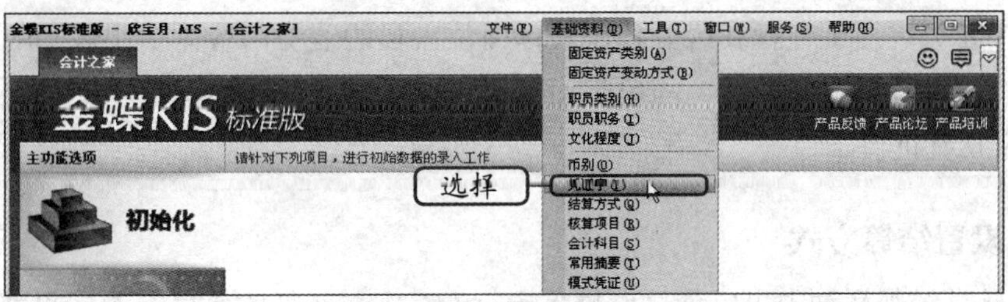

图3-6 选择菜单命令

STEP 2 打开“凭证字”对话框，单击 新增(N) 按钮，如图3-7所示。

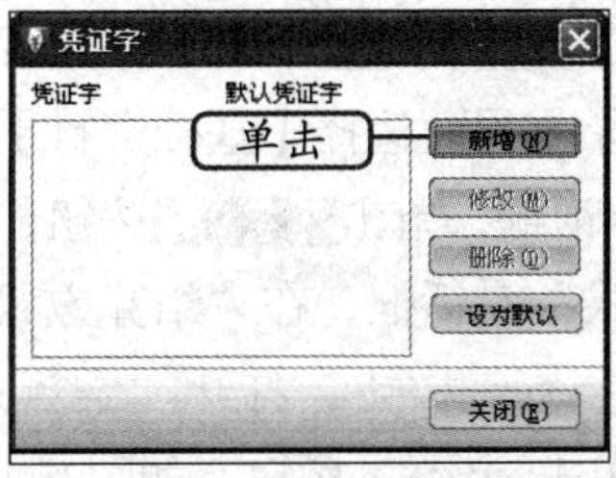

图3-7 新增凭证字

STEP 3 在打开的“新增凭证字”对话框中，在“凭证字”文本框中输入文本“收”，在“对应套打类型”选择框中选择“收款凭证”单选项，最后单击确定(O)按钮即可保存该凭证字，如图3-8所示。按照相同的方法增加“付”“转”“记”凭证字。

STEP 4 返回“凭证字”对话框，单击新增(N)按钮，在打开的“新增凭证字”对话框中，在“凭证字”文本框中输入文本“付”，在“对应套打类型”选择框中选择“付款凭证”单选项，最后单击确定(O)按钮即可保存该凭证字。按照相同的方法增加“转”“记”凭证字。

STEP 5 在打开的“凭证字”对话框中，选择凭证字“记”，单击设为默认按钮设置默认的凭证字，最后单击关闭(E)按钮，如图3-9所示。

图3-8 设置凭证字

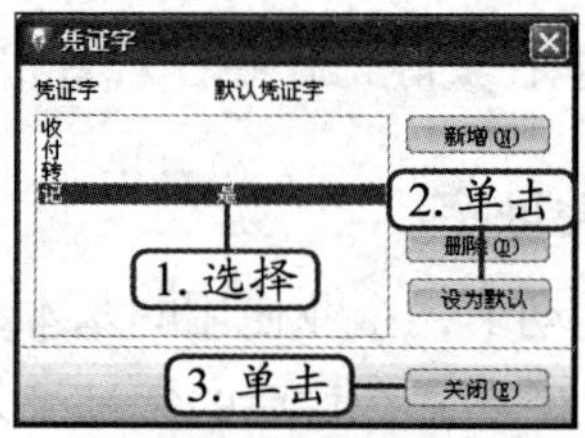

图3-9 设置默认凭证字

职业法则

记账凭证按其反映经济业务的内容不同，可以分为收款凭证、付款凭证和转账凭证。规模较大的企业一般使用的是记账凭证（也就是“收付转”凭证），便于查找和区分各个会计岗位人员的业务内容。中小规模的企业大多使用通用记账凭证，简单且便于操作，这就需要在凭证字中把“记”设为默认凭证。

（三）设置结算方式

企业在日常经营活动中可以使用票据、银行卡、汇兑、托收承付、委托收款、电子支付等结算方式进行货币给付。在金蝶软件中增加企业会使用到的结算方式，在日后的操作中可以选择该结算方式进行账务处理。欣宝月实业有限公司使用了支票和汇票两种结算方式，设置结算方式的具体操作如下。（**微课**：光盘\微课视频\项目三\设置结算方式.swf）

STEP 1 在金蝶KIS标准版初始化界面选择【基础资料】/【结算方式】菜单命令。

STEP 2 打开“结算方式”对话框，单击新增(N)按钮，然后在“结算方式名称”文本框中输入“支票”，打开“结算方式”对话框，在“结算方式名称”文本框中输入“汇票”，再单击增加(N)按钮，然后单击关闭(E)按钮，打开“结算方式”对话框中将会出现输入的“支票”和“汇票”信息，最后单击关闭(E)按钮，如图3-10所示。

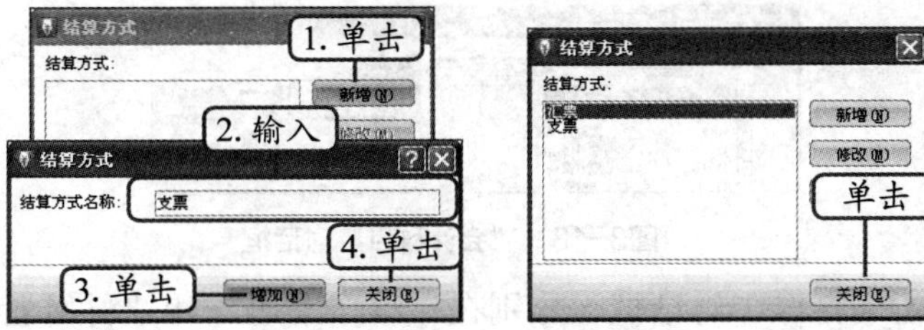

图3-10 设置结算方式

（四）设置核算项目

欣宝月实业有限公司涉及的核算项目有往来单位、部门、职员、库存商品和材料等。要分别把这些核算项目新增到金蝶KIS标准版中，其具体操作如下。（微课：光盘\微课视频\项目三\设置核算项目.swf）

STEP 1 在金蝶KIS标准版初始化界面中单击“核算项目”超链接。

STEP 2 打开“核算项目”对话框，在左下角单击 增加类别 按钮，打开“核算项目类别”对话框，在“类别名称”文本框中输入“库存商品”，单击 确定(O) 按钮，将该核算项目添加到核算项目中，如图3-11所示。

STEP 3 使用相同的方法添加“材料”核算项目，效果如图3-12所示。

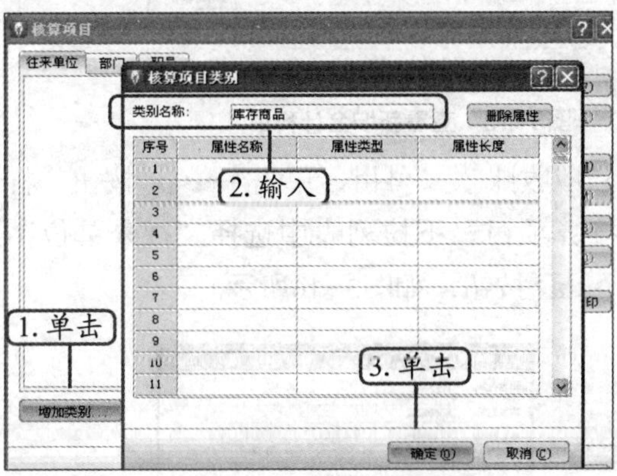

图3-11 输入核算项目类别

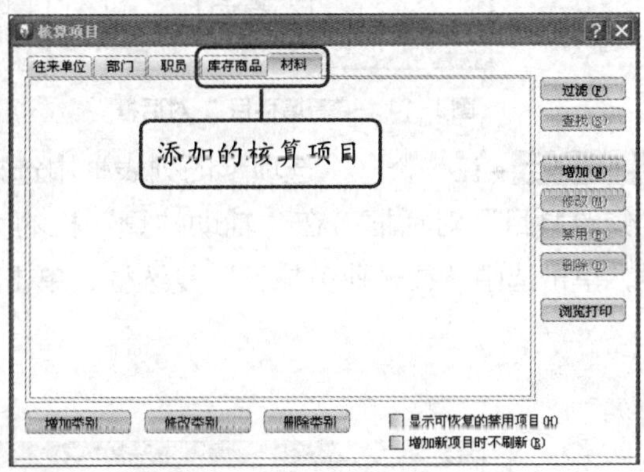

图3-12 添加“材料”核算项目

> **操作提示** 在“设置核算项目类别”的操作中，软件已默认添加了“往来单位”、“部门”、“职员”3种类别的核算项目，所以在设置核算项目的时候可以不用再增加这3种核算项目。

（五）设置会计科目

在金蝶KIS标准版中将欣宝月实业有限公司平时日常经营中涉及的会计科目进行增加和设置，其具体操作如下。（微课：光盘\微课视频\项目三\设置会计科目.swf）

STEP 1 在金蝶KIS标准版初始化界面中单击“会计科目”超链接。

STEP 2 打开“会计科目”对话框，在默认的“资产”选项卡下单击 增加(N) 按钮，如图3-13所示。

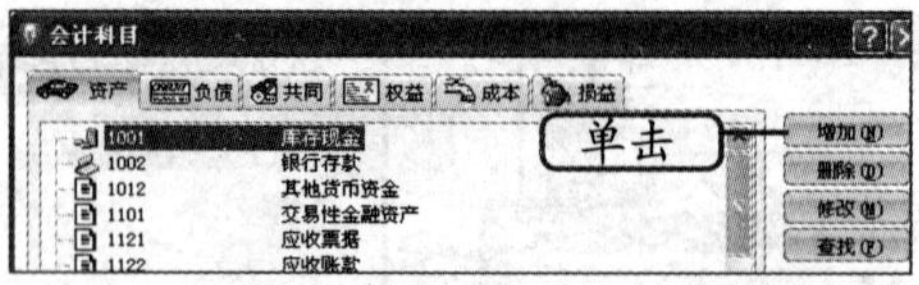

图3-13 “会计科目”对话框

STEP 3 打开“新增科目”对话框，分别在“科目编码”和“科目名称”文本框中输入“100201”和“工商银行”，单击增加(N)按钮，如图3-14所示。

STEP4 使用相同方法增加“农业银行”和“建设银行”会计科目，完成后单击关闭(E)按钮，返回“会计科目”对话框，即可查看新增的科目，效果如图3-15所示。

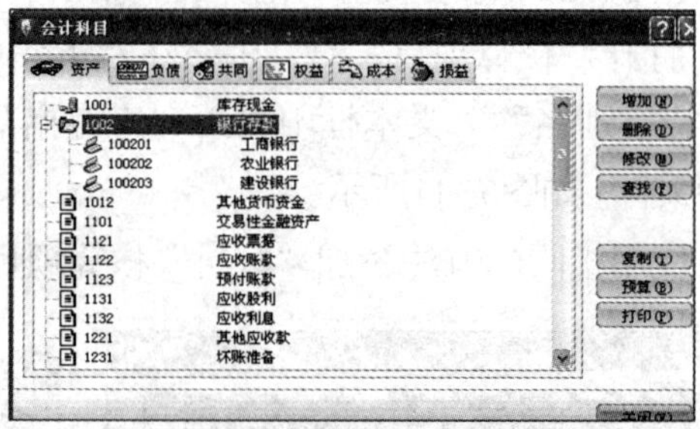

图3-14 “新增科目”对话框　　图3-15 查看新增会计科目

STEP 5 在“资产”选项卡的列表框中选择“应收账款”科目，单击修改(M)按钮，打开“修改科目”对话框，在“辅助核算”栏的“核算项目”下拉列表中选择“往来单位”选项，单击选中“往来业务核算”复选框，单击确定(O)按钮，如图3-16所示。

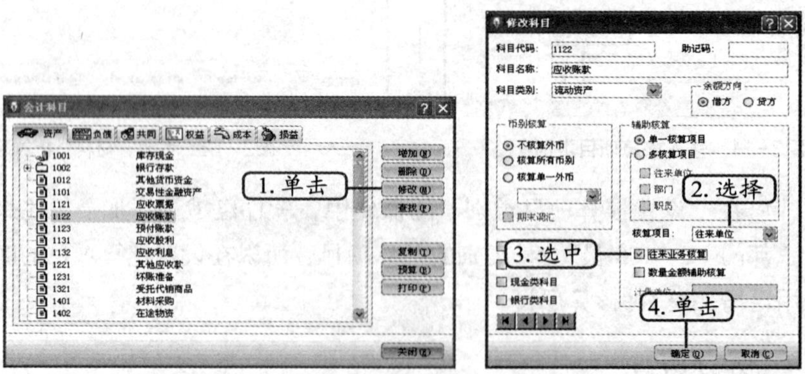

图3-16 设置会计科目辅助核算项目

STEP 6 在“会计科目”对话框中单击“负债”选项卡，单击增加(N)按钮，在打开的“新增科目”对话框中，在“科目代码”和“科目名称”文本框中分别输入文本“222101”和“应交增值税”，再单击增加(N)按钮，如图3-17所示。

STEP 7 按照相同的方法输入表3-3中“应交税费”的其他明细科目，再单击关闭(E)按钮，即可在返回的“会计科目”对话框中查看新增的科目，如图3-18所示。

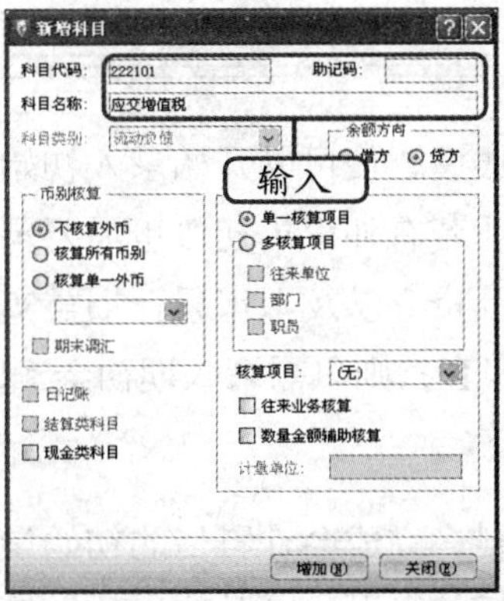

图3-17 “新增科目 ”对话框

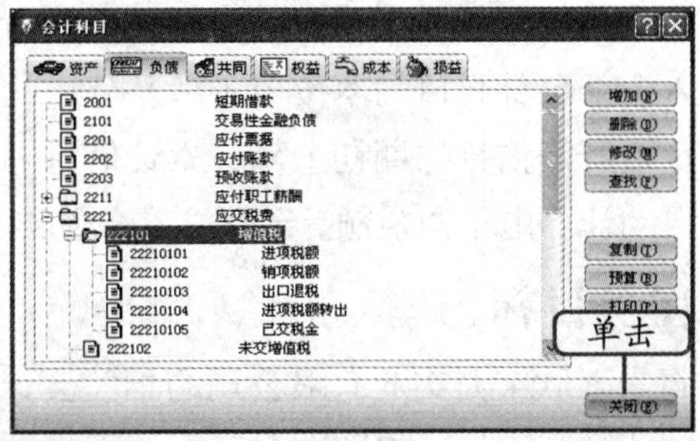

图3-18 查看新增会计科目

知识补充

某些会计科目需要设置它的辅助核算项目，如应收账款、应付账款、预收账款、预付账款等。辅助核算项目与明细科目是有区别的，其具体区别介绍如下。

- **辅助核算项目：**指科目应包括往来单位、部门和职员等的核算，如企业应收A公司账款，为了在会计资料中表明应收账款的对象，就设置辅助核算项目中“往来单位”为“A公司”。
- **明细科目：**指该核算科目可以细分为其他科目，如企业缴纳税费时，税费又可细分为增值税、城建税等多种费用，因此，在会计资料中表明的是税费的种类为“增值税”或其他税种。

（六）设置常用摘要

“常用摘要”可以根据用户企业日常的经营活动设置，方便以后在填写会计凭证时可以直接选择“常用摘要”而不必每次都输入相应的摘要。下面以欣宝月实业有公司“提取现金”为例作为讲解进行常用摘要的设置，具体操作如下。（**微课**：光盘\微课视频\项目三\设置常用摘要.swf）

STEP 1 在金蝶KIS标准版初始化界面选择【基础资料】/【常用摘要】菜单命令，打开“摘要”对话框。

STEP 2 在“摘要类别”列表框中选择“常用摘要”选项，在右侧单击 增加 按钮，打开“增加摘要”对话框，在“摘要”文本框中输入需要的摘要内容，最后单击 增加 按钮，如图3-19所示。

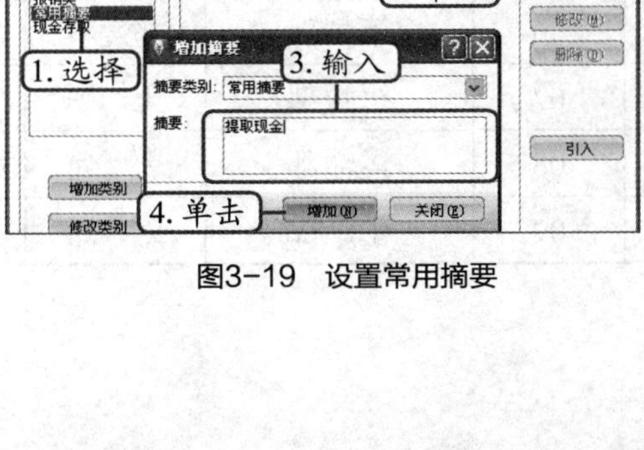

图3-19 设置常用摘要

任务二 录入会计初始资料

会计科目、核算项目和货币基础资料初始设置完成后，便可以开始录入初始数据。初始数据需要录入全部会计科目的本位币（涉及外币的企业若有外币年初数也需要录入）、数量金额账、固定资产等信息的期初余额、累计借方、累计贷方以及本年累计损益实际发生额，软件系统会自动计算出年初余额。若用户在年初启用账套，则只需录入期初余额即可。

一、 任务目标

本任务将录入欣宝月实业有限公司的相关会计资料，完成会计科目的初始设置，以便今后的账务处理能顺利进行。将欣宝月公司的固定资产相关数据，以及往来项目的相关数据录入系统。

二、 相关知识

将欣宝月实业公司的会计初始资料收集整理后，录入到该数据对应的会计科目。会计初始资料是指欣宝月公司日常经营的的固定资产类别以及折旧方法，往来单位、部门和职员信息，库存商品和材料以及部门科目的初始数据等。表3-4至表3-7所示为欣宝月实业有限公司的相关初始资料。

表 3-4 固定资产类别

类别名称	折旧方法	预计净残值率
办公设备	平均年限法	10%
机械设备	平均年限法	10%
运输设备	平均年限法	10%

表 3-5 往来单位、部门和职员

往来单位		部门				
代码	名称	代码	部门名称	员工姓名	性别	类别
1001	飞跃公司	01	总经办	李 军	男	管理人员
1002	百事恒兴	02	财务部	牟 一	女	管理人员
1003	思泉商贸	03	销售部	陈中云	女	销售人员
1004	中楚恒通	04	采购部	蔡国华	男	管理人员
1005	颐事达公司	05	仓库	李 华	女	管理人员
2001	威尔达科技	06	策划部	郑爱华	女	管理人员
2002	广义丽泰	07	行政部	王 平	女	管理人员
2003	深圳美志	08	运输部	郭 允	男	管理人员
2004	东方货运	09	生产部	刘 潇	男	生产人员

表 3-6 库存商品和材料

科目代码	商品名称	科目代码	材料名称
01	甲产品	01	A 材料
02	乙产品	02	B 材料
03	丙产品	03	C 材料

表 3-7 科目初始数据

单位：元

科目代码	科目名称	方向	期初余额	科目代码	科目名称	方向	期初余额
1001	库存现金	借方	1 573	1702	累计摊销	贷方	489 843
1002	银行存款	借方	926 805.23	1801	长期待摊费用	借方	83 600
100201	工商银行	借方	50 000	2001	短期借款	贷方	800 000
100202	农业银行	借方	50 000	2202	应付账款	贷方	20 124
100203	建设银行	借方	826 805.23	2203	预收账款	贷方	60 000
1012	其他货币资金	借方	56 000	2211	应付职工薪酬	贷方	63 250
1101	交易性金融资产	借方	285 000	221102	职工福利	贷方	63 250
1121	应收票据	借方	120 000	2221	应交税费	贷方	73 117.7
1122	应收账款	借方	77 805	22210101	销项税额	贷方	73 117.7
1123	预付账款	借方	50 000	2231	应付利息	贷方	53 848
1221	其他应收款	借方	1 500	2241	其他应付款	贷方	1 530
1231	坏账准备	贷方	396.53	2501	长期借款	贷方	700 000
1405	库存商品	借方	338 887.7	4001	实收资本	贷方	5 500 000
1407	商品进销差价	贷方	255 117.7	4002	资本公积	贷方	613 600
1511	长期股权投资	借方	300 000	400201	资本溢价	贷方	600 000
1604	在建工程	借方	6 021 000	400202	其他资本公积	贷方	13 600
1701	无形资产	借方	650 000	4101	盈余公积	贷方	760 544

续表

科目代码	科目名称	方向	期初余额	科目代码	科目名称	方向	期初余额
410101	法定盈余公积	贷方	507 028	4104	利润分配	贷方	20 800
410102	任意盈余公积	贷方	253 516	410406	未分配利润	贷方	20 800

三、 任务实施

【案例2】欣宝月实业有限公司需要设置新增的固定资产类别和变动方式，将公司的往来单位、部门、职员及公司的库存商品和原材料的相关数据录入系统账套，将上一年度年末数据分别录入相应科目的年初数据作为期初数据（其中2013年12月28日向飞跃公司赊销一批价值77 805元的商品），最后启用该公司的账套进行核算。

（一）新增固定资产类别和变动方式

固定资产管理系统可以对企业的固定资产进行有效管理，包括对固定资产增加、变动情况的管理等。同时，由于企业的经营是一种持续性的经营，那么固定资产的变动方式也就会随之变化，然而企业的固定资产种类往往不止一种，所以就应当对固定资产进行分类管理。欣宝月实业有限公司的固定资产折旧均使用平均年限法，设置预计净残值率为10%，其具体操作如下。（**微课**：光盘\微课视频\项目三\新增固定资产类别和变动方式.swf）

STEP 1 在金蝶KIS标准版初始界面中选择【基础资料】/【固定资产类别】菜单命令，打开“固定资产类别”对话框，如图3-20所示。

STEP 2 单击 增加(N) 按钮，打开“固定资产类别”对话框，在“类别名称”文本框中输入“办公设备”，在“常用折旧方法”下拉列表中选择“平均年限法”，在“预计净残值率”文本框中输入“10”，单击 增加(N) 按钮保存固定资产类别，如图3-21所示。

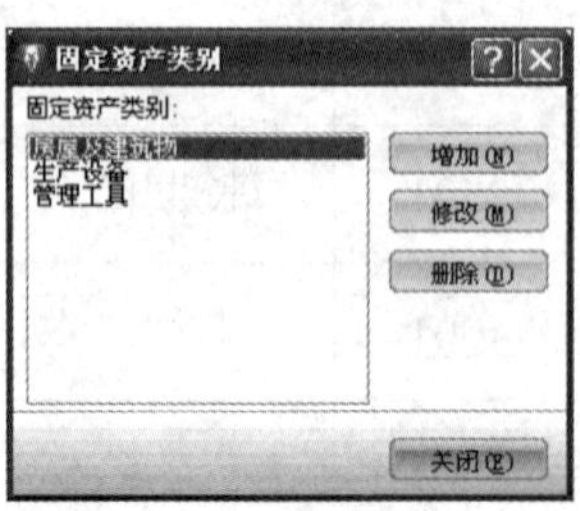

图3-20 “固定资产类别”对话框

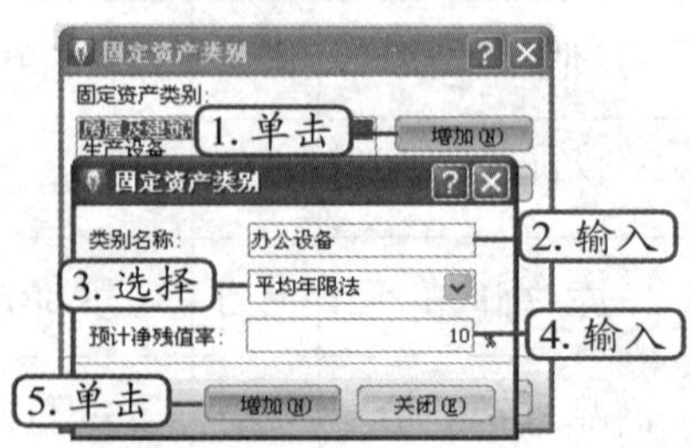

图3-21 设置固定资产类别

STEP 3 打开“固定资产类别”对话框，在“类别名称”文本框中输入“机械设备”，在“常用折旧方法”下拉列表中选择“平均年限法”，在“预计净残值率”文本框中输入“10”。使用相同方法完成“运输设备”的设置，最后单击 关闭(C) 按钮即可。

STEP 4 返回金蝶KIS标准版初始化界面，选择【基础资料】/【固定资产变动方式】菜单命令。

STEP 5 打开“固定资产变动方式”对话框，在列表框下方单击选中“增加方式”单选项，单击增加(N)按钮，如图3-22所示。

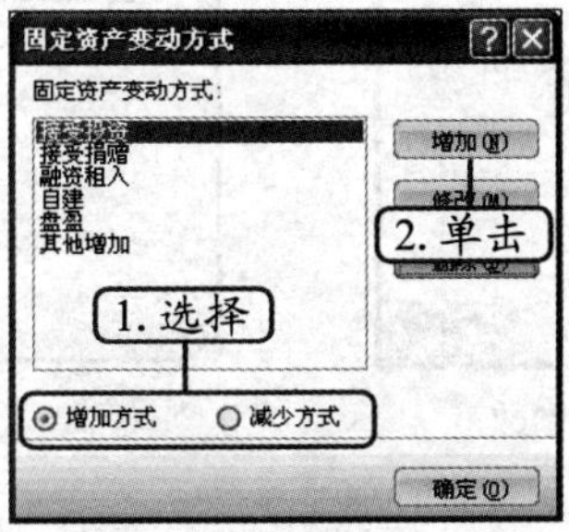

图3-22 增加固定资产变动方式

STEP 6 打开“固定资产变动方式”对话框，在“名称”文本框中输入“购入”，单击“对应科目”文本框后的按钮，在打开的“会计科目”对话框中选择“固定资产”，再单击确认按钮，然后单击“凭证字”的下拉列表选择“记”，在“凭证摘要”文本框中输入“购买固定资产”，最后单击增加(N)按钮即可，如图3-23所示。

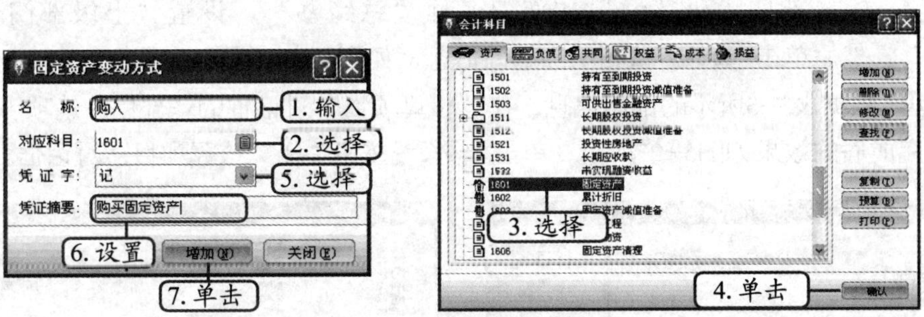

图3-23 设置固定资产变动方式

（二）设置往来单位

企业的日常业务对象包括客户和供应商等，统称为“往来单位”，往来单位的设置是为了方便以后企业在日常账务处理中可以直接选择相应的往来单位，其具体操作如下。

（**微课**：光盘\微课视频\项目三\设置往来单位.swf）

STEP 1 在金蝶KIS标准版初始化界面单击“核算项目”超链接，打开“核算项目”对话框的“往来单位”选项卡，此时列表框中没有任何数据，在右侧单击增加(N)按钮。

STEP 2 打开“往来单位”对话框，在“代码”文本框中输入公司代码“1001”，在“名称”文本框中输入公司名称“飞跃公司”，单击增加(N)按钮，如图3-24所示。

STEP 3 使用相同的方法输入表3-5中其他往来单位的基本信息，完成后的效果如图3-25所示。

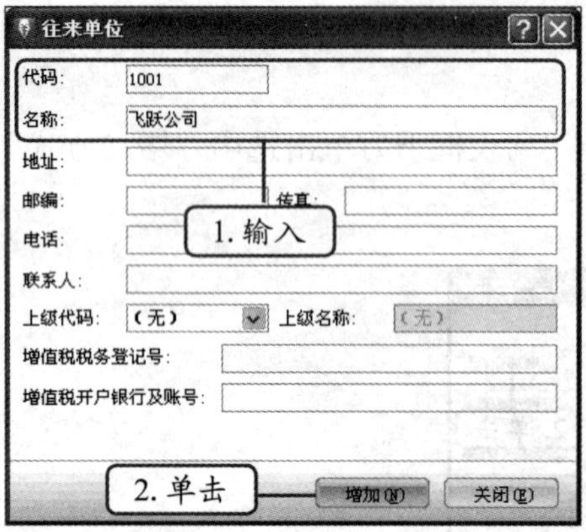

图3-24　设置往来单位参数

图3-25　新增往来单位

（三）设置部门和职员

通过部门和职员相关设置，避免以后公司涉及该项目的核算处理时重复核算，也更加细化了公司的账务处理，其具体操作如下。（**微课**：光盘\微课视频\项目三\设置部门和职员.swf）

STEP 1 打开“核算项目”对话框，单击“部门”选项卡，在右侧单击 增加(N) 按钮，打开“部门”对话框。

STEP 2 输入部门代码“01”和部门名称“总经办”，设置“上级部门代码”为“（无）”，然后单击 增加(N) 按钮增加部门信息，如图3-26所示。

STEP 3 根据表3-5所示的部门信息，在“核算项目”对话框的“部门”选项卡中新增其他部门，完成后的效果如图3-27所示，单击 关闭(E) 按钮关闭“核算项目”对话框。

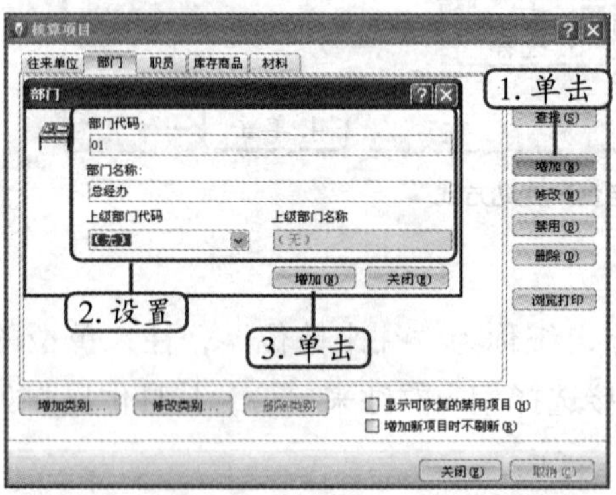

图3-26　设置部门信息

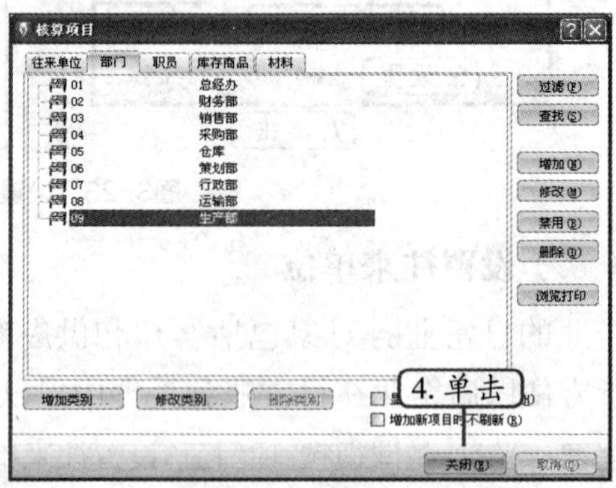

图3-27　新增部门

STEP 4 在金蝶KIS标准版初始化界面中选择【基础资料】/【职员类别】菜单命令，打开“职员类别”对话框，在右侧单击 增加(N) 按钮。

STEP 5 打开“职员类别”对话框，在“职员类别名称”文本框中输入“管理人员”，单击 增加(N) 按钮确认输入。使用相同的方法继续新增“销售人员”和“生产人员”类别，效果如图3-28所示，完成后单击 关闭(E) 按钮。

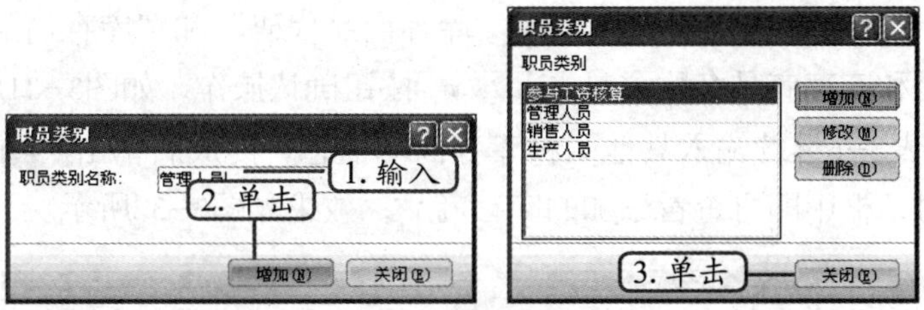

图3-28 新增职员类别

STEP 6 返回初始化界面，单击“核算项目”超链接，在打开的对话框中单击“职员”选项卡，在右侧单击增加(N)按钮，打开“职员”对话框。

STEP 7 设置职员代码为“01”，姓名为“李军”，部门为“总经办”，类别为“管理人员”，性别为“男”，单击确定(O)按钮保存该信息，如图3-29所示。

图3-29 设置职员信息

STEP 8 使用相同方法设置表3-5中公司其他职员信息即可，完成后的效果如图3-30所示。

图3-30 新增职员

（四）设置库存商品和材料

库存商品和材料是维持企业日常经营的基本保障。下面将欣宝月公司库存商品和材料的相关数据录入系统中，方便以后核算，其具体操作如下。（微课：光盘\微课视频\项目三\设置库存商品和材料.swf）

STEP 1 在“核算项目”对话框中单击“库存商品”选项卡，在右侧单击增加(N)按钮。

STEP2 打开“库存商品”对话框，在“库存商品代码”和“库存商品名称”文本框中输入库存商品代码和库存商品名称，单击 增加(N) 按钮确认操作，如图3-31所示。

STEP3 根据表3-6继续输入其他两种库存商品信息，完成后单击 关闭(C) 按钮，在返回的“核算项目”对话框中即可查看添加的库存商品，效果如图3-32所示。

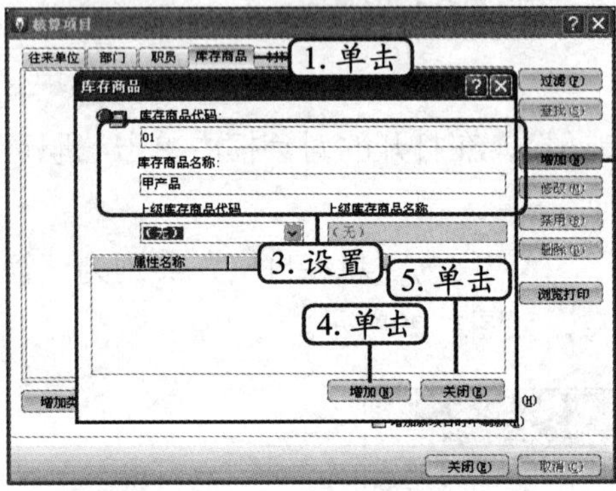

图3-31　设置库存商品信息

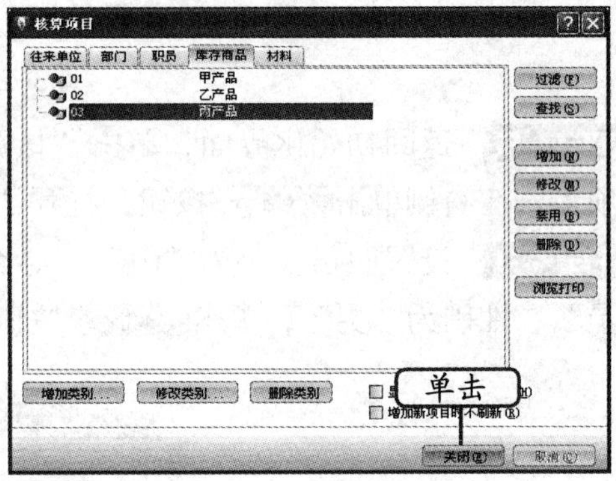

图3-32　新增库存商品

STEP 4 单击“核算项目”对话框中的“材料”选项卡，在右侧单击 增加(N) 按钮，打开“材料”对话框，输入材料代码为“01”，材料名称为“A材料”，完成后单击 增加(N) 按钮，如图3-33所示。

STEP5 根据表3-6继续输入其他两种材料的相关信息，完成后单击 关闭(C) 按钮，在“核算项目”对话框中，即可查看添加的材料，效果如图3-34所示。

STEP6 最后在“核算项目”对话框的底端单击 关闭(C) 按钮返回“欣宝月”账套的初始化界面。

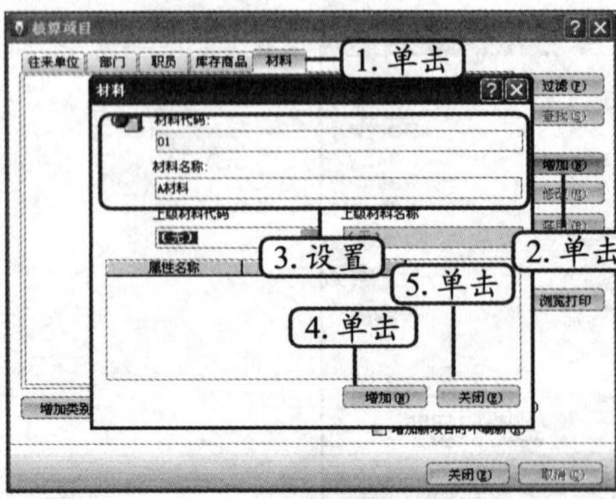

图3-33　设置材料信息

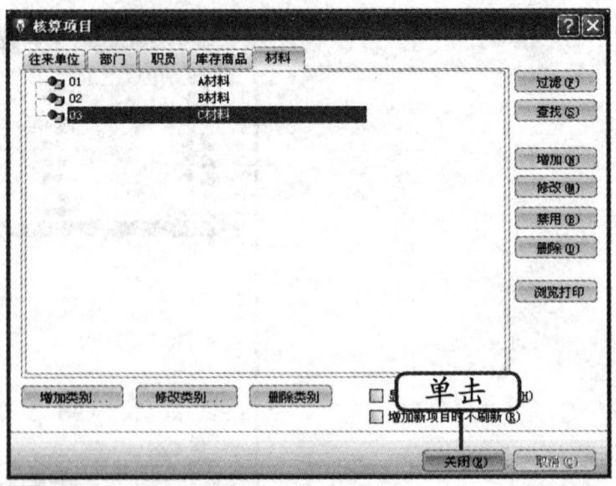

图3-34　新增材料

（五）录入科目初始数据

企业上年末的数据将作为新的一个会计年度的期初余额，因此要将上年度年末的数据输入对应科目后才能启用账套进行新的会计期间的核算。下面将表3-7所示各科目的初始数据录入到金蝶KIS标准版中，其具体操作如下。（**微课**：光盘\微课视频\项目三\录入科目初始数据.swf）

操作提示

初始数据的录入将自动获取当前账套中设置的会计科目，包括总账科目和明细科目，所以在录入初始数据前，应确认会计科目是否需要设置辅助核算项目，是否需要新增会计科目。会计科目一旦录入初始数据后，该科目将不能再进行修改，若要在没有明细科目的总账科目新增明细科目，该总账科目的余额将自动转入新增的明细科目，如图3-35所示。

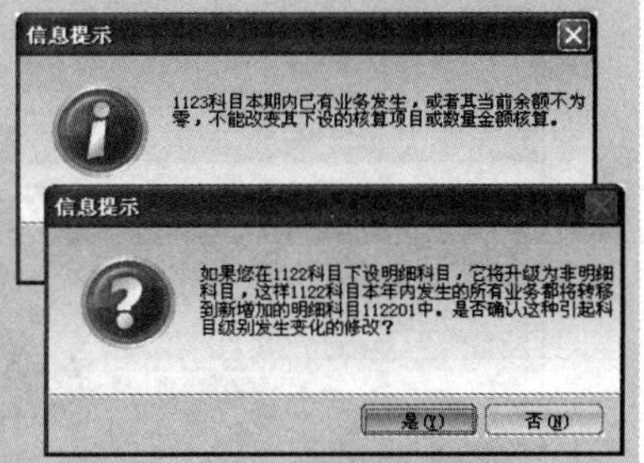

图3-35 会计科目提示

STEP 1 在金蝶KIS标准版初始化界面中单击“初始数据”超链接，打开“初始数据录入”选项卡，在其中可查看当前账套中所有科目的借贷金额。

STEP 2 在工具栏下的下拉列表框中选择“人民币”选项，在“库存现金”科目后的期初余额单元格中输入其期初余额“1573”，系统自动以科学计数法显示录入的金额，如图3-36所示。

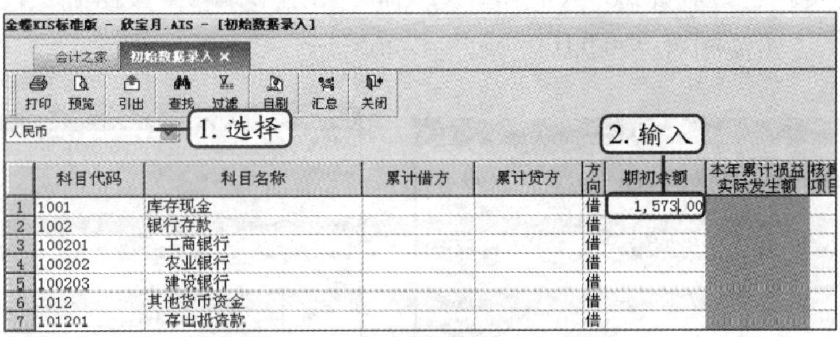

图3-36 输入“库存现金”期初余额

STEP 3 在“工商银行”科目对应的期初余额单元格中输入期初余额“50 000”，然后依次输入“农业银行”和“建设银行”的期初余额，再单击工具栏中的汇总按钮，将自动生成“银行存款”科目的期初余额，如图3-37所示。

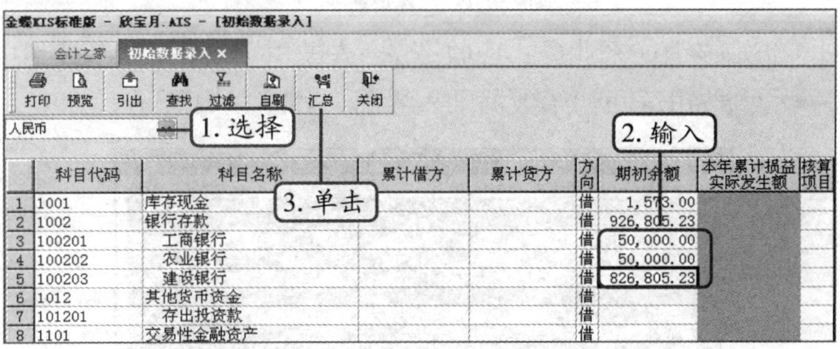

图3-37 汇总银行存款期初余额

STEP 4 使用相同的方法录入“其他货币资金”“交易性金融资产”和“应收票据”科目的期初余额，然后双击“应收账款”科目期初余额对应单元格，打开“初始核销往来业务：应收账款-人民币”对话框，单击增加按钮，如图3-38所示。

STEP 5 打开“初始往来业务资料：应收账款-人民币”对话框，输入业务编号“01”，设置发生日期为“2014-06-08”，顺序号为“1”，输入摘要“赊销商品一批”，输入借方金额“77805”元，单击“往来单位代码”的按钮，如图3-39所示。

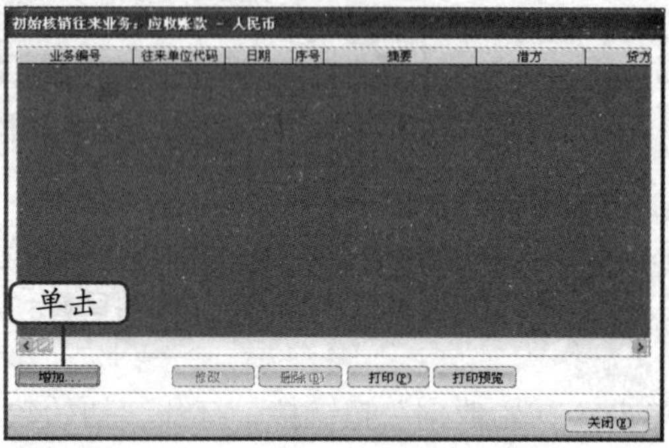

图 3-38　设置初始往来业务资料

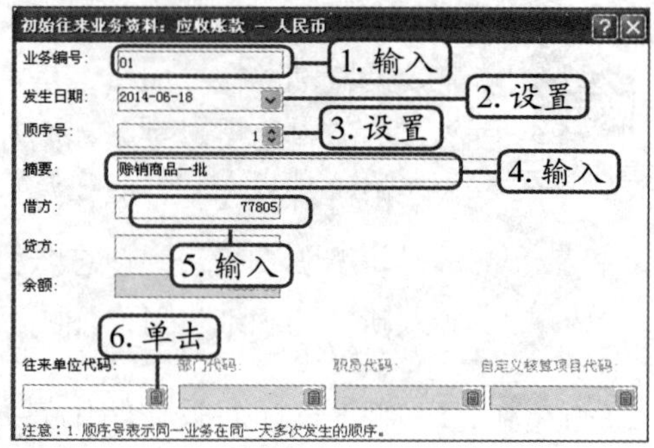

3-39　设置初始往来业务资料

STEP 6　打开“核算项目”对话框，选择往来单位“飞跃公司”，单击 确定(O) 按钮返回“初始往来业务资料：应收账款-人民币”对话框，单击 确定(O) 按钮确认往来资料的录入，最后单击 取消(C) 按钮关闭对话框即可，如图3-40所示。

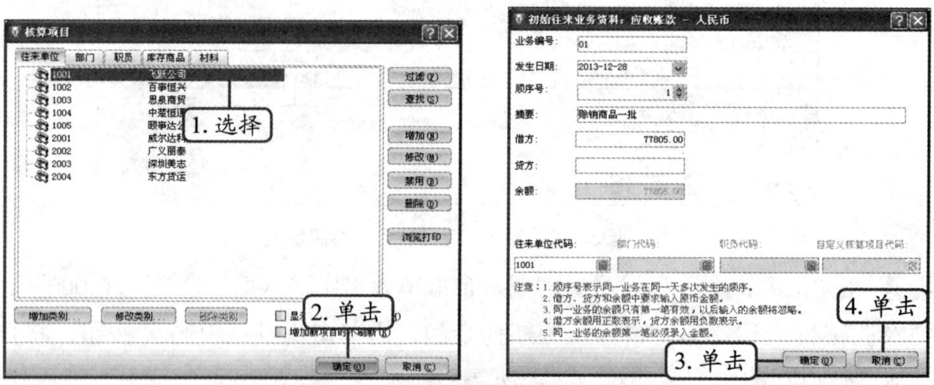

图3-40　设置核算项目

STEP 7　返回“初始核销往来业务：应收账款-人民币”对话框，在其中即可查看所有的往来信息，单击 关闭(E) 按钮返回初始数据录入界面，如图3-41所示。

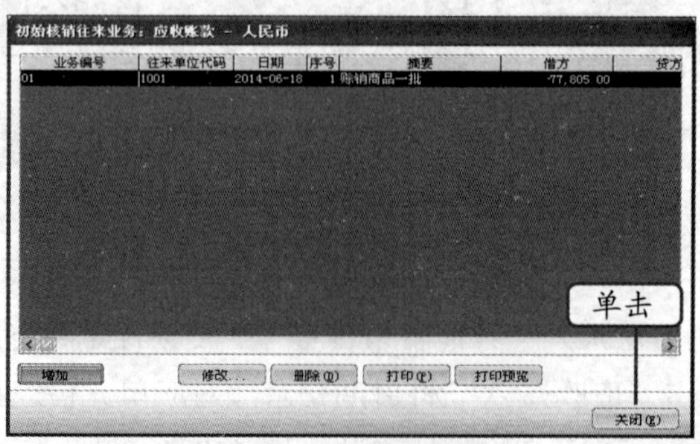

图3-41　往来信息

STEP 8 根据表3-7提供的数据，使用相同的方法录入其他总账科目、明细项目和辅助核算科目对应的期初余额，初始数据录入完成后，在工具栏下方的下拉列表框中选择“试算平衡表”选项，系统自动检查录入的期初余额是否平衡，如图3-42所示，表示录入的期初余额试算表平衡。

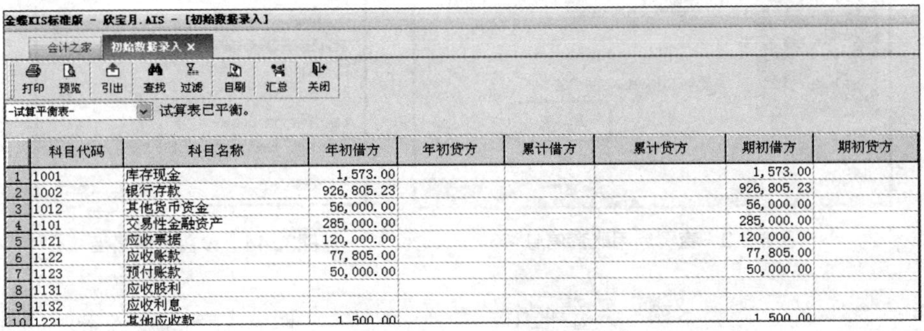

	科目代码	科目名称	年初借方	年初贷方	累计借方	累计贷方	期初借方	期初贷方
1	1001	库存现金	1,573.00				1,573.00	
2	1002	银行存款	926,805.23				926,805.23	
3	1012	其他货币资金	56,000.00				56,000.00	
4	1101	交易性金融资产	285,000.00				285,000.00	
5	1121	应收票据	120,000.00				120,000.00	
6	1122	应收账款	77,805.00				77,805.00	
7	1123	预付账款	50,000.00				50,000.00	
8	1131	应收股利						
9	1132	应收利息						
10	1221	其他应收款	1,500.00				1,500.00	

图3-42 期初余额试算平衡

STEP 9 在“初始数据录入”选项卡中单击“关闭”按钮，返回初始化界面。

> **操作提示**
>
> 录入期初余额时有3种特殊的会计科目录入情况，包括有明细科目的总账科目、有辅助核算的科目和固定资产的相关科目，其录入方法介绍如下。
>
> - **有明细科目的总账科目期初余额的录入：**有明细科目的总账科目底纹为黄色，该类科目期初余额不能直接录入，只能通过录入明细科目期初余额后汇总生成，如欣宝月公司“银行存款”科目的期初余额由“工商银行”、“农业银行”和“建设银行”明细科目期初余额汇总生成。
> - **有辅助核算的科目期初余额的录入：**有辅助核算的科目底纹同样为黄色，其必须在设置辅助核算的往来账款对话框中设置借贷方金额后，期初余额才会在黄色单元格中显示。如“应收账款”在辅助核算项目里面生成初始数据，不可在该单元格中直接输入期初余额。
> - **固定资产相关科目期初余额的录入：**“固定资产”“累计折旧”和“固定资产减值准备”的底纹为蓝色，这些科目需要通过录入“固定资产卡片”进行核算，所以不能直接录入。

（六）启用账套

在金蝶KIS标准版会计核算软件中的“启用账套”步骤和手工记账中的“建账”的意义相同，即开始正式进入记账核算阶段。需注意的是，使用软件启用账套后，就不可以再更改初始数据，其具体操作如下。（**微课：**光盘\微课视频\项目三\启用账套.swf）

STEP 1 在金蝶KIS标准版初始化界面中单击“启用账套”超链接，打开“启用账套”对话框，查看提示信息后单击“继续 >”按钮，如图3-43所示。

STEP 2 打开“账套备份”对话框，选择备份文件要保存的文件夹，单击“备份”按钮，系统自动对当前账套进行备份，如图3-44所示。

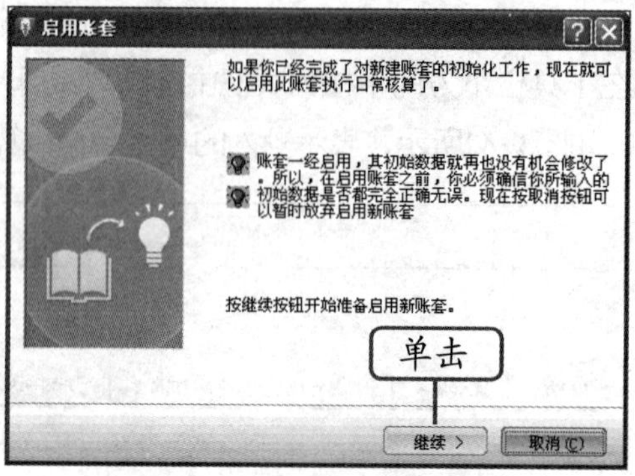

图3-43　查看启用账套信息

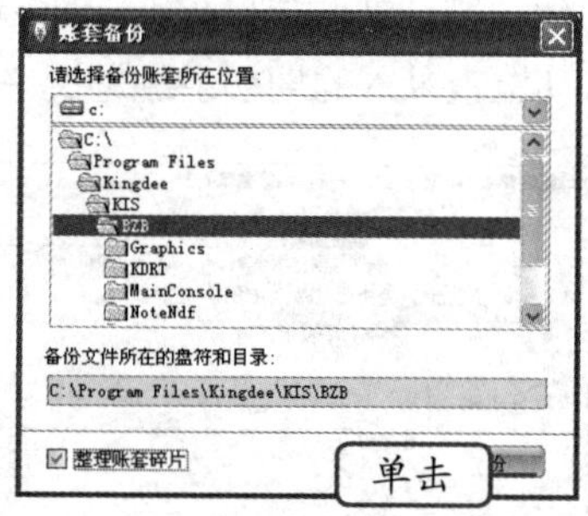

图3-44　设置备份路径

操作提示

在“账套备份”对话框中，系统会提供一个默认路径的文件夹，可以直接单击备份按钮备份账套，但是需要用户记住这个文件夹的位置，也可以选择要存放的其他磁盘路径。

STEP 3 此时将打开一个提示对话框，提示备份完成，单击确定(O)按钮，在打开的“启用账套”对话框中单击完成按钮，将自动进入启用后的账套的操作主界面，如图3-45所示。

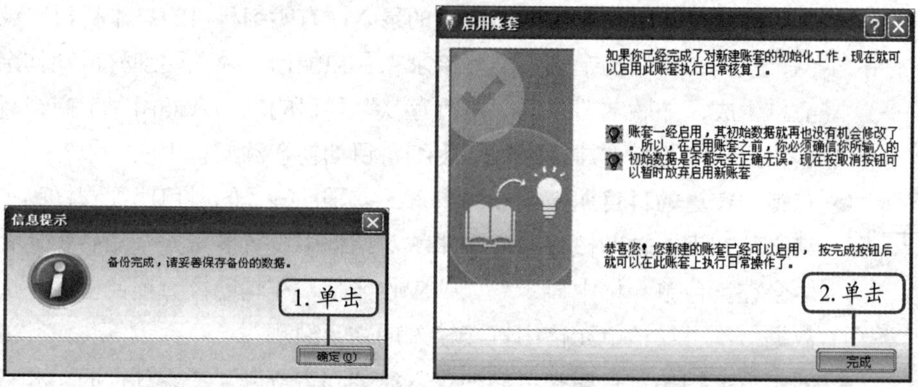

图3-45　完成启用账套

实训一　新增指定科目

【案例3】随着欣宝月公司业务的发展和增多，公司决定增加专门的项款作为短期投资，用于购买股票、基金、债券等。由于大多往来单位在外地，需开设专门的存款账户交易时使用，许多中小型的设备不属于固定资产的范畴，被归纳为低值易耗品入账。针对上述情况，需要在金蝶软件中增加相应的会计科目，具体参数如表3-8所示。

表3-8　会计科目参数

代码	会计科目	代码	会计科目
1102	短期投资	101202	外埠存款

续表

代码	会计科目	代码	会计科目
110201	股票	1124	低值易耗品
110202	债券	1504	委托代销商品
110203	基金		

【实训要求】

根据实际业务的发生，要求在金蝶KIS标准版会计核算软件中，按照表3-8所示的会计科目参数，将欣宝月公司新增业务所使用到的会计科目增加到软件中。

【实训思路】

首先确定增加的会计科目所属性质，即是属于资产、负债还是所有者权益等，再选择相应的选项卡进行增加。图3-46所示为新增会计科目的示例。

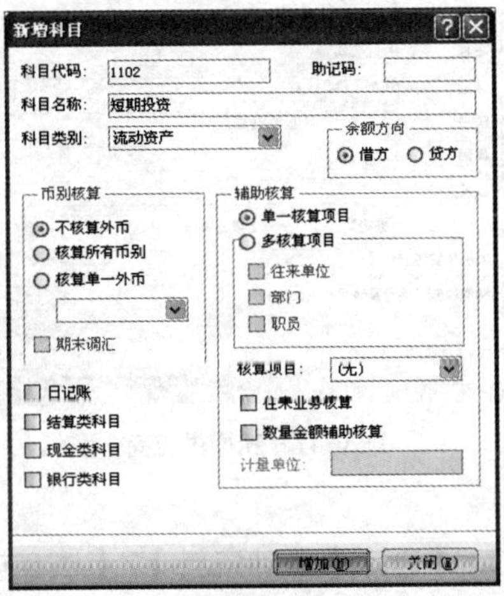

图3-46　新增会计科目

【步骤提示】

STEP 1 启动金蝶KIS标准版，以Manager的账户登录“欣宝月”账套。

STEP 2 选择【基础资料】/【会计科目】菜单命令，打开“会计科目”对话框。

STEP 3 在右侧单击[增加(N)]按钮，打开“新增科目”对话框，在“科目代码”文本框中输入“1102”，在“科目名称”文本框中输入“短期投资”，再单击[增加(N)]按钮返回“会计科目”对话框。

STEP 4 使用相同的方法依次添加其他会计科目，完成后依次单击[关闭(C)]按钮关闭对话框即可。

实训二　新增指定供应商

【案例4】欣宝月公司与之前合作的公司合约到期，准备与新的供应商长江公司签订合同，该供应商的具体参数如表3-9所示。

表 3-9 供应商参数

代码	供应商	地址	电话	联系人	税务登记号	银行账号
1006	长江公司	成都市锦江区 **	400255**	张 *	123**	1234****

【实训要求】

随着业务的发展，欣宝月实业有限公司的供应商和客户都在增加，这就必须在“往来单位”项目里面增加相应的供应商或者客户，并录入相应的数据。

【实训思路】

往来单位是指与企业有业务往来的单位，如供应商往来，所以根据表3-9提供的供应商参数，把相关的数据和信息录入到“往来单位”里面即可，如图3-47所示。

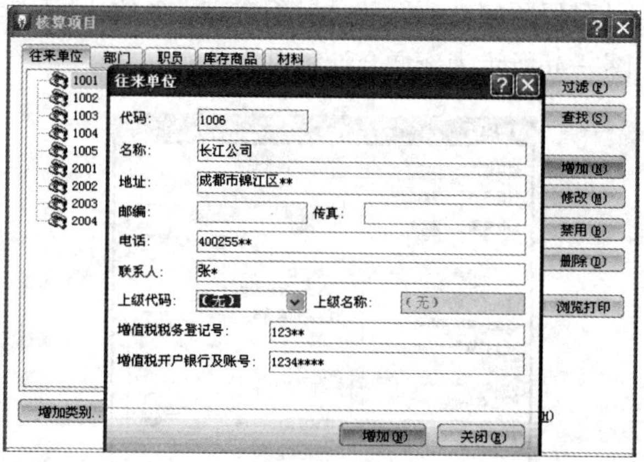

图3-47 新增供应商

【步骤提示】

STEP 1 启动金蝶KIS标准版，选择【基础资料】/【核算项目】菜单命令，打开“核算项目”对话框。

STEP 2 单击“往来单位”选项卡，单击[增加(N)]按钮，打开“往来单位”对话框，输入代码为“01”，名称为“长江公司”，地址为“成都市锦江区**”，电话为“400255**”，联系人为“张*”，税务登记号为“123**”，银行账号为“1234***”，输入完毕后单击[增加(N)]按钮即可（效果参见：光盘/效果/项目三/欣宝月.AIS）。

常见疑难解析

问：初始数据录入后能否更改？

答：对于持续经营的企业，本年年初数即是上一年度的年末数，系统是会根据上一年度的年末数自动生成本年度年初数的，即使是一个新的企业第一次启用账套，在录入科目初始数据后，经过试算平衡后启用账套，也不可以再更改初始数据。只能通过恢复备份账套，再在恢复的备份账套里面更改初始数据。

问：所有企业的会计科目是否都应统一设置？

答：企业的总账科目必须根据国家会计制度的规定设置，不能随意增减、合并，更不能随意设置，这是为了便于国家的财政管理和规定统一核算，但是在总账科目下的明细科目可以根据企业的自身需求，在满足国家规定的前提下设置，这是为了使企业的核算更加简便和符合自身发展。

拓展知识

（一）初始数据试算平衡

试算平衡是指在借贷记账法下，利用借贷方发生额和期末余额（期初余额）的平衡原理，检查账户记录是否正确的一种方法。

在借贷记账法下，试算平衡的基本公式是：

- 全部账户的借方期初余额合计=全部账户的贷方期初余额合计；
- 全部账户的借方发生额合计=全部账户的贷方发生额合计；
- 全部账户的借方期末余额合计=全部账户的贷方期末余额合计。

在金蝶KIS标准版软件中，如果初始数据试算不平衡，则不能启用账套，其提示信息如图3-48所示。

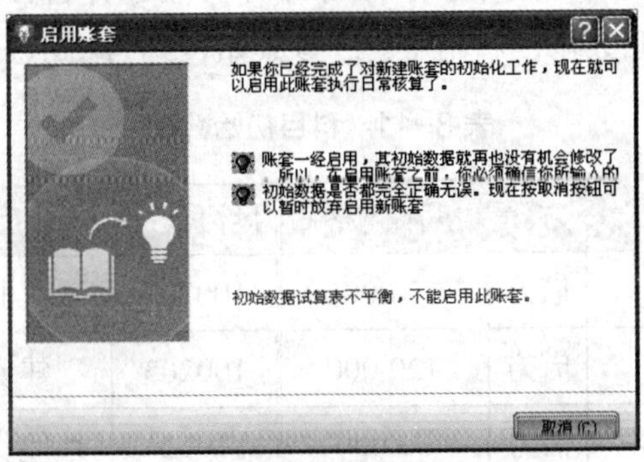

图3-48　提示试算不平衡时不能启用账套

（二）固定资产的初始数据录入

在初始数据录入时，对于“固定资产”，与固定资产有关的“累计折旧”和“固定资产减值准备”，均不能直接在“期初余额”文本框中输入初始数据，这些科目使用“绿色”背景显示以与其他科目进行区分，如图3-49所示。

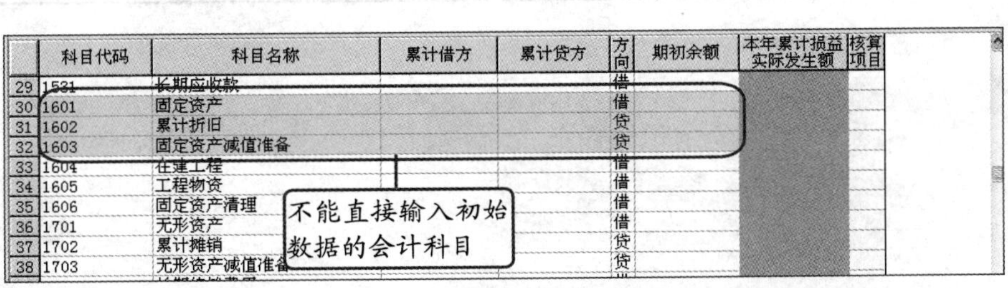

图3-49　固定资产初始数据录入

"固定资产"、"累计折旧"和"固定资产减值准备"的初始数据录入方法是：双击"固定资产"、"累计折旧"和"固定资产减值准备"右侧对应的"期初余额"单元格区域，打开"固定资产"初始数据录入界面，单击左侧上方的新增按钮，在打开的"固定资产卡片"对话框中录入初始数据。

课后练习

（1）为公司设置如表3-10所示的往来单位、部门和职员辅助核算信息，并根据需要添加"库存商品"和"材料"辅助核算项目。

表 3-10　往来单位、部门和职员

往来单位		部门		职员		
代码	名称	代码	名称	代码	姓名	部门
1012	恒通公司	001	销售部	01	张强	总经办
2013	丽达明珠	002	业务部	02	陈云	财务部

（2）根据业务需求设置往来单位，增加库存商品会计科目，再增加相应的部门和职员，最后录入会计科目初始数据，启用账套。参数如表3-11所示。

表 3-11　科目初始数据

科目代码	科目名称	方向	期初余额	科目代码	科目名称	方向	期初余额
1001	现金	借方	5 000	100202	农业银行	借方	50 000
1002	银行存款	借方	120 000	100203	建设银行	借方	20 000
100201	工商银行	借方	50 000	1012	其他货币资金	借方	48 000
1101	交易性金融资产	借方	50 000	2211	应付职工薪酬	贷方	70 000
2001	短期借款	贷方	75 000	221102	福利费	贷方	40 000
2202	应付账款	贷方	38 000	2221	应交税费	贷方	110 000
2203	预收账款	贷方	30 000	22210101	进项税额	贷方	15 000

PART 4

项目四 筹集业务资金

情景导入

阿秀：小白你知道一个企业是如何筹集资金的吗？

小白：筹集资金？企业的资金不就是企业的注册资本吗？为什么需要筹集呢？

阿秀：一个企业要做大做强，必须要有充足的资金做准备，企业的注册资本只是企业最先用于业务的资金，所以企业还需要通过融资和借款等途径来筹集业务资金。

小白：原来是这样，那么这些业务应该如何处理呢？可以直接使用金蝶KIS进行核算吗？

阿秀：当然可以，利用会计核算软件填制记账凭证可是基础工作，因为每一笔业务都需要填制对应的记账凭证，然后再由会计主管对填制的凭证进行审核。

小白：填制记账凭证这么重要，那我一定得认真学习了。

学习目标

- 熟悉企业收到投资的账务处理
- 熟悉企业借款和还息的账务处理
- 掌握录入凭证的基本操作
- 掌握审核凭证的基本操作

技能目标

- 根据投资业务填制记账凭证
- 根据借款业务填制记账凭证
- 审核填制的会计凭证

任务一 收到投资者投资

企业要正常经营，足够的资金准备是必不可少的，所以除了企业成立之初的注册资本外，还需通过多种有效途径合法取得其他的投入资金，如进行融资等。经过业务接洽，欣宝月实业有限公司和合作企业成功融资，并获得该企业的投入资金。

一、任务目标

本任务将使用金蝶财务软件对欣宝月实业有限公司收到合作企业的融资业务进行核算，包括根据业务设置辅助核算项目、录入凭证、保存凭证和审核凭证等操作。通过本任务的学习，掌握凭证的填制方法，以及处理投资业务的账务核算方法。图4-1所示为审核后的记账凭证。

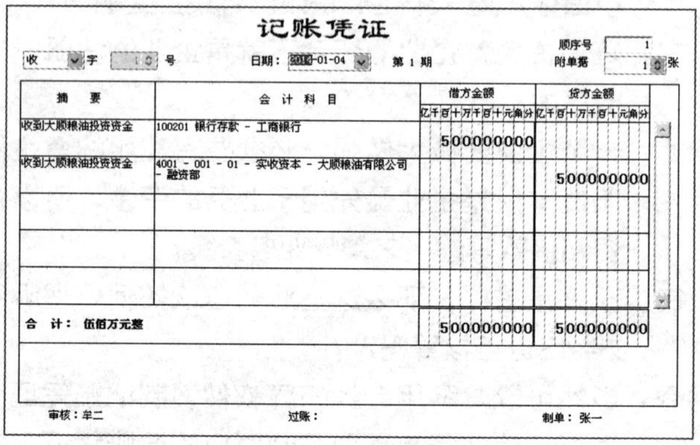

记账凭证

收 字 1 号　日期：201[illegible]-01-04　第 1 期　顺序号 1　附单据 1 张

摘要	会计科目	借方金额	贷方金额
收到大顺粮油投资资金	100201 银行存款 - 工商银行	500000000	
收到大顺粮油投资资金	4001 - 001 - 01 - 实收资本 - 大顺粮油有限公司 - 融资部		500000000
合 计： 伍佰万元整		500000000	500000000

审核：牟二　过账：　制单：张一

图4-1 审核记账凭证

二、相关知识

（一）企业收到投资的核算

对经济业务进行处理，首先应分析其涉及的会计科目。对于投资者投入的资本，股份有限公司通过“股本”和“资本公积”等科目来核算，其他各类企业则主要通过“实收资本”科目来核算。

企业接受投资者投入的资本，包括现金资产投入（银行存款）和非现金资产投入（固定资产），不管是哪种投入，企业的资产增加，应记借方。

欣宝月实业有限公司为中小型企业，所以收到投资时，其相关会计分录如下：

借：银行存款（或固定资产）

　　贷：实收资本

知识补充

收到投入资本时，借方还可记入“其他应收款”账户，可以将这种情形理解为企业债权人将债务转换为投资，企业债务减少，记借方，贷方记“其他应收款”账户。债务转换为投资后，资本增加，应借记“其他应收款”，贷记“实收资本”。

（二）认识并选择记账凭证

记账凭证包括收款凭证、付款凭证和转账凭证3种，在实际做账业务中，应根据不同的业务，选择使用不同的记账凭证，如表4-1所示。

表 4-1　记账凭证的种类

类型	事项	示例
收款凭证	现金和银行存款收款业务	现金结算的发票记账联、银行进账通知单
付款凭证	现金和银行存款付款业务	现金支票、转账支票存根
转账凭证	不涉及现金和银行存款的其他业务，根据转账业务的原始凭证填制	出库单、领料单

职场法则

转账业务是指在经济业务不涉及现金和银行存款收付的业务。需要注意的是，使用转账支票、银行存款网上转账等都不属于这里特指的转账业务，因为无论是使用转账支票，还是在网上转账，都涉及银行存款的增减，应填制收款凭证或付款凭证。

在金蝶KIS标准版会计核算软件中，使用的是同一格式的记账凭证，即在填制记账凭证时，只需根据实际的经济业务事项，在凭证左上角的凭证字下拉列表框中选择具体的记账凭证类型即可，如图4-2所示。

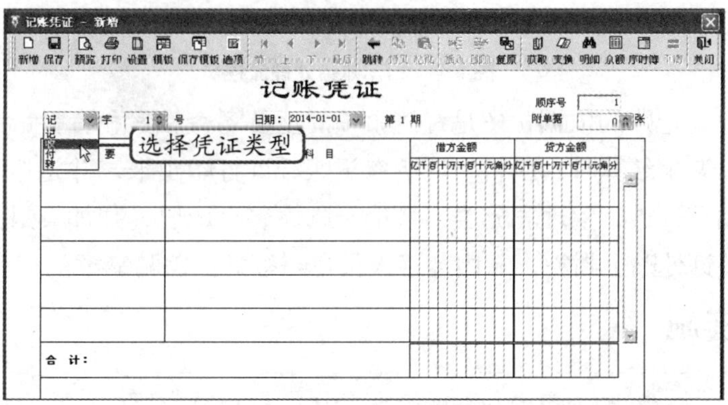

图4-2　选择凭证类型

（三）掌握记账凭证的内容和格式

记账凭证是登记账簿的依据，它需要反映经济业务事项的内容，满足记账的基本要求。无论是哪种记账凭证，都包括记账日期、凭证编号、业务摘要、会计科目、金额、所附原始凭证张数，以及审核、对账和制单等相关会计人员的签章。

记账日期是指填制凭证的日期，而非凭证反映的经济业务事项发生的日期。记账凭证应及时填制，常稍晚于原始凭证。

在金蝶KIS标准版会计核算软件中，记账凭证应填制的内容如图4-3所示。

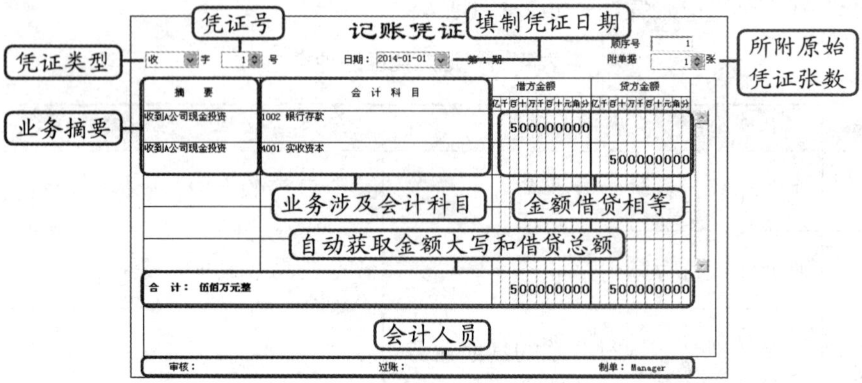

图4-3　记账凭证的填制内容

（四）会计凭证的打印和封装

经济业务事项的账务处理包括凭证的录入、凭证的审核、凭证过账、对账、结账和凭证打印等环节，其具体流程如图4-4所示。

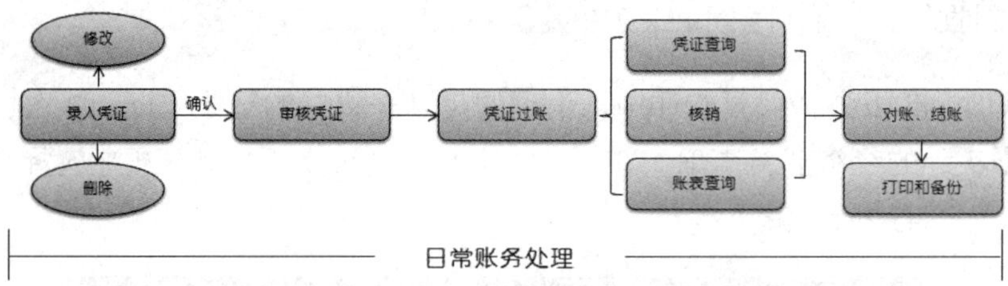

图4-4　日常账务处理流程

记账凭证不仅是记账的依据，还是经济事项的重要备查档案和资料，因此应对记账凭证妥善整理和保管。期末结算时，应将当期所有记账凭证打印出来，并将打印的记账凭证和经济事项对应的原始凭证进行整理和分类，按编号顺序装订成册，并加具封面封底。为防止任意拆装，还应在装订处贴上封签，并由装订人员在封签处加盖骑缝章。

三、任务实施

【案例1】2014年7月1日，欣宝月实业有限公司融资部门成功为公司取得飞跃公司500万元人民币的资本投入，该资金转入公司工商银行账户。2014年7月4日，在工商银行取得该笔资金的入账凭证，部门要求会计员张二填制记账凭证，并由管理员牟一对该凭证进行审核。

（一）录入记账凭证

从银行取得入账凭证后，即可根据该入账凭证录入记账凭证，其中借方记入“银行存款”科目，贷方记入“实收资本”科目。下面开始录入记账凭证，其具体操作如下。

（微课：光盘\微课视频\项目四\录入记账凭证.swf）

STEP 1 以“张二”的账户登录“欣宝月”账套（素材参见：光盘/素材/项目四/欣宝月.AIS），在主界面左侧单击“账务处理”选项卡，在中间功能区单击“凭证录入”超链接，如图4-5所示。

图4-5 单击“凭证录入”超链接

STEP 2 打开“记账凭证-新增”对话框，在左上角凭证字下拉列表中选择“收”选项，在其后的数值框中输入文本“1”。

STEP 3 在“日期”下拉列表中选择日期为“2014-07-04”，在右侧“附单据”数值框中输入凭证张数“1”，如图4-6所示。

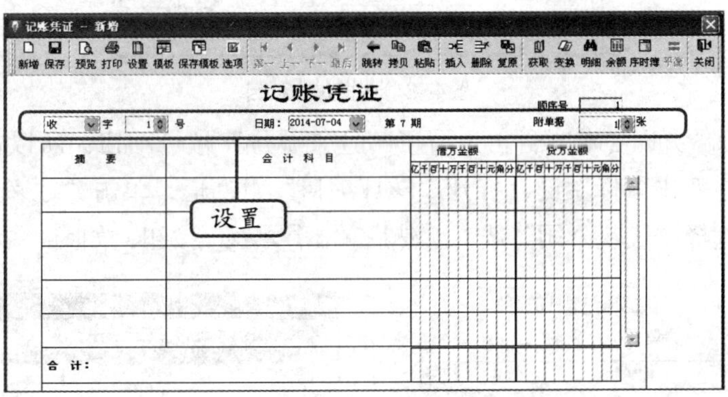

图4-6 录入记账凭的日期和附单据的张数

STEP 4 在“摘要”栏的第一行中单击鼠标左键，输入摘要“收到飞跃公司投资资金”，按【Enter】键，光标插入点自动跳转到“会计科目”栏的第一行中。

STEP 5 在工具栏中单击获取按钮，打开“会计科目”对话框，在“资产”选项卡下的列表框中双击“1002 银行存款”科目，打开其下的明细科目列表，选择“100201 工商银行”明细科目，然后单击确认按钮，如图4-7所示。

STEP 6 返回记账凭证，按【Enter】键，光标插入点自动跳转到“借方金额”栏的第一行中，输入金额“5 000 000”，然后按【Enter】键。

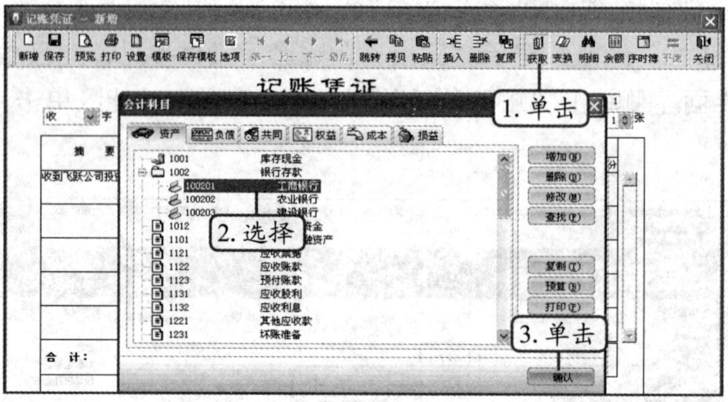

图4-7　选择借方科目

STEP 7 光标插入点自动跳转到“摘要”栏的第二行，输入相同的摘要，并按【Enter】键，光标插入点跳转到“会计科目”栏的第二行。

STEP 8 在该处双击鼠标左键，打开“会计科目”对话框，单击“权益”选项卡，选择“实收资本”选项，然后单击 确认 按钮，如图4-8所示。

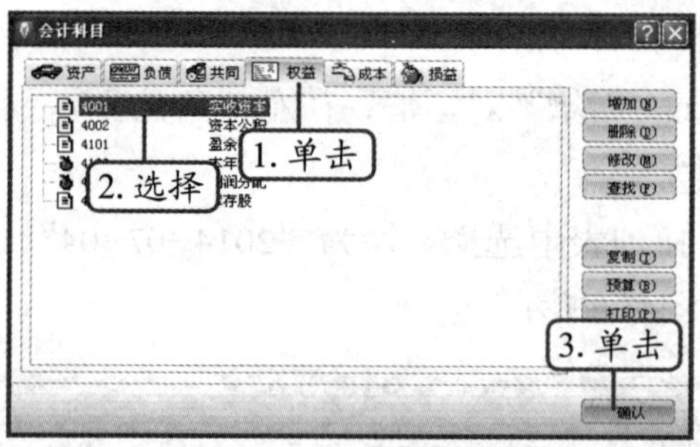

图4-8　选择贷方科目

STEP 9 由于“实收资本”科目设置了“往来单位”核算项目，所以在会计科目的下一行的左侧文本框中双击鼠标左键，打开“核算项目”对话框，单击“往来单位”选项卡，在下方的列表框中选择“飞跃公司”选项，然后单击 确定(O) 按钮，如图4-9所示。

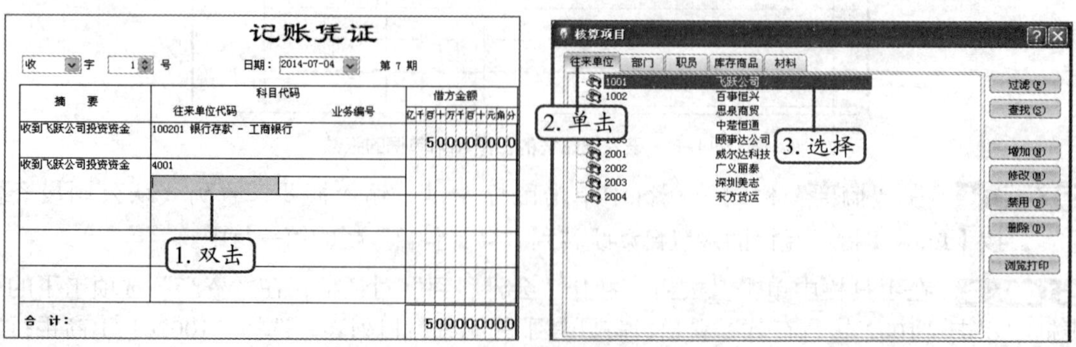

图4-9　选择辅助核算项目

STEP 10 返回“记账凭证-新增”对话框，在“业务编号”文本框中输入“002”，按两次

【Enter】键，在“实收资本”的贷方输入金额“5 000 000”，再在工具栏中单击保存按钮，保存记账凭证即可，如图4-10所示。

图4-10 保存凭证

（二）审核记账凭证

记账凭证填制无误后，即可进行审核，但应注意其录入人员和审核人员应遵守职位分离原则，不能由同一人担任。所以审核凭证时，应登录系统管理员或设置的专门审核凭证的会计人员的账户。下面将直接在当前未退出的软件系统中更换操作员为“牟一”，并审核填制的记账凭证，其具体操作如下。（**微课**：光盘\微课视频\项目四\审核记账凭证.swf）

STEP 1 在金蝶KIS标准版主界面中选择【文件】/【更换操作员】菜单命令，打开“金蝶KIS标准版系统登录”对话框，此时账套名称不可选择，设置用户名称为“牟一”，输入用户登录密码后单击确定按钮，如图4-11所示。

STEP 2 此时以“牟一”的账户登录金蝶KIS标准版会计核算软件，在界面左侧单击“账务处理”选项卡，在右侧功能区单击“凭证审核”超链接，打开“凭证过滤”对话框。

STEP 3 在“内容”下拉列表中选择“凭证字”选项，在“比较关系”下拉列表中选择“等于”选项，在“比较值”下拉列表中选择“收”选项，然后单击确定(O)按钮，如图4-12所示。

图4-11 更换操作员

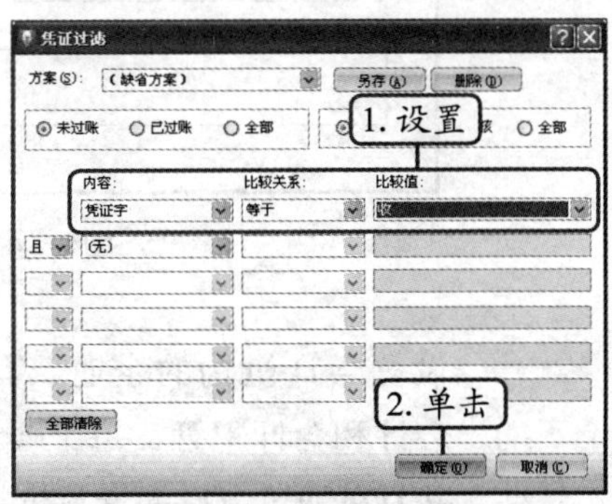

图4-12 设置过滤参数

STEP 4 打开“会计分录序时簿”选项卡，在列表中列出了当前系统存在的所有收款凭证，选择凭证字号为“收-1”的凭证选项，然后在工具栏中单击审核/反审核按钮，如图4-13所示。

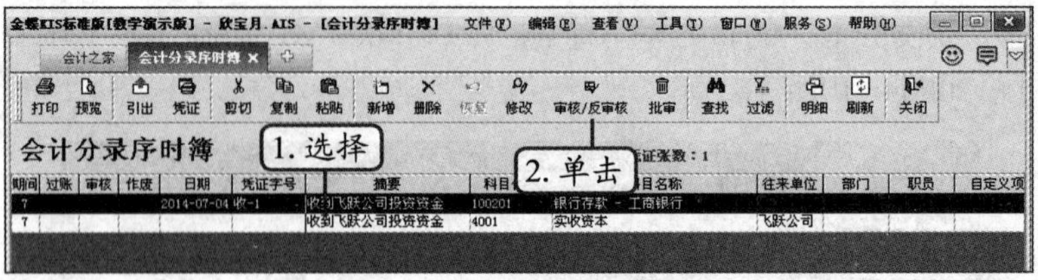

图4-13　选择要审核的凭证

操作提示

由于前面设定的是欣宝月实业有限公司在启用会计核算软件前无经济业务事项，所以当前系统没有其他凭证。而在真实的账务核算中，无论是新成立的公司还是已成立多年的公司，在启用会计核算软件前，都涉及各种费用的收入和支出，需要会计人员在初始化会计核算软件时，录入其他期间经济业务对应的记账凭证。审核凭证时，就可以在“凭证过滤”对话框中设置多个参数，进行多重过滤。

STEP 5 打开“记账凭证-审核”对话框，检查凭证内容是否正确，完成后在工具栏中单击“审核/反审核”按钮，此时在凭证下方的“审核：”处将显示当前审核凭证的会计人员名称，如图4-14所示。

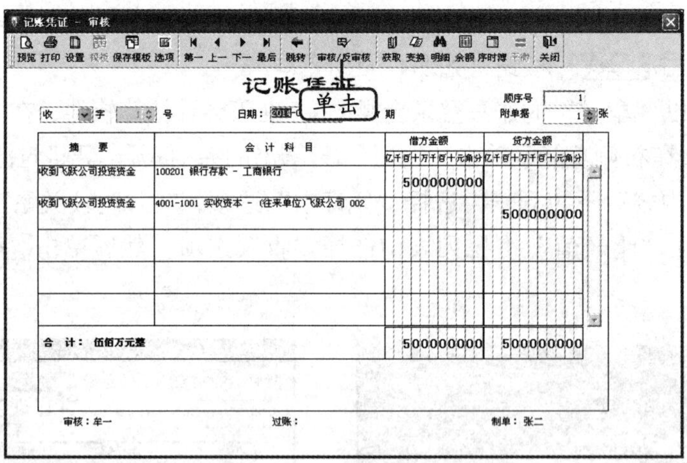

图4-14　审核记账凭证

知识补充

设立会计机构的企业，其会计人员数量通常不会低于3人，分别为出纳、会计和会计主管，每个会计人员的计算机中都将安装同样的会计核算软件，并且可通过自己的计算机在同一账套中进行账务处理和核算。

一般情况下，资金收付等原始凭证都由出纳保管，出纳确认原始凭证无误后，交由会计人员编制记账凭证，记账凭证编制好后，会计人员通知会计主管对凭证进行审核。该流程的所有操作均在相关会计人员自己的计算机中完成，不能由一人兼任上述两项工作。

任务二 向其他机构借款及还息

借款指企业向银行等金融机构及其他单位借入资金的行为，它也是企业筹集资金的有效途径。在众多借款机构中，向银行借款的手续最为复杂，但不论向谁借款，都需要签订借款合同，对借款期限、计息方法、借款利率、还息日期等内容进行核定。欣宝月实业有限公司通过正规的业务流程，获得了某商业银行的借款。

一、任务目标

本任务将通过欣宝月实业有限公司的借款行为，对借款业务、计息业务和还款业务的账务进行核算和处理。通过本任务的学习，可对企业借款的账务流程有大致的了解，同时将掌握使用金蝶KIS标准版会计核算软件对获得借款、分月计提利息和还本付息等业务的账务处理方法。图4-15所示为借款和还款（最后一月还息）的记账凭证效果图。

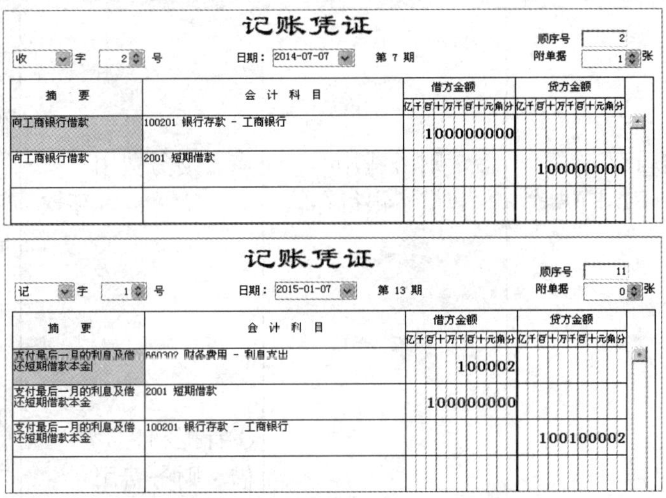

图4-15 借款和还款的记账凭证效果图

二、相关知识

（一）短期借款和长期借款

根据还款期限的长短，可将借款分为短期借款和长期借款两类，如表4-2所示。

表 4-2 借款的分类

类型	还款期限	核算科目
短期借款	≤ 1 年	“短期借款”科目
长期借款	＞ 1 年	“长期借款”科目

1. 短期借款

短期借款的取得和偿还都通过“短期借款”科目核算，由于其属于企业负债，所以取得借款时应记入该科目的贷方，而偿还借款时应记入该科目的借方。

短期借款的利息偿还方式有按月付息和按季付息两种。

- **按月付息**：指每个月都计提并偿还利息，最后一个月除了计提利息和偿还利息外，还应偿还本金。偿还的短期借款的利息，应记入“财务费用”科目。
- **按季付息**：指在一个季度内，每个月都计提利息，最后一个月偿还利息，且每个季度的核算都相同，最后一个季度的最后一个月需计提利息、偿还利息和偿还本金。企业计提的利息（未偿还），应记入“应付利息”科目，季末核算时，支付本季度计提的利息，“应付利息”科目下的费用转到“财务费用”科目。

短期借款的按月付息和按季付息的核算如表4-3所示。

表 4-3　短期借款的账务核算

类型	取得	第一月	第三月（季末）	偿还
按月付息	借：银行存款 贷：短期借款	借：财务费用 贷：银行存款	借：财务费用 贷：银行存款	①计息还息 借：财务费用 贷：银行存款 ②还款 借：短期借款 贷：银行存款
按季付息	借：银行存款 贷：短期借款	借：财务费用 贷：应付利息	①计提利息 借：财务费用 贷：应付利息 ②偿还利息 借：应付利息 贷：银行存款	①计息还息 借：财务费用 应付利息 贷：银行存款 ②还款： 借：短期借款 贷：银行存款

2. 长期借款

长期借款的取得和偿还都通过“长期借款”科目核算，即取得借款时记入该科目的贷方，而偿还借款时记入该科目的借方。

长期借款按付息的方式不同，可以分为“到期一次还本付息”和“分期付息、到期还本”两种方式。

- **到期一次还本付息**：每月计提利息，最后一月还本付息。
- **分期付息、到期还本**：每月计提利息，每年还息，最后一月还本付息。

知识补充

借款合同对借款利息有明确规定，但由于长期借款的周期较长，银行借款利息可能会进行小范围的调整，因此，长期借款的利息应在资产负债表日按实际利率进行计算。所谓资产负债表日，是指结账和编制资产负债表的日期，通常是月末、季末、半年末或年末。若资产负债表实际利率与合同利率差异较小，则可按合同利率计算长期借款利息费用；若差异较大，则按实际利率进行计算。

长期借款的账务核算如表4-4所示。

表 4-4　长期借款的账务核算

类型	借款	计息	还息	还本
长期借款	借：银行存款 　　贷：长期借款	借：在建工程 　　财务费用 　　制造费用 　　管理费用 　　贷：应付利息	借：应付利息 　　贷：银行存款	借：长期借款 　　贷：银行存款

知识补充

根据长期借款的用途不同，核算借款利息的科目也不同。若借款用于购买固定资产，在未达到可使用状态时，通过“在建工程”科目核算，达到使用状态后，通过“财务费用”科目核算；若借款发生在生产经营期间，通过“财务费用”科目核算；若发生在筹建期间，通过“管理费用”科目核算。

（二）凭证过账和期末结账

1. 凭证过账

凭证过账是指系统将已录入的记账凭证根据其会计科目登记到相关的明细账簿中的过程。过账后的凭证将不允许再修改，若发现凭证出现错误，只能采取补充凭证或红字冲销凭证的方法进行更正。因此，在过账前应该对记账凭证的内容仔细审核。

操作提示

系统在过账时，会根据用户在账套选项中是否选定了“过账前凭证必须经过审核”选项对凭证审核进行控制，如果勾选了该选项，则在过账时，系统会检查记账凭证是否经过审核。否则，系统不会对凭证是否经过审核进行检查，直接过账。

在金蝶KIS标准版中，系统提供了自动过账的功能，在过账过程中，系统将对所有的记账凭证及业务资料的数据关系进行检查，一旦发现错误，系统会给出错误提示信息，并中止过账，修正错误之后可重新过账。

2. 期末结账

在本期所有的会计业务全部处理完毕后，即可进行期末结账处理。

在金蝶KIS标准版会计核算软件中，系统的数据处理都是针对于本期的，要进行下一期间的处理，必须将本期的账务全部进行结账处理。系统在结账之前要对账务处理进行检查，只有将本期间的所有会计凭证及业务资料全部录入了计算机并且过账后才能结账。如果系统发现本期内还有未过账的记账凭证，系统会发出警告，然后中断结账。结账完成之后，系统进入下一个会计期间，并返回到结账处理窗口。

结账时，系统会对未结账的账套进行备份处理，若发现结账后的账套出现错误，需要更改相关信息（如添加冲抵凭证等），可恢复备份账套，并对内容进行修改。除此之外，还可以使用反结账功能，将当期会计期间退至其上一期会计期间。图4-16所示为期末结账过程中选择结账方式的对话框。

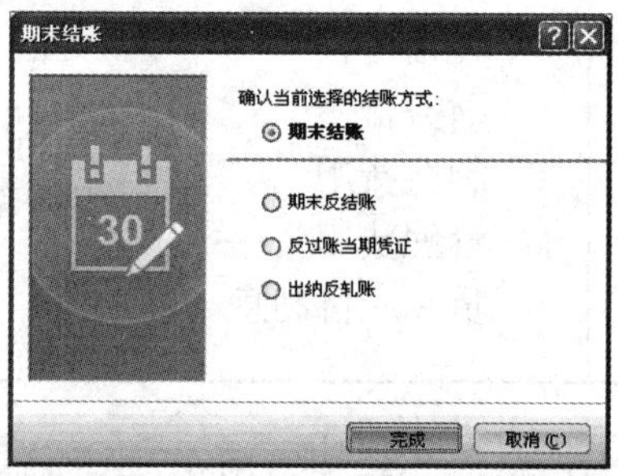

图4-16　结账方式

职场法则

如果当前的会计期间是年度的最后一个会计期间，则此时结账是执行年结过程。系统在年结过程中，所有的凭证及业务资料将全部删除，而有关账务数据的余额及发生额则会自动结转到下一年。年结后，结转到下一年度的账套是无法进行反结账的，因此在进行年结时要特别慎重。在年结过程中，操作人员同样需对账套进行备份处理，只有恢复备份账套中保留的数据资料，才能对恢复的记账凭证及业务资料进行查询处理。

三、任务实施

【案例2】2014年7月7日，欣宝月实业有限公司与工商银行签订短期借款合同，规定借款金额为100万元、年利息为6%、期限为6个月，计息方法为按季付息。当日，工商银行将该笔借款转入欣宝月实业有限公司的工商银行账户，会计员张二根据该经济业务事项填制记账凭证。2014年7月31日，第一次计提利息。

（一）获得借款的账务处理

欣宝月实业有限公司获得借款，工商银行将该笔款项转入其在工商银行开立的银行账户中，企业资产增加，负债增加。下面填制获得借款的记账凭证，其具体操作如下。（微课：光盘\微课视频\项目四\获得借款的账务处理.swf）

STEP 1 以会计员“张二”的账户登录“欣宝月”账套，选择【功能】/【账务处理】/【业务处理】/【凭证录入】菜单命令，如图4-17所示。

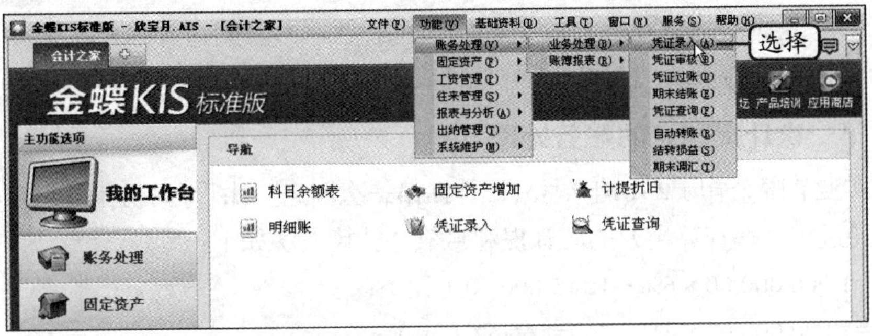

图4-17　选择菜单命令

STEP 2 打开“记账凭证-新增”对话框，设置凭证字号分别为“收”和“2”，凭证日期为“2014-07-07”，所附单据为“1”。

STEP 3 录入记账凭证借方摘要、科目和金额分为别“向工商银行借款”、“100201 银行存款-工商银行”和“1 000 000”。

STEP 4 在记账凭证贷方设置相同的摘要，然后在贷方的“会计科目”栏双击鼠标左键，打开“会计科目”对话框，单击“负债”选项卡，在列表框中选择“2001 短期借款”选项，最后单击 确认 按钮确认，如图4-18所示。

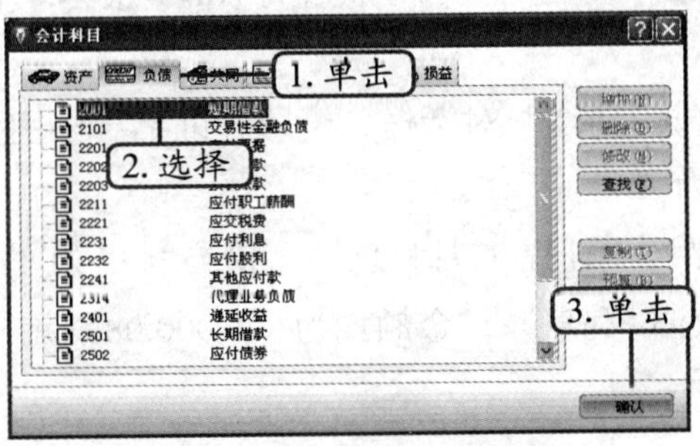

图4-18　选择贷方科目

STEP 5 返回“记账凭证-新增”对话框，设置贷方金额为“1 000 000”元，然后在工具栏中单击 保存 按钮保存记账凭证，效果如图4-19所示。

图4-19　完成记账凭证的登记

操作提示

如果对会计科目比较熟悉，使用金蝶KIS标准版会计核算软件录入会计凭证时，可以直接在“会计科目”栏中输入科目的代码，系统将打开辅助输入提示框，完成输入后按【Enter】键，代码对应的会计科目就会自动获取。若科目不存在，将打开提示对话框，并显示提示信息。

（二）第一次计提利息的账务处理

欣宝月实业有限公司于2014年7月31日计提第一次利息，由于7月份实际利息核算只有24日，所以应通过年利率计算当月的应计提利息额，计算方法如下：

月利息=1 000 000.00×6%÷12=5 000.00（元）；

日利息=1 000 000.00×6%÷360=166.67（元）；

第一月利息=166.67×24=4 000.08（元）。

知识补充

无论当月借款发生的日期是哪一天，该月月末都应该计提利息，不足一月则按日核算。而在会计核算中，默认每个月都是30天，所以欣宝月实业有限公司7月应计提利息的时间=30−7+1=24（日）。

下面填制计提利息的记账凭证，其具体操作如下。（**微课**：光盘\微课视频\项目四\第一次计提利息的账务处理.swf）

STEP 1 以会计员“张二”的账户登录“欣宝月.AIS”账套，单击“账务处理”选项卡，单击“凭证录入”超链接。

STEP 2 打开“记账凭证-新增”对话框，设置凭证字号分别为“转”和“1”，日期为“2014-07-31”，附单据为“0”。

STEP 3 设置凭证摘要为“计提本月利息”，借方科目为“660302 财务费用-利息支出”，贷方科目为“2231 应付利息”，金额均为“4 000.08”元，完成后单击保存按钮保存记账凭证，效果如图4-20所示。

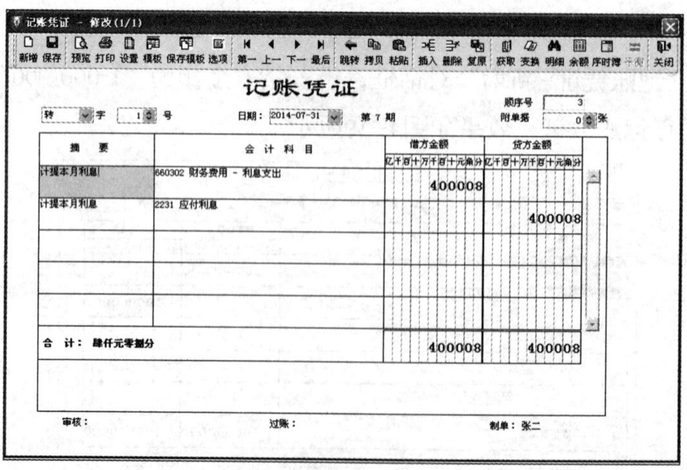

图4-20　填制计提利息的记账凭证

（三）计提季末利息并支付本季度利息

短期借款按季付息的核算方法中，每一季度的第一个月和第二个月的核算方法都一样，第三个月的核算方法与其他两个月有所差别，当月除了计提利息外，还应将本季度所有计提的利息付清。欣宝月实业有限公司第二月、第三月应提利息和第三月应付利息的计算方法如下：

第二月计提利息=1 000 000.00×6%÷12=5 000.00（元）；

第三月计提利息=1 000 000.00×6%÷12=5 000.00（元）；

第三月应付利息=4 000.08+5 000.00+5 000.00=14 000.08（元）。

为了更好地理解，下面对将对欣宝月实业有限公司在2014年7月7日取得的短期借款进行季末利息计提和付清的账务处理，其具体操作如下。（微课：光盘\微课视频\项目四\计提季末利息并支付本季度利息.swf）

STEP 1 以“张二”的账户登录金蝶KIS标准版会计核算软件，打开“记账凭证-新增”对话框。

STEP 2 填制第二月和第三月应计提利息的记账凭证，完成后保存凭证，如图4-21所示。

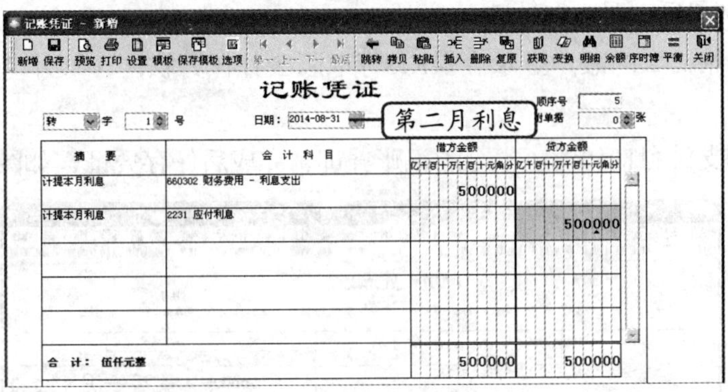

图4-21 计提第二月利息的账务处理

STEP 3 再次打开“记账凭证-新增”对话框，录入支付利息的记账凭证，然后保存凭证即可，如图4-22所示。

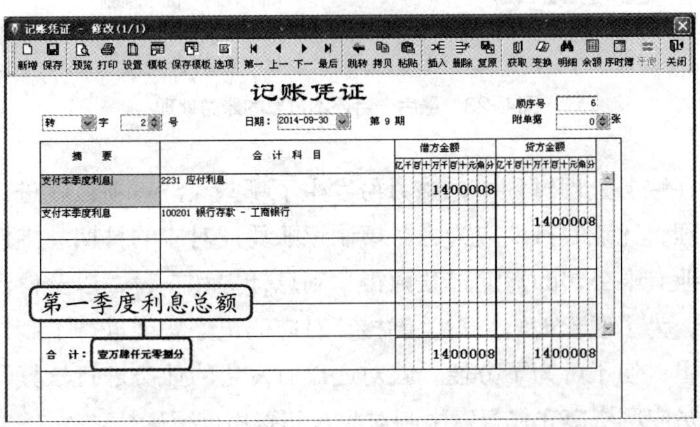

图4-22 支付本季度计提利息的账务处理

（四）最后一月还本付息

欣宝月实业有限公司的短期借款取得日期为2014年07月07日，那么第一季度包括7~9月，最后一季度包括10~12月，但该短期借款的到期日期为2015年01月07日，所以最后一季度计提并支付利息后，一月份还应该支付剩余7天的利息，以及偿还本金，计算方法如下：

最后一月应计提提利息=166.67×6=1 000.02（元）。

> **职场法则**　如果取得短期借款的日期刚好为一个月的第一天，那么按季度支付时，就只涉及12个月份的账务处理，到期的最后一个月，则应进行如下账务处理，分别为计提最后一月利息，支付最后一季度计提的利息，以及偿还借款本金。但在实际工作中，出现“刚好”的概率非常小，此时的账务处理，就应该和欣宝月实业有限公司相同，涉及13个月份的账务处理，分别对计提、支付和偿还等业务进行计算和处理。

下面对最后一月支付利息及偿还本金进行账务处理，其具体操作如下。（微课：光盘\微课视频\项目四\最后一月还本付息.swf）

STEP 1 以“张二”的账户登录金蝶KIS标准版会计核算软件，打开“记账凭证-新增”对话框。

STEP 2 填制支付利息和偿还本金的记账凭证，完成后保存凭证，如图4-23所示。

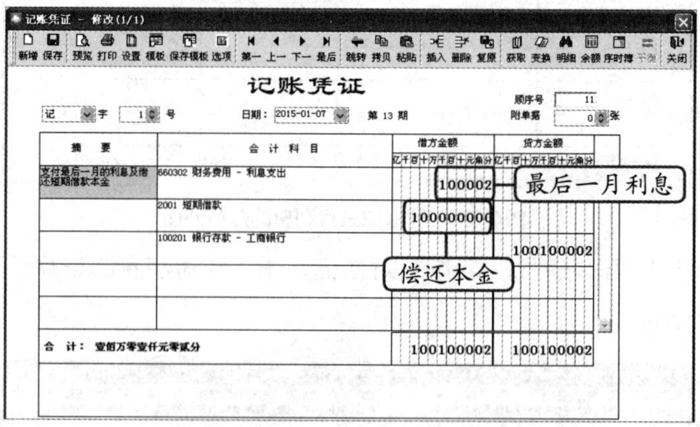

图4-23　最后一月还本付息的账务处理

> **职场法则**　在账务处理过程中，该月份发生了哪些经济事项，就进行哪些经济事项的处理，凭证的日期应为当月填制记账凭证对应的日期。本任务在讲解欣宝月实业有限公司的短期借款取得、利息计提和支付，以及偿还本金的业务核算中，为了便于理解，对关键核算对应的记账凭证进行了制作，而在实际的工作中，切不可为了方便，就对还没有发生的业务进行核算及填制凭证，会计人员应严格遵守权责发生制对收入和费用进行确认。

STEP 3 以“牟一”的账户登录“欣宝月”账套，在主界面左侧单击“账务处理”选项卡，在中间功能区单击“凭证查询”超链接，打开“凭证过滤”对话框，单击确定(O)按钮。

STEP 4 打开“会计分录序时簿”选项卡，窗口中间将显示所有记账凭证，在工具栏中单击批审按钮，打开提示对话框，提示是否批量审核凭证，单击是(Y)按钮，如图4-24所示。

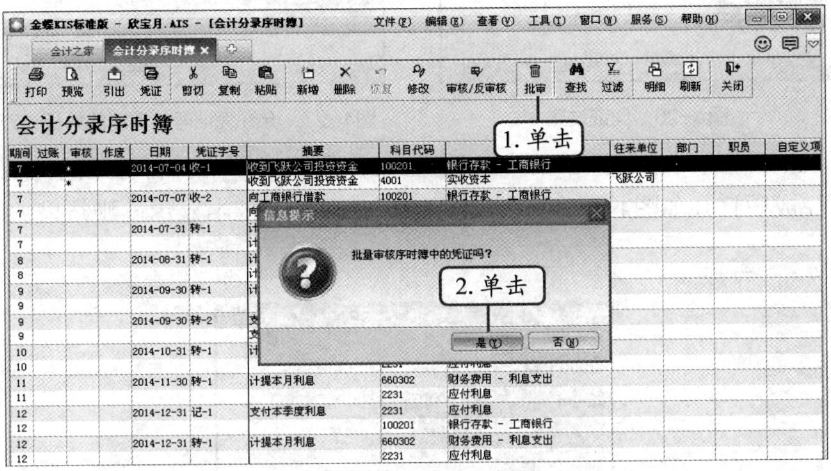

图4-24　批量审核记账凭证

STEP 5 打开提示对话框，提示已完成批量审核并查看审核报告，单击确定(O)按钮，打开“批量审核报告”对话框，在其中可查看批量审核情况，完成后单击关闭(C)按钮，如图4-25所示，然后在工具栏中单击关闭按钮返回金蝶KIS标准版主界面。

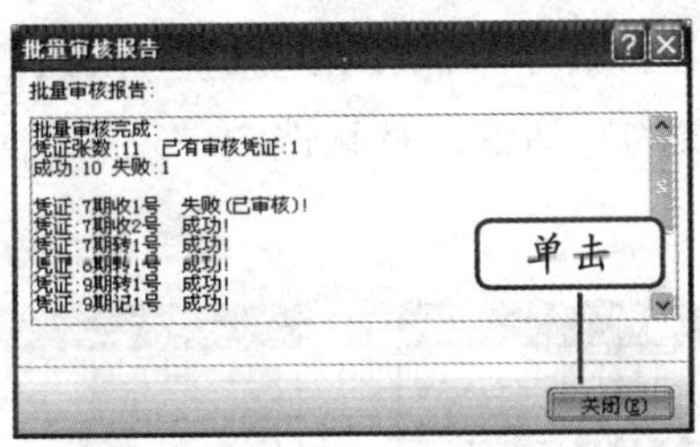

图4-25　查看批量审核报告

（五）凭证过账和期末结账

本月业务完成后，即可使用审核员账户对欣宝月实业有限公司当前期间内的所有凭证进行过账，然后再进行期末结账，其具体操作如下。（**微课**：光盘\微课视频\项目四\凭证过账和期末结账.swf）

STEP 1 在金蝶KIS标准版主界面左侧单击“账务处理”选项卡，在中间功能区中单击“凭证过账”超级链接，打开“凭证过账”对话框，此时对话框中将提示过账的相关注意事项，单击前进>按钮，如图4-26所示。

STEP 2 在打开的对话框中单击选中“允许凭证号不连续的凭证过账”单选项，然后单击前进>按钮，如图4-27所示。

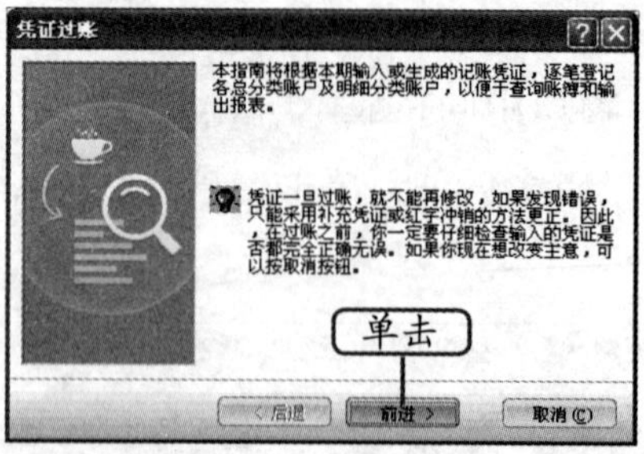

图4-26　凭证过账

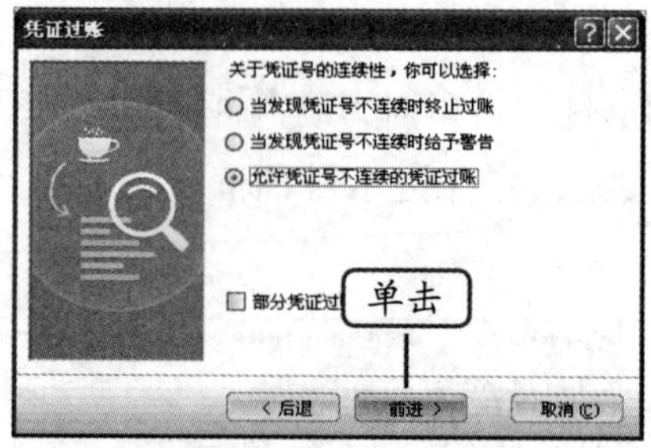

图4-27　允许凭证号不连续的凭证过账

STEP 3　在打开的对话框中单击 完成 按钮，系统将自动对当前期间的所有凭证进行过账处理，完成后打开如图4-28所示的对话框，并在对话框中显示过账结果，单击 完成 按钮。

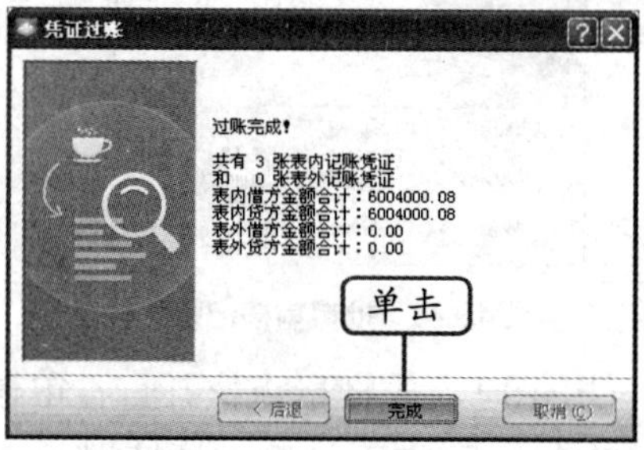

图4-28　凭证过账完成

STEP 4　返回“账务处理”选项卡界面，在中间的功能区中单击“期末结账”超链接，打开“期末结账”对话框，查看注意事项后单击 前进＞ 按钮，如图4-29所示。

STEP 5　打开选择结账方式的对话框，默认选中“期末结账”单选项，然后单击 完成 按钮，如图4-30所示。

图4-29　期末结账

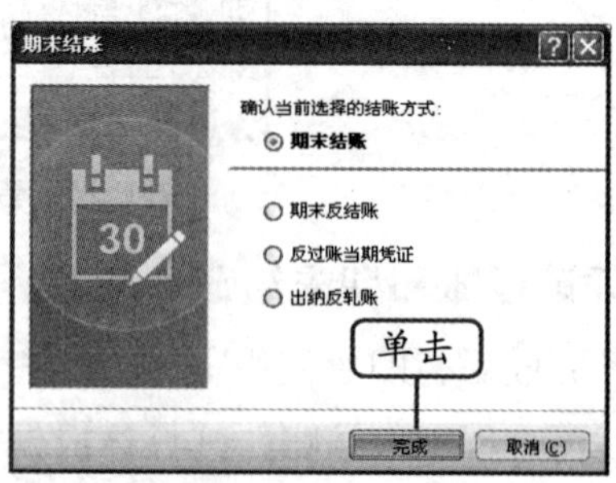

图4-30　期末结账

STEP 6　打开“账套备份”对话框，设置备份文件保存位置，单击选中“整理账套碎片”复选框，然后单击 备份 按钮，如图4-31所示。

STEP 7　打开提示对话框，提示当前期间还有未完成的事项，是否继续进行结账，单击 是(Y) 按钮确认结账，如图4-32所示，此时系统将进行结账，完成后自动返回金蝶KIS标准版的主界面。

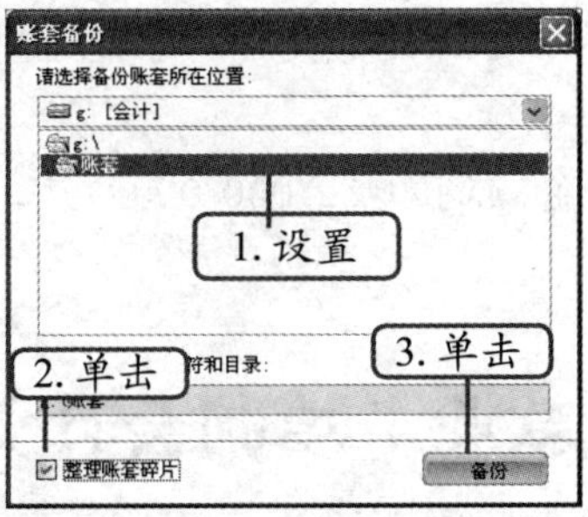

图4-31 帐套备份

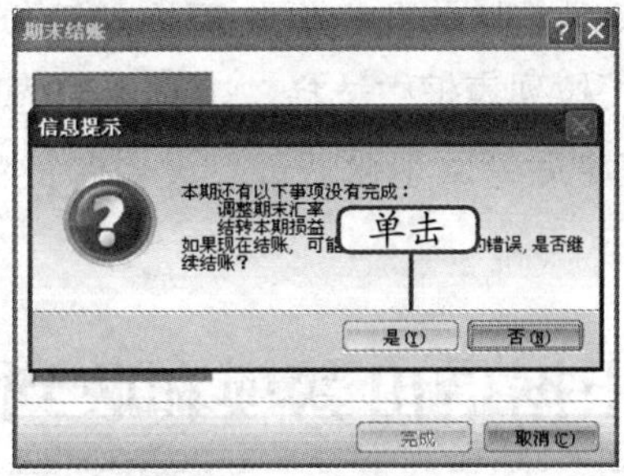

图4-32 信息提示

实训一 根据投资业务填制会计凭证

【案例3】2014年8月1日，万宝丰实业有限公司对欣宝月实业有限公司提出融资计划，欣宝月实业有限公司融资部对该公司进行了调查和风险核算，最后决定接受该公司的融资计划。8月2日，欣宝月实业有限公司农业银行账户收到万宝丰实业有限公司转入的200万元投资资金。由于之前没有合作，要求将该公司新增到往来单位中，具体参数如表4-5所示。

表 4-5 往来单位参数

代码	简称	地址	电话
2005	万宝丰实业	成都高新区	522****

【实训要求】

要求在金蝶KIS标准版会计核算软件中新增万宝丰实业有限公司往来单位，然后根据公司接受的现金投资业务，填制并审核会计凭证。

【实训思路】

收到现金投资，借方记入“银行存款”科目，贷方记入“实收资本”科目。新增往来单位操作可在填制记账凭证前进行，也可在填制记账凭证时进行，但需要注意的是，要确定录入凭证的会计人员是否有设置核算项目的权限，没有则应通知主管会计新增。

【步骤提示】

STEP 1 启动金蝶KIS标准版，使用会计员的账户登录系统。

STEP 2 选择【功能】/【账务处理】/【业务处理】/【凭证录入】菜单命令，打开“记账凭证-新增”对话框。

STEP 3 设置凭证字为“收”，日期为“2014-08-02”，所附单据为“1”，摘要为“收到万宝丰实业投资资金”，借方科目为“100202 银行存款-农业银行”，贷方科目为“4001 实收资本”。

STEP 4 在“实收资本”科目下的文本框中双击鼠标左键，打开“核算项目”对话框，单击“往来单位”选项卡，在右侧单击 增加(N) 按钮，打开“往来单位”对话框。

STEP 5 根据实际情况设置代码，然后设置往来单位的名称、地址、电话等信息，在“上级代码”下拉列表框中选择“（无）”选项。

STEP 6 确定后返回记账凭证，设置借贷双方金额均为“2 000 000”元，最后保存记账凭证。

实训二 根据借出款项和收到还款业务填制会计凭证

【案例4】2014年08月01日，欣宝月实业有限公司向合作企业鑫煌商贸中心借款50万元，借款合同规定借款年利息为6%，借款期限为3个月，按月支付利息。

【实训要求】

要求根据该经济业务事项，对欣宝月实业有限公司借入款项、支付利息和偿还本金的相关业务进行处理核算。

【实训思路】

本实训是企业短期借款的账务处理，规定借款期限为3个月，按月支付利息，则每月利息的计算方法为：

年利息=500 000×6%=30 000（元）；

月利息=30 000÷12=2 500（元）。

每月支付利息，则不需要通过“应付利息”科目核算，直接将利息计入“财务费用”科目。业务流程核算及相关会计分录如表4-6所示。

表4-6 借入款项业务流程及核算

借入款项	支付利息	偿还本金
借：银行存款 　贷：短期借款	借：财务费用 　贷：银行存款	借：短期借款 　贷：银行存款

【步骤提示】

STEP 1 登录金蝶KIS标准版，选择【功能】/【账务处理】/【业务处理】/【凭证录入】菜单命令，打开“记账凭证-新增”对话框。

STEP 2 设置凭证字为“记”，日期为“2014-08-01”，摘要为“借入短期借款”，借方科目为“银行存款——农业银行”，贷方科目为“短期借款”，金额为“500 000”元，完成后保存凭证。

STEP 3 8月末支付利息时，凭证的凭证字为“记”，日期根据每月支付利息的日期确定，摘要为“支付本月利息”，借方科目为“财务费用——利息支出”，贷方科目为“银行存款——农业银行”，金额为“2 500”元。

STEP 4 填制9月份支付利息的记账凭证，摘要为“支付本月利息”，借方科目为“财务费用——利息支出”，贷方科目为“银行存款——农业银行”，金额为“2 500”元。

STEP 5 10月31日除了支付最后一月的利息，还应偿还借款本金，设置凭证的凭证字为“记”，日期为“2014-10-31”，摘要为“支付最后一月利息及偿还借款本金”，借方科目为“短期借款”和“财务费用——利息支出”，金额分别为“500 000”元和“2 500”元，贷方科目为“银行存款——农业银行”，金额为利息和本金之和“502 500”元（效果参见：光盘/效果/项目四/欣宝月.AIS）。

常见疑难解析

问：企业进行投资的账务处理与企业接受投资的账务处理有什么差异？

答：企业接受投资时，通过“实收资本”“资本损益”“银行存款”和“固定资产”等科目进行核算；企业对其他企业进行投资，则应根据投资的具体项目和期限来决定核算科目：

- **借方**：投资股票、债券、基金，应记入“交易性金融资产”科目；投资收入期限固定的债券，应记入“持有至到期投资”科目；参股其他企业，应记入“长期股权投资”科目等。
- **贷方**：根据企业具体的出资形式，记入“银行存款”“固定资产”和“无形资产”等科目。

问：实际记账时，对记账凭证所附的原始凭证有无要求？

答：为了正确地反映和监督各项经济业务，保证会计信息的真实、合法、完整，会计机构和业务经办人员必须对原始凭证进行严格审核，主要包括对原始凭证的真实性、合法性、合理性、完整性、正确性、及时性等进行审核。对于完全符合要求的原始凭证，应及时根据其反映的业务编制记账凭证入账；对于真实、合法、合理，但内容不完整或填写有错误的原始凭证，应退回给有关业务单位或个人，由其负责将相关凭证补充完整、更正错误或重新开具后，再办理正式会计手续；对于不真实、不合法的原始凭证，会计机构、会计人员有权不予接受，并向单位负责人报告。

拓展知识

（一）定义和调用模式凭证

所谓模式凭证，即为具有固定摘要和科目的记账凭证模板。为了方便相同业务的记账凭证的制作，金蝶KIS标准版会计核算软件提供了定义和调用模式凭证的功能。

- **定义模式凭证**：在金蝶KIS标准版主界面中单击“系统维护”选项卡，在功能区单击“模式凭证”超链接，打开“模式凭证”对话框，在该对话框中列出了所有系统自带的模式凭证。单击[新增(N)]按钮，打开“新增模式凭证”对话框，在对话框中设置相关参数，然后单击[保存]按钮，最后单击[关闭(C)]按钮，如图4-33所示。

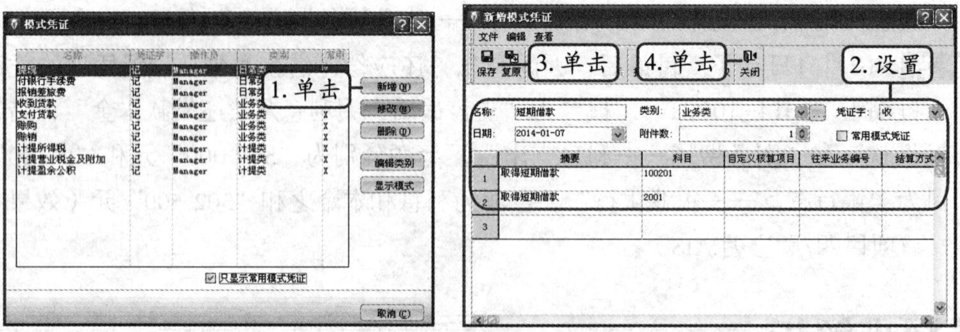

图4-33　定义模式凭证

- **调用模式凭证：**录入记账凭证时，在“记账凭证-新增”对话框的工具栏中单击模板按钮，在对话框右侧将显示当前系统中的所有凭证模板，单击选择需要的模板，记账凭证对应的栏目中将自动获取所选模式凭证的相关内容，此时根据经济实际业务实现完善记账凭证内容即可，如图4-34所示。

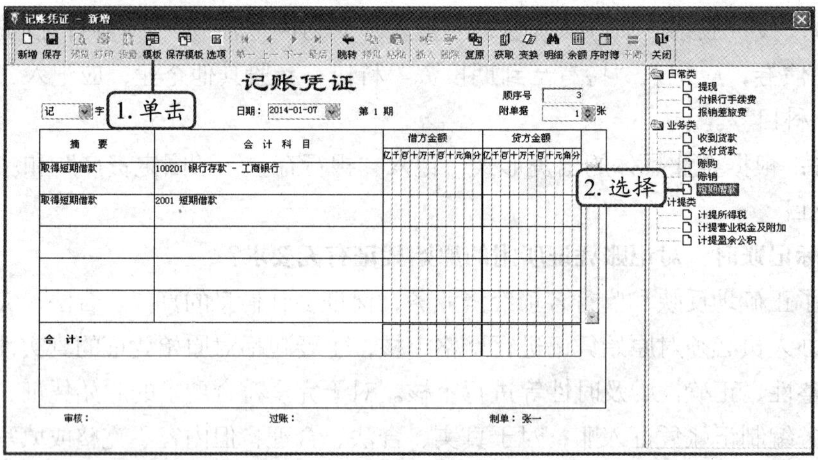

图4-34　调用模式凭证

操作提示

在处理日常经济业务事项的过程中，也可将常用业务的记账凭证保存为模式凭证，方法为制作好或直接打开已存在的记账凭证，在“记账凭证”对话框的工具栏中单击保存模板按钮，打开“保存为模式凭证”对话框，在其中设置详细参数，完成后单击确定(O)按钮，如图4-35所示。

图4-35　“保存为模式凭证”对话框

（二）期末调账

进行账务处理时，难免出现登记出错的现象，会计人员应对错误的记账凭证进行更改处理，具体更改要求如图4-36所示。

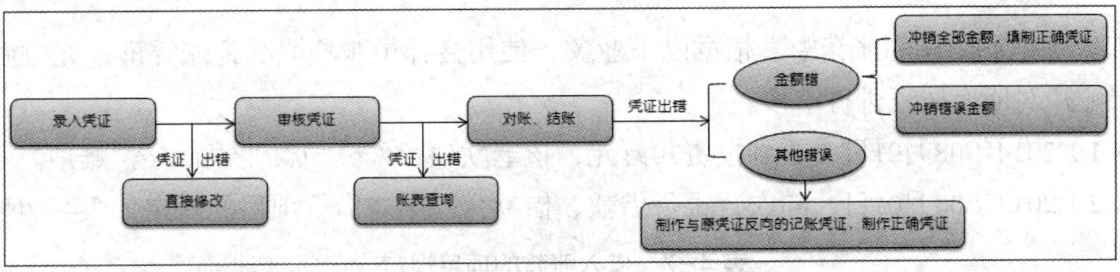

图4-36　对错误记账凭证的处理流程

下面重点对结账后的记账凭证修改方法进行讲解。

- **凭证金额错**：方法一是填制一张错误金额和正确金额的差值的记账凭证，科目方向根据金额是增加或减少决定，如图4-37所示；方法二是先填制一张与原凭证科目相反、金额相同的记账凭证进行冲销，再填制一张金额正确的记账凭证，如图4-38所示。

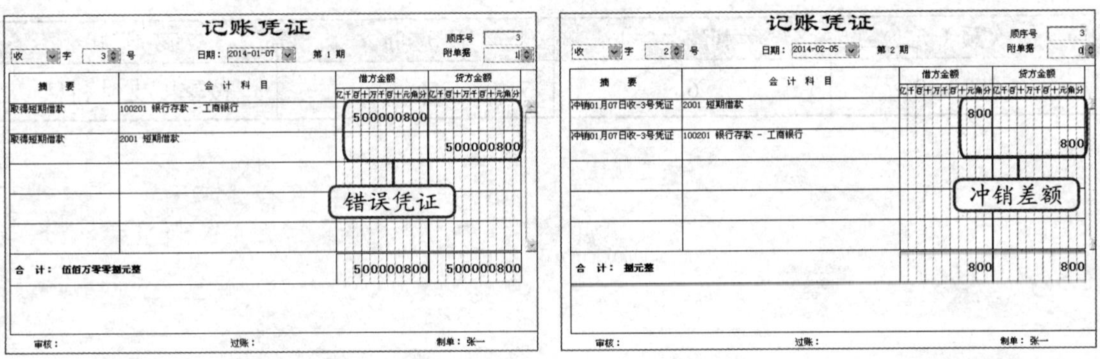

图4-37　方法一：直接冲销差额

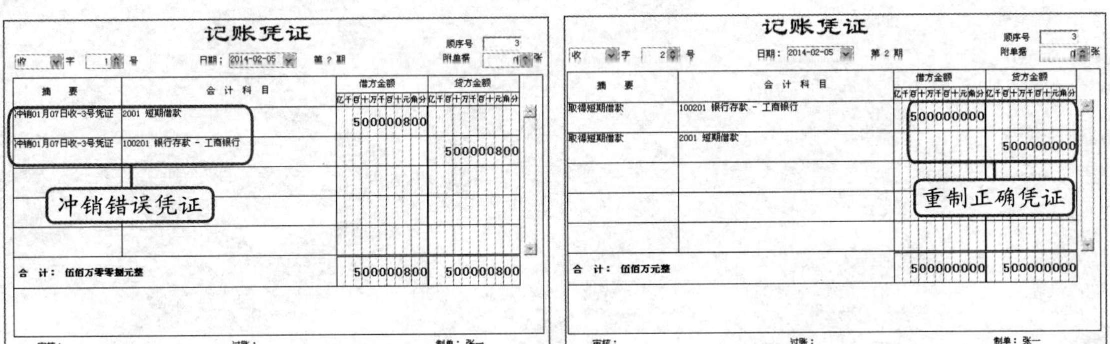

图4-38　方法二：先冲销错误凭证再填制正确凭证

- **其他错误**：指凭证中除金额外的其他所有错误，包括凭证字、凭证日期、单据张数、摘要和会计科目等。出现这类情况时，应先填制一张与原凭证一样，但借贷科目相反（注意摘要修改）的记账凭证进行冲销，再填制一张更改过后的正确记账凭证即可，即采用金额错误的“方法二”更改。

课后练习

在大顺粮油公司的账套中，根据以下业务，使用会计员账户填制记账凭证，完成后使用审核员账户对所有凭证进行审核。

（1）2014年08月01日，收到投资70万元，该笔款项存入公司农业银行存款账户。

（2）2014年08月01日，向农行银行借款，借款合同中对借款项目的规定如表4-7所示。

表 4-7　借入账款的项目规定

借款额（元）	年利率（%）	还款期限	付息方式
4 000 000	6	3 个月	按月支付利息

（3）2014年08月01日，借款100万元给合作企业，约定还款到本公司工行账户，借款合同中对借款项目的规定如表4-8所示（假设不考虑税金问题）。

表 4-8　借出账款的项目规定

借款额（元）	年利率（%）	还款期限	付息方式
1 000 000	6	3 个月	按季度支付利息

PART 5

项目五 管理现金和银行账户

情景导入

阿秀：小白，你知道企业如何管理现金和银行账户吗?

小白：这应该是出纳的主要职责吧!

阿秀：是的，企业的现金和银行账户的资金管理的确是出纳的职责。但是你别忘了，会计的职能之一就是监督出纳的工作，这就是我们常说的“一个掌握兵权，一个拥有带兵权”。

小白：那会计与出纳的工作是密不可分的吗?

阿秀：当然，在金蝶会计核算软件中，出纳主要负责出纳管理模块的操作，包括记录现金日记账、银行存款日记账等，而会计则需要根据这些业务填制相应的凭证。会计和出纳是相互监督协助的关系。

小白：原来金蝶会计核算软件中还有出纳管理模块啊，那我也要好好学习。

学习目标

- 熟悉出纳的业务流程
- 熟悉取现和存现的账务处理
- 了解银行结算账户
- 熟悉支票的使用和填写方法

技能目标

- 根据取现和存现业务编制记账凭证
- 根据报销业务编制记账凭证
- 填制现金日记账和银行存款日记账

任务一 取现和存现

现金是流动性最强的资产，企业应当严格遵守国家有关现金管理制度，正确进行现金收支的核算，监督现金使用的合法性和合理性。欣宝月实业有限公司设置出纳一名，并由其管理公司的现金和银行存款相关的业务。

一、任务目标

本任务将使用金蝶财务软件对欣宝月实业有限公司的存、取现业务进行核算。通过本任务的学习，可了解出纳的业务流程、银行账户和支票的使用，掌握在金蝶财务软件中录入现金和银行存款初始余额，核算存现、取现业务，以及录入现金日记账和银行存款日记账的方法等。

二、相关知识

（一）出纳的主要业务及流程

出纳是按照有关规定和制度，办理本单位的现金收付、银行结算及有关账务，保管库存现金、有价证券、财务印章及有关票据等工作的总称。本任务将重点介绍出纳关于现金及银行存款的业务。

（1）办理现金领取和银行存款业务。出纳在办理现金领取和银行存款的业务后，每日逐笔登记现金日记账和银行存款日记账，金蝶软件中的录入格式如图5-1所示。

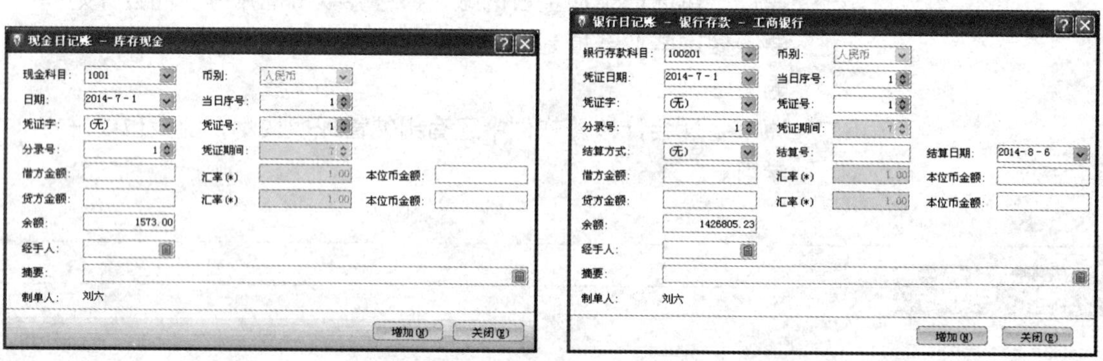

图 5-1 现金日记账和银行存款日记账的录入

（2）负责现金支票的保管和填写。现金支票用于支取现金，它可以支取工资、备用金等。出纳可根据业务的需要进行现金支票的填写，收款人可使用它到相应的银行提取现金。

（3）负责员工的工资发放。出纳根据工资表，给员工发放工资，这也是出纳的主要业务之一。

知识补充

现在更多企业使用银行卡发放工资，这也对出纳的工作进行了简化，同时也更加准确。企业与银行签订工资发放合约，每月会计只需向银行提供工资表即可，银行会在约定日期将工资存入员工提供的银行卡或存折内。

（二）企业现金使用范围和限额

现金使用的限额是指为了保证企业日常零星开支的需要允许企业留存现金的最高限额。根据《现金管理暂行条例实施细则》的规定，各企业的现金都要核定限额。现金限额由开户单位提出计划，报开户银行审批，经核定的现金限额，企业必须严格遵守。

由于企业发展业务变化，需要增加或减少现金限额，应当向开户银行提出申请，经批准后再进行调整。

知识补充

现金使用的限额由开户银行根据企业的实际需要核定，一般按照企业3~5天日常零星开支所需确定。边远地区和交通不发达地区的企业的现金限额，可按多于5天，但不得超过15天的日常零星开支的需要确定。

（三）企业银行结算账户的使用

银行结算账户是指存款人在经办银行开立的办理资金收付结算的人民币活期存款账户。银行结算账户按存款人的不同，分为单位银行结算账户和个人银行结算账户，其中单位银行结算账户按照用途不同，分为基本存款账户、一般存款账户、专用存款账户、临时存款账户等，如图5-2所示。

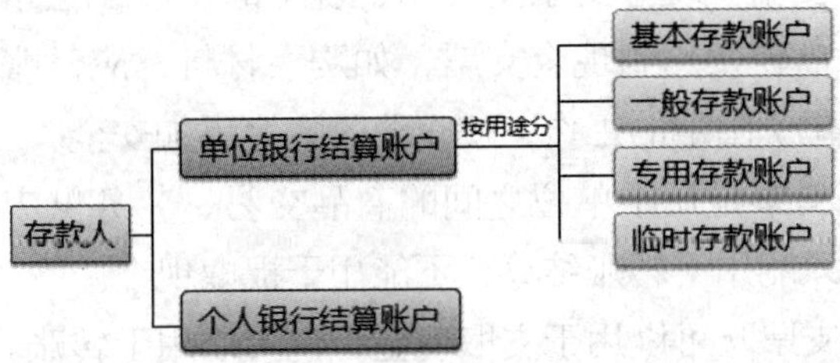

图5-2 银行结算账户的分类

1. 基本存款账户

基本存款账户是存款人因办理日常转账结算和现金收付需要开立的银行结算账户，是存款人的主要账户。存款人日常经营活动的资金收付及其工资、奖金和现金的支取，应通过该账户办理。

单位银行结算账户的存款人只能在银行开立一个基本存款账户。按规定，基本存款账户须经中国人民银行当地分支行核准后方可办理开户手续。中国人民银行应于两个工作日内对银行报送的基本存款账户的开户资料的合规性及唯一性进行审核，符合开户条件的即颁发许可证。开立基本存款账户的具体程序如图5-3所示。

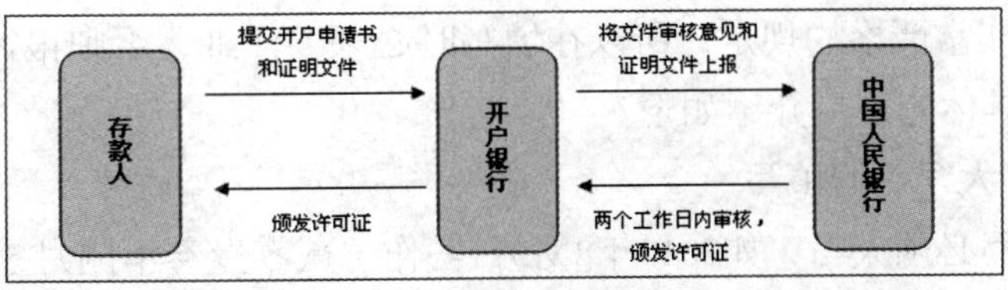

图5-3 开立基本存款账户的程序

2. **一般存款账户**

一般存款账户是指存款人因借款或其他结算需要，在基本存款账户开户银行以外的银行营业机构开立的银行结算账户。开立基本存款账户的存款人都可以开立一般存款账户，且没有数量限制。一般存款账户用于办理存款人借款转存、借款归还和其他结算的资金收付。该账户可以办理现金缴存，但不得办理现金支取。

3. **专用存款账户**

专用存款账户是指存款人按照法律、行政法规和规章，对有特定用途资金进行专项管理和使用而开立的银行结算账户。

4. **临时存款账户**

临时存款账户是指存款人因临时需要并在规定期限内使用而开立的银行结算账户，主要用于办理临时机构及存款人临时经营活动发生的资金收付。

（四）支票的使用和填写

支票分为现金支票、转账支票和普通支票3种。支票的使用范围有非常严格的规定，具体如下。

- **现金支票**：现金支票是开户单位用于向开户银行提取现金的凭证。实务工作中一般在提取备用金时使用。现金支票主要用于现金的支取，在企业的日常活动中，经常会有业务的往来需要使用到现金支票，如购买材料、应付账款的支付等。现金支票的主要优点是简化了出纳的工作，使企业的资金更加安全。
- **转账支票**：转账支票是用于单位之间的商品交易、劳务供应或其他款项往来的结算凭证。转账支票只能用于转账结算，不能用于提取现金。
- **普通支票**：普通支票既可以用于支取现金，也可以用于转账。

图5-4所示为中国工商银行支票的格式。

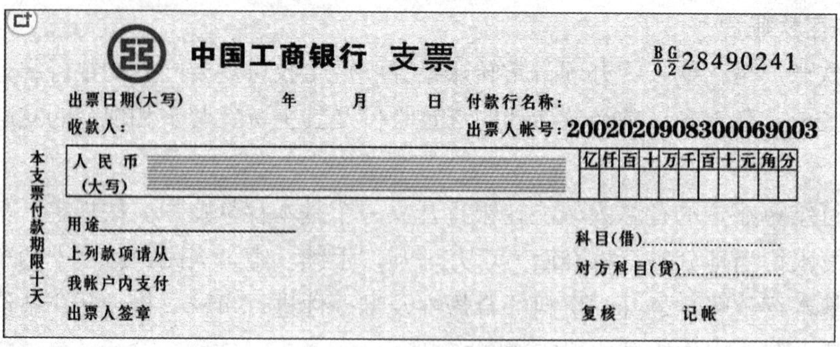
中国工商银行 支票　　BG/02 28490241
出票日期(大写)　年　月　日　付款行名称：
收款人：　出票人帐号：20020209083000690003
本支票付款期限十天
人民币(大写)　亿 仟 百 十 万 千 百 十 元 角 分
用途
上列款项请从
我帐户内支付
出票人签章
科目(借)
对方科目(贷)
复核　记帐

图5-4　支票的格式

支票的填写有非常严格的规定，所以在填写时必须要仔细，否则银行可以拒绝付款给持票人（收款人），具体的规定介绍如下。

1. **出票日期（大写）的填写**

出票日期的填写必须大写，如2013年8月5日写作“贰零壹叁年捌月零伍日”（“伍日”前“零”字必须写上）。大写数字的写法为：零、壹、贰、叁、肆、伍、陆、柒、捌、玖、拾。

2. 收款人的填写

现金支票收款人可填本单位名称，现金支票背面“被背书人”栏内加盖本单位的财务专用章和法人章，之后收款人可凭现金支票直接到开户银行提取现金。

知识补充

现金支票收款人可填收款人个人姓名，此时现金支票背面不用盖章，收款人在现金支票背面填上身份证号码和发证机关名称，凭身份证和现金支票签字领款。

转账支票收款人应填对方单位名称，转账支票背面本单位不盖章。收款单位取得转账支票后，在支票背面被背书栏内加盖收款单位财务专用章和法人章，填好银行进账单后连同该支票交给收款单位的开户银行委托银行收款。

3. 付款行名称、出票人账号的填写

付款行名称为本单位开户银行名称，如“工行高新支行九莲分理处”。出票人账号为开户银行账号，账号使用阿拉伯数字填写。

4. 人民币（大写）的填写

人民币（大写）的填写必须使用大写，如“289 546.52”应写为“贰拾捌万玖仟伍佰肆拾陆元伍角贰分”；人民币小写时最高金额的前一位空白格书写“¥”符号，数字填写要求完整、清楚。

5. 用途的填写

现金支票对用途有一定限制，一般填写“备用金”、“差旅费”、“工资”、“劳务费”等用途；转账支票没有具体规定，可填写“货款”、“代理费”等用途。

6. 盖章

支票正面盖财务专用章和法人章，缺一不可，印油为红色，印章必须清晰，印章模糊只能将本张支票作废，需换一张并重新填写重新盖章。

三、任务实施

【案例1】欣宝月实业有限公司的的现金初始余额为1 573元，银行存款初始余额为1 426 805.23元。2014年8月1日，欣宝月公司以现金支票的形式支付先前赊欠颐事达公司货款30 000元（银行账号为2314518109100001234），2014年8月8日，公司出纳刘六在工商银行提取现金“2 000”元用作报销差旅费准备金。

（一）录入现金和银行存款初始余额

出纳开始使用会计核算软件时，在金蝶KIS标准版中录入现金和银行存款初始余额应使用出纳的账户登录，其具体操作如下。（**微课：**光盘\微课视频\项目五\录入现金和银行初始余额.swf）

STEP 1 以“刘六”的账户打开“欣宝月”账套（素材参见：光盘/素材/项目五/欣宝

月.AIS），在主界面中选择【功能】/【出纳管理】/【业务处理】/【现金初始余额】菜单命令，如图5-5所示。

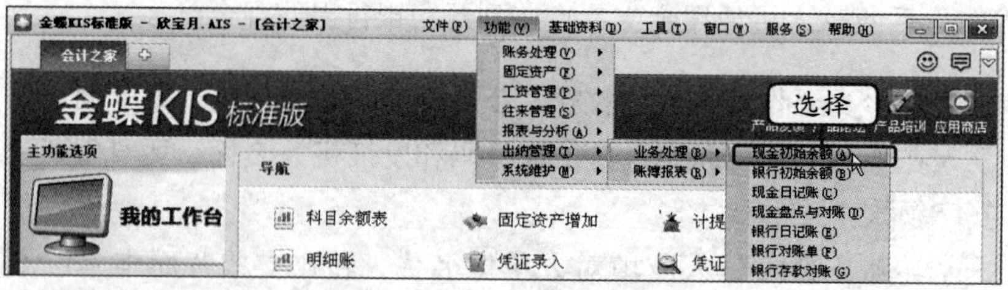

图5-5　进入现金初始余额界面

STEP 2　打开“现金初始余额”对话框，在“启用期初原币余额”文本框中输入现金初始余额“1573”元，单击确定(O)按钮，如图5-6所示。

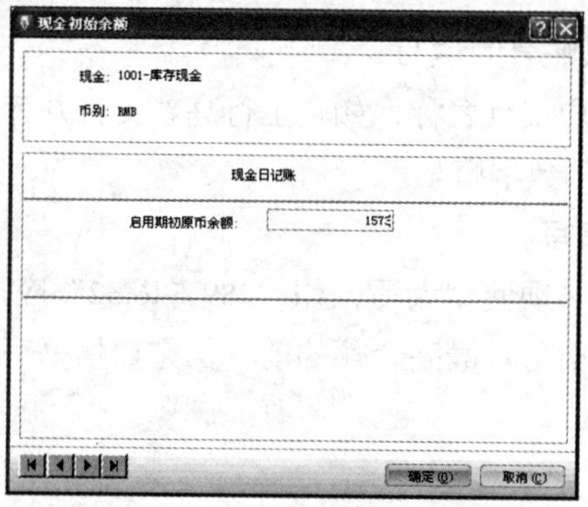

图5-6　录入现金初始余额

STEP 3　选择【功能】/【出纳管理】/【业务处理】/【银行初始余额】菜单命令，打开“银行存款初始余额”对话框，在“银行日记账”对应的“启用期初原币余额”文本框中输入初始余额“1426805323”元，在“银行对账单”对应位置输入相等的期初余额，完成后单击确定(O)按钮，如图5-7所示。

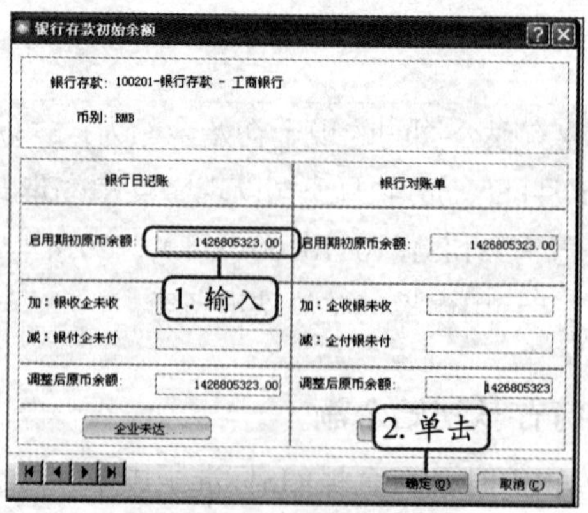

图5-7　录入银行存款初始余额

（二）支票的管理

欣宝月实业有限公司使用现金支票的形式支付先前赊欠颐事达公司货款，公司的出纳人

员对本现金支票进行登记管理，其具体操作如下。（**微课**：光盘\微课视频\项目五\支票的管理.swf）

STEP 1 在主界面左侧单击“出纳管理”选项卡，在右侧功能区单击“支票登记”超链接，如图5-8所示。

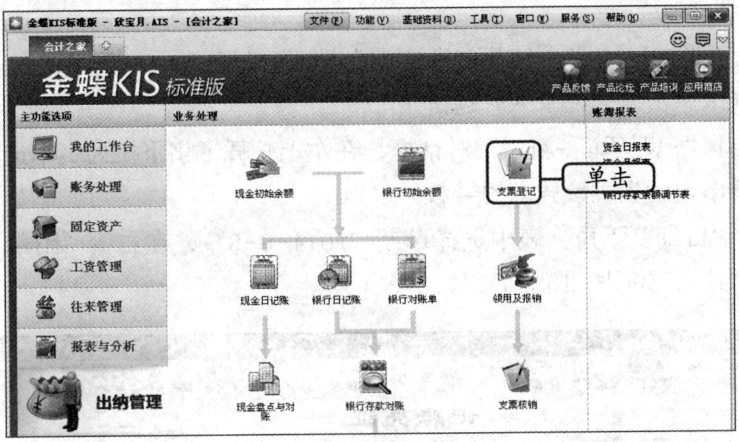

图5-8　支票登记

STEP 2 打开“支票管理”选项卡，在当前窗口的工具栏中单击 新增 按钮，打开“支票购置登记”对话框，在“银行名称”文本框中输入银行名称“中国工商银行”，在“银行账号”文本框中输入“23145181091001234”，在“币别”下拉列表中选择“人民币”，设置日期和支票有效期分别为“2014-08-04”和“180”，并在“支票号码”文本框中输入连续的支票号码“1001-1020,3001-3020”，单击 增加(N) 按钮，登记完所有的支票后单击 关闭(C) 按钮，如图5-9所示。

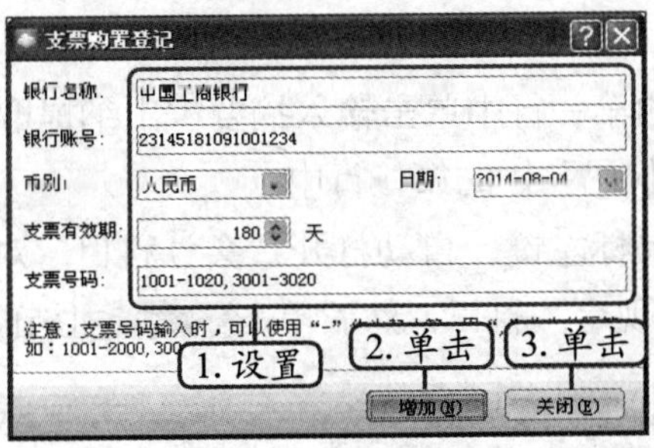

图5-9　支票购置登记

STEP 3 在返回的界面中单击 关闭 按钮返回到金蝶KIS标准版主界面。

> **操作提示**　在“支票购置登记”对话框的操作中，支票号码的填写格式必须按照“注意”中提示的格式填写，否则单击 增加(N) 按钮后会出现错误提示，该支票将无法保存成功。

（三）取现的账务处理

2014年8月8日，欣宝月实业有限公司出纳“刘六”在中国工商银行提取一笔现金2 000元准备用作报销差旅费，会计“张二”对该笔业务进行账务处理，相关会计分录如下。

借：库存现金　　　　　　　2 000

　　贷：银行存款　　　　　　　2 000

下面根据取现业务登记记账凭证，其具体操作如下。（微课：光盘\微课视频\项目五\取现的账务处理.swf）

STEP 1 以“张二”的账户打开“欣宝月”账套，在主界面左侧单击“账务处理”选项卡，在右侧功能区单击“凭证录入”超链接。

STEP 2 打开“记账凭证-新增”对话框，在左上角凭证字下拉列表中选择“记”选项，在其后的数值框中自动生成该凭证的号数。

STEP 3 在“日期”下拉列表中选择日期“2014-8-8”，在右侧“附单据”数值框中输入附单据张数“1”，如图5-10所示。

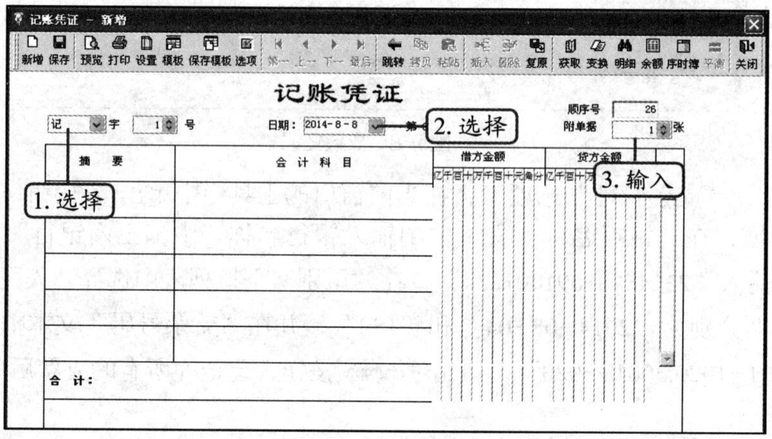

图5-10　录入凭证

STEP 4 在“摘要”栏的第一行中单击输入摘要“出纳提取现金”，按【Enter】键，光标插入点自动跳转到“科目代码”栏的第一行中。

STEP 5 在光标处双击鼠标左键，自动打开“会计科目”对话框，在“资产”选项卡下的列表框中选择“1001 库存现金”科目，然后单击 确认 按钮，如图5-11所示。

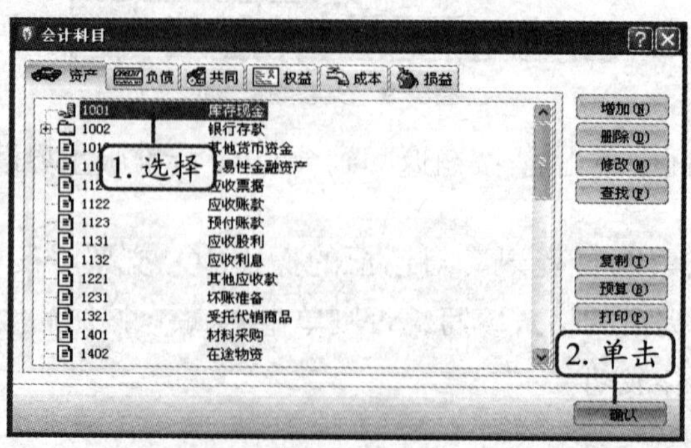

图5-11　选择借方科目

STEP 6 返回“记账凭证-新增”对话框，按【Enter】键，光标插入点自动跳转到“借方金额”栏的第一行中，输入金额“2 000”元后按【Enter】键。

STEP 7 依次输入贷方摘要，设置贷方科目为“100201 银行存款-工商银行”，金额“2 000”元，完成后在工具栏中单击保存按钮，凭证保存后单击关闭按钮返回主界面，如图5-12所示。

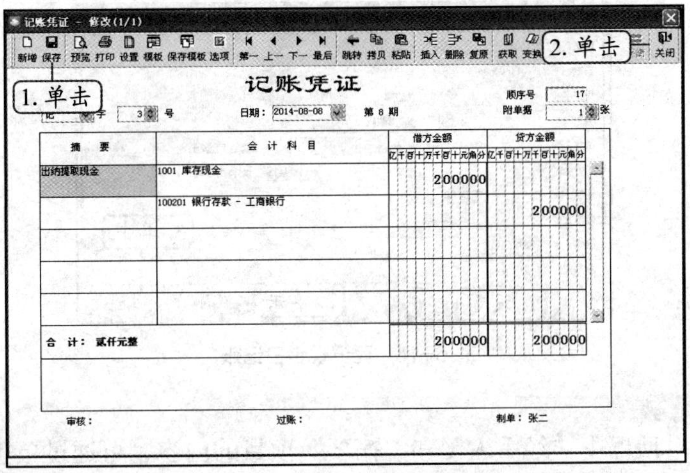

图5-12 保存记账凭证

（四）登记现金和银行存款日记账

欣宝月实业有限公司出纳“刘六”应每日逐笔登记现金和银行存款日记账，所以2014年8月8日，刘六在中国工商银行提取一笔现金2 000元的业务应同时在现金日记账和银行存款日记账中反映，其具体操作如下。（**微课**：光盘\微课视频\项目五\登记现金和银行存款日记账.swf）

STEP 1 以“刘六”的账户打开“欣宝月”账套，在主界面左侧单击“出纳管理”选项卡，在右侧功能区单击“现金日记账”超链接。

STEP 2 打开“现金日记账-库存现金”对话框，选中“按日期”单选项，设置日期为“2014-8-8”至“2014-8-8”，单击确定按钮，如图5-13所示。

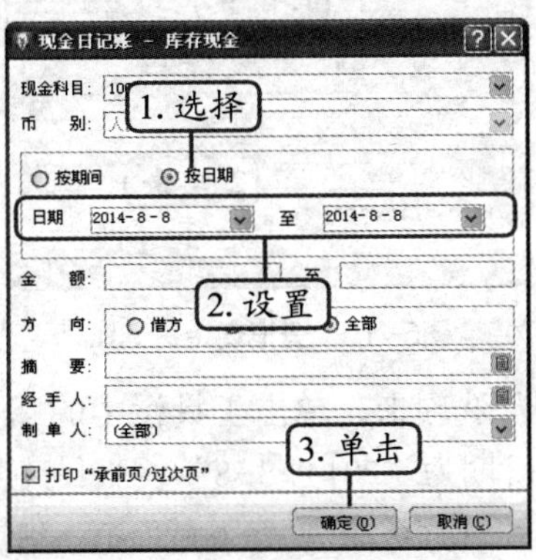

图5-13 设置现金日记账期间

STEP 3 打开“现金日记账”选项卡，单击工具栏中的新增按钮。

STEP 4 打开“现金日记账-存现金”对话框，设置日期为“2014-8-8”，当日序号为“26”，凭证字为“记”，凭证号为“1”，分录号为“1”，借方金额为“2 000”元，经手人“刘六”，摘要为“提取现金”，设置完毕后单击 增加(N) 按钮，再单击 关闭(E) 按钮返回“现金日记账”选项卡，在工具栏中单击 关闭 按钮返回“出纳管理”选项卡，如图5-14所示。

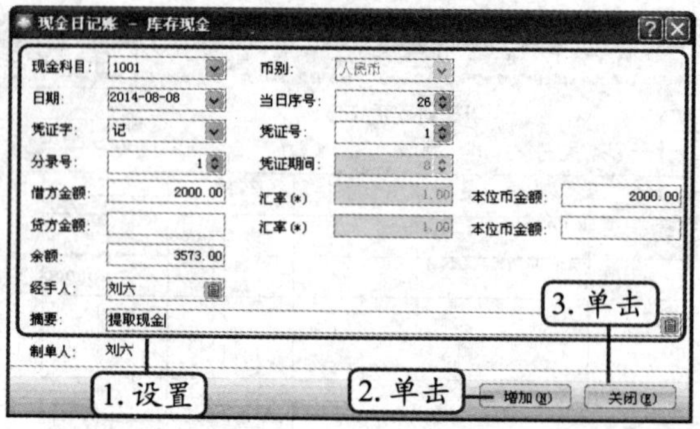

图5-14　登记现金日记账

> **操作提示**
> 对话框中“经手人”和“摘要”项目的内容，可通过单击 按钮，在打开的对话框中选择对应选项确认，也可直接在文本框中输入内容确认。

STEP 5 在右侧功能区单击“银行日记账”超链接，打开“银行日记账-银行存款”对话框，选中“按日期”单选项，设置日期为“2014-8-8”至“2014-8-8”，单击 确定(O) 按钮，如图5-15所示。

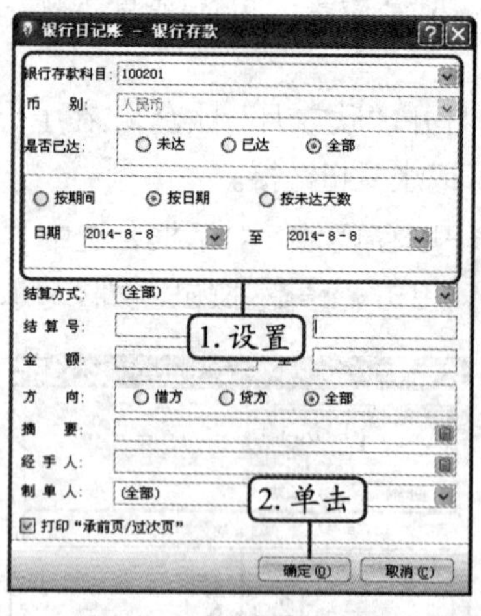

图5-15　登记现金日记账

STEP 6 打开“银行日记账”选项卡，单击工具栏中的 新增 按钮，打开“银行日记账-银行存款-工商银行”对话框，设置日期为“2014-8-8”，当日序号为“26”，凭证字为“记”，凭证号为“1”，分录号为“1”，贷方金额为“2 000”元，结算日期为“2014-8-8”，经手人“刘六”，摘要为“提取现金”，设置完毕后单击 增加(N) 按钮，单击 关闭(E) 按钮返回“银行存款日记账”选项卡，在工具栏中单击 关闭 按钮即可，如图5-16所示。

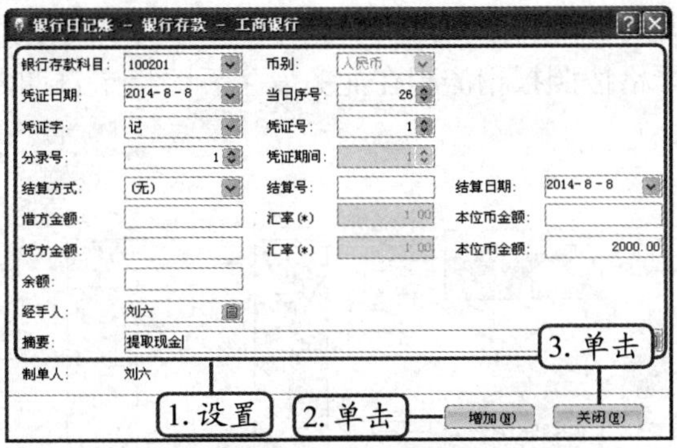

图5-16 登记现金日记账

知识补充

“存现”和“取现”业务的操作一致，只是要注意两者的会计科目刚好相反。“存现”业务的借方科目为“银行存款”，贷方科目为“库存现金。

任务二 借支和（退）还款

借支和（退）还款是现金在企业日常经营活动中两种常见的用途。在日常生活中，人们也会有借款或还款的经济行为，在企业经营中，员工也会有向企业“借支”后又“还款”的行为，企业应该作出相应的会计处理。

一、 任务目标

本任务将使用金蝶KIS标准版会计核算软件对欣宝月实业有限公司的借支和（退）还款业务进行核算。通过本任务的学习，可以了解借支和（退）还款流程，认识借支单的格式和填制方法，掌握借款、报销和退还款业务的具体核算方法，以及出纳期末扎账的方法等。

二、相关知识

（一）借支和（退）还款的流程

1. 借支流程

这里的借支是指因业务需要，而向员工预先支出的费用。如员工因购货预支购货款，因出差预支差旅费等，都属于员工借支款项的范围。不同企业对借支款项的规定有所不同，但其大致的流程是相似的，如图5-17所示即为员工借支账款的业务流程。经办人（员工）借支账款，需填制借支单并经由相关管理人员审核，最后由出纳支付。

图5-17 员工借支款项流程图

2. （退）还款流程

业务发生后，员工需持与业务相关的发票到财务部门报账，出纳应对业务凭证进行审核，并根据多退少补的原则退还款给相关人员。一般情况下，企业对报账行为的期限、金额都有强制规定，员工应严格按照报销流程在业务发生后的指定日期内进行报账。企业（退）还款流程如图5-18所示。

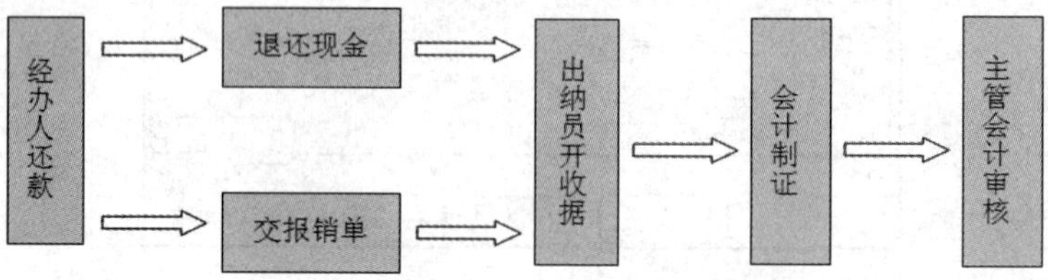

图5-18　（退）还款流程图

（二）借支单的填制

借支单，又称作借款单，通常是员工因业务需要向企业借款作为备用支付款时向企业填写的一种凭据。借支单的格式如图5-19所示。

借 支 单

年　　月　　日

工作部门		职务		姓名		盖章	
借支金额							
借款原因				附件			
归还日期							
审批							

会计：　　　出纳：　　　制单：

图5-19　借支单的格式

知识补充

借支可以指企业（某人）向银行等金融机构以及其他单位借入的资金，包括信用借支、抵押借支和信托贷借支。

（三）借支、（退）还款和报销的核算

1. 借支、（退）还款的核算

企业发生的借支行为的实质是一种“暂付款”行为，它是企业在商品交易业务以外发生的各种应收、暂付款项。借支和还款发生时，应先按照相应的核算方法编制实际发生业务的会计分录。

- **核算方法**：员工借支通常是指员工向公司借支和归还的现金。员工借款在本期发生、在本期或以后期间归还时，应按实际发生的金额编制会计分录。
- **核算科目**：设置“其他应收款”总账科目，辅助核算项目按借款人的姓名设置。借支款项时，借记“其他应收款”科目，贷记“银行存款”或“库存现金”科目；（退）还款时，根据业务发生的实际金额，确定是收回剩余款项还是支付多余款

项。相关核算的会计分录如表5-1所示。

表 5-1 借支和（退）还款业务的核算

借支款项	借款 > 实际支付款	借款 < 实际支付款
借：其他应收款 　　贷：库存现金	借：库存现金 　　贷：其他应收款	借：原材料等 　　贷：库存现金

2. 报销的核算

报销的核算包括办公费、差旅费、招待费等费用的报销。报销人持审批手续完整的报销单到财务部出纳处签名领取费用，各费用发生前借支的备用金，由出纳作冲减备用金处理。

> 知识补充
>
> **报销时，对原始凭证进行审核须注意如下事项：①原始凭证的内容必须具备凭证名称、填制凭证日期、单位名称、填制人姓名、经办人签名或盖章、接受凭证单位名称和经济业务内容；②审核经济业务内容与发票使用范围是否相符；③审核数量、单价和金额是否齐全；④单位名称、计量单位、数量、单价和金额应填写准确，文字和数字填写清楚，凭证中无不规范的涂改。**

三、任务实施

> **【案例2】**2014年8月14日，欣宝月实业有限公司采购部蔡国华在财务部借款10 000元用于购买生产用A材料。购买该材料需要到A城市购买，蔡国华因公出差报销差旅费1 500元，2014年8月17日，蔡国华从A城市回来，材料款8 000元，并将剩余款归还财务部。

（一）借支现金的账务处理

采购部职员蔡国华在财务部借支10 000元用于购买A材料和差旅费用，应做如下会计分录。

借：其他应收款　　　　　10 000

　　贷：库存现金　　　　　　10 000

根据发生业务所做的会计分录填制凭证，其具体操作如下。（**微课**：光盘\微课视频\项目五\借支现金的账务处理.swf）

STEP 1 在金蝶KIS标准版主界面左侧单击“账务处理”选项卡，在右侧功能区单击“凭证录入”超链接。

STEP 2 打开“记账凭证-新增”对话框，设置凭证字为“记”，附单据为“1”，凭证日期为“2014-08-14”，设置摘要为“蔡国华借支款项用作购买A材料”，借方科目为“1221-04 其他应收款—（职员）蔡国华，金额为“10 000”元，贷方科目为“1001 库存现金”，金额为“10 000”元，录入完毕后单击保存按钮保存凭证，效果如图5-20所示。

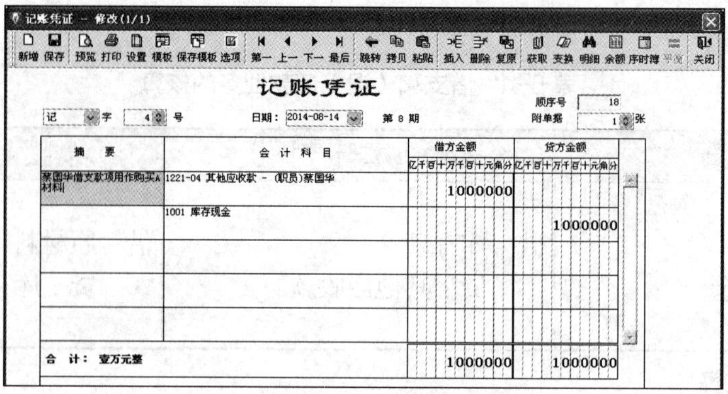

图5-20　录入借支现金的账务处理

（二）业务报销的账务处理

蔡国华出差到A城市购买原材料，其中的食宿费和车船费等均作为因公消费，是可以给予报销的。蔡国华保存这些款项的发票，2014年8月17日，蔡国华返回公司在财务部统一报，其会计分录如下。

借：管理费用——差旅费　　　　　　1 500

　　贷：其他应收款　　　　　　　　1 500

根据发生业务所做的会计分录填制凭证，其具体操作如下。（**微课**：光盘\微课视频\项目五\业务报销的账务处理.swf）

STEP 1 在金蝶KIS标准版主界面左侧单击“账务处理”选项卡，在右侧功能区单击“凭证录入”超链接。

STEP 2 打开“记账凭证-新增”对话框，设置凭证字为“记”，凭证日期为“2014-08-17”，附单据为“1”。

STEP 3 录入记账凭证借方摘要、科目和金额分别为“报销差旅费”、“660204 管理费用-差旅费”和“1 500”，贷方科目为“1221-04 其他应收款—（职员）蔡国华”，录入完毕后单击保存按钮保存凭证，效果如图5-21所示。

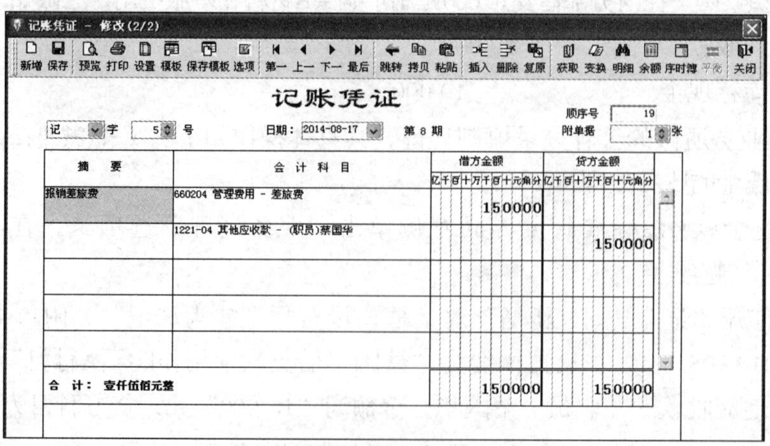

图5-21　业务报销的账务处理

（三）借支余款退还的账务处理

2014年8月17日，蔡国华从A城市购买A材料回来，报销差旅费后剩余款项归还财务部负责人，应做如下会计分录。

借：原材料——A材料　　　　　　　　8 000

　　贷：其他应收款——蔡国华　　　　　　8 000

借：库存现金　　　　　　　　　　　500

　　贷：其他应收款——蔡国华　　　　　　500

以上会计分录可以归纳为一笔会计分录，具体会计分录如下。

借：原材料——A材料　　　　　　　　8 000

　　库存现金　　　　　　　　　　　500

　　贷：其他应收款——蔡国华　　　　8 500

根据发生业务所作的会计分录填制凭证，其具体操作如下。（**微课**：光盘\微课视频\项目五\借支余款退还的账务处理.swf）

STEP 1 在金蝶KIS标准版主界面左侧单击“账务处理”选项卡，在右侧功能区单击“凭证录入”超链接。

STEP 2 打开“记账凭证-新增”对话框，设置凭证字为“记”，附单据为“2”，凭证日期为“2014-08-17”，然后分别设置第一栏借方摘要为“购买A材料”，科目为“1403-01 原材料—（材料）A材料”，金额为“8 000”元；第二栏借方摘要为“退还借支款”，科目为“1001 库存现金”，金额为“500”元；第三栏贷方摘要为“购买A材料，退还借支款”，科目为“1221-04 其他应收款—（职员）蔡国华”，金额为“8 500”元，录入完毕后单击保存按钮保存凭证，如图5-22所示。

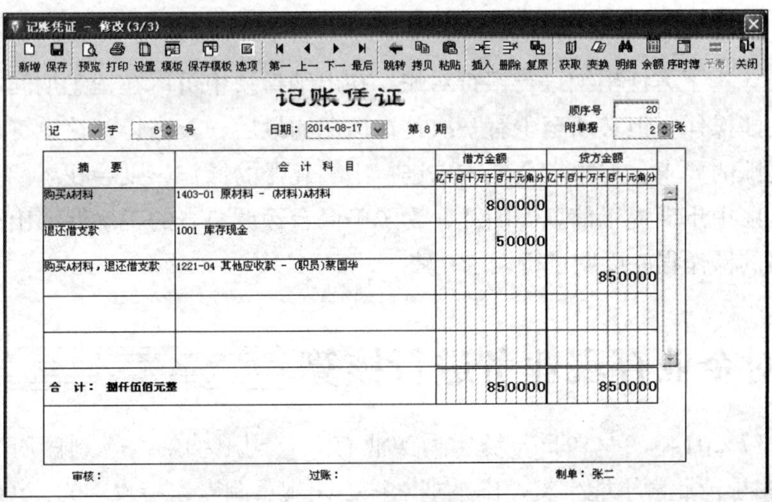

图5-22　退还借支款的账务处理

（四）期末轧账

出纳轧账是指将出纳系统所涉及的现金日记账余额、银行存款日记账余额及银行对账单未达项资料等结转至下一期，并对现金日记账、银行存款日记账加注发生额，其具体操作如下。（微课：光盘\微课视频\项目五\期末扎账.swf）

STEP 1 以“刘六”的账户登录“欣宝月”账套，在主界面左侧单击“出纳管理”选项卡，在中间功能区中单击“出纳轧账”超链接，打开“出纳轧账”对话框，如图5-23所示。

STEP 2 查看对话框的提示信息，然后单击 前进 > 按钮，在打开的对话框中设置用户口令和轧账日期，单击选中“期末轧账”复选框，然后单击 完成 按钮，如图5-24所示。

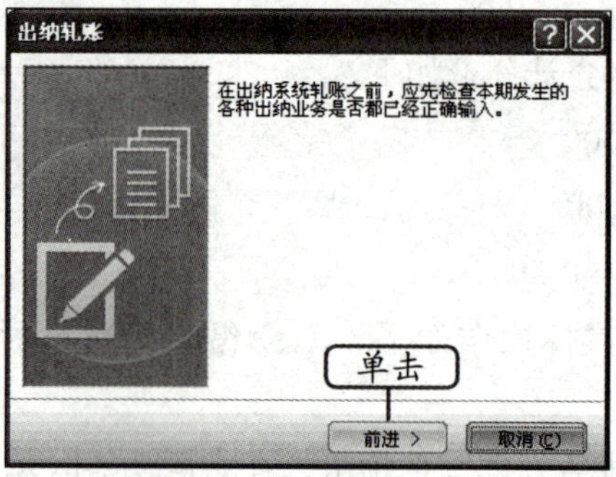

图5-23 “出纳轧账”对话框

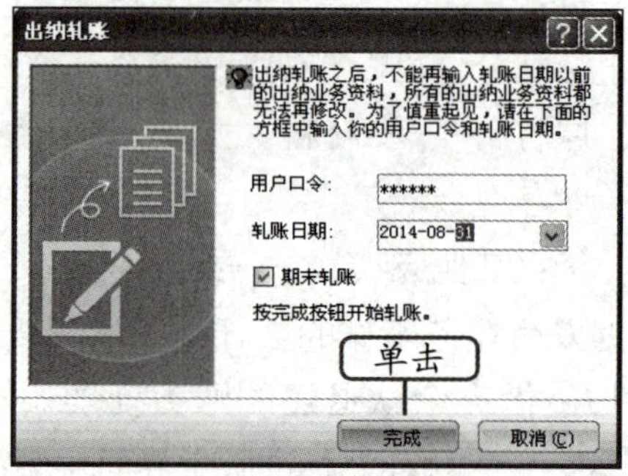

图5-24 设置用户口令和转账日期

STEP 3 此时系统将自动进行轧账，完成后打开如图5-25所示的提示对话框，单击 确定(O) 按钮。

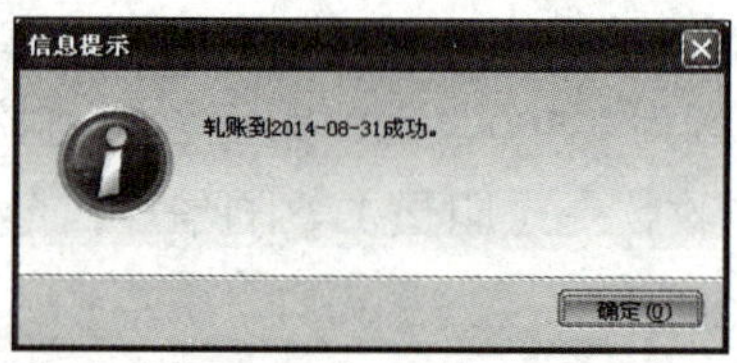

图5-25 信息提示

> **知识补充**
>
> 为了方便出纳进行银行对账，在出纳模块中可以在任意期间内进行多次轧账操作，但必须至少有一次是在该期的最后一天进行，这也符合出纳期末轧账的要求。如果上个期末未进行出纳轧账的操作，则会在本期的任意一次轧账中出现提示信息。因此，为了确保余额调节表的正确性，出纳应按照严格的操作程序逐期进行期末轧账。

实训一 对企业存现业务进行核算

【案例3】2014年8月19日，欣宝月实业有限公司出纳刘六收到门店当日营业额50 000元，由于营业额不能坐支，出纳刘六按公司规章制度，将收取的50 000元营业额存入公司的中国工商银行账户。

【实训要求】

要求在金蝶KIS标准版会计核算软件中，根据出纳刘六在工商银行账户中存入50 000元现金的业务，填制记账凭证，并使用“牟一”账户对该凭证进行审核。

【实训思路】

将现金存入银行即存现业务，应通过“银行存款”和“库存现金”科目核算。存现后，银行存款增加记借方，库存现金减少记贷方，相关会计分录如下。

借：银行存款——工商银行　　50 000

　　贷：库存现金　　　　　　　50 000

图5-26所示为根据存现业务填制的记账凭证。

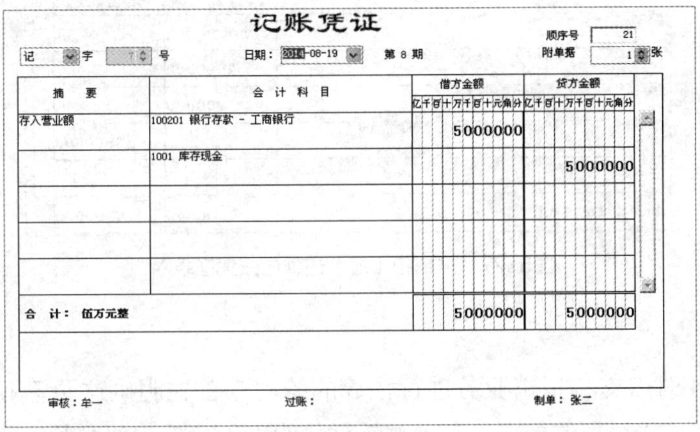

图5-26　存现记账凭证录入

【步骤提示】

STEP 1 启动金蝶KIS标准版，以“张二”的账户登录“欣宝月”账套。

STEP 2 选择【功能】/【账务处理】/【业务处理】/【凭证录入】菜单命令，打开“记账凭证-新增”对话框。

STEP 3 设置凭证字为“记”，日期为“2014-08-19”，附单据为“1”，摘要为“存入营业额”，借方科目为“100201 银行存款-工商银行”，贷方科目为“ 1001 库存现金”，金额为“50 000”元，最后单击保存按钮保存凭证。

STEP 4 使用“牟一”账户登录“欣宝月”账套，在主界面左侧单击“账务处理”选项卡，在中间功能区单击“凭证审核”超链接。

STEP 5 在打开的对话框中设置“摘要”、“等于”、“存入营业额”，单击确定(O)按钮打开“会计分录序时簿”选项卡。

STEP 6 在列表框中选择需要审核的凭证，在工具栏中单击审核/反审核按钮，打开已选择的记账凭证，单击审核/反审核按钮。

实训二　对差旅费借支和报销业务进行核算

【案例4】2014年8月20日，欣宝月实业有限公司采购部蔡国华需要到A城市购进原材料B材料，在账务部借支现金35 000元，2014年8月21日蔡国华报销差旅费2 000元，B

材料25 000元，并将剩余款项归还公司。

【实训要求】

要求对欣宝月实业有限公司的采购员蔡国华向公司借支用作差旅费和购买材料的业务进行会计核算并做出相应的会计分录，按照会计分录在账套中完成记账凭证，效果如图5-27所示。

记账凭证

记 字 9 号　日期：2014-08-21　第 8 期　顺序号 23　附单据 2 张

摘　要	会 计 科 目	借方金额	贷方金额
报销差旅费	660204 管理费用 - 差旅费	200000	
购买原材料	1403-02 原材料 - (材料)B材料	2500000	
退换剩余现金	1001 库存现金	800000	
蔡国华借款	1221-04 其他应收款 - (职员)蔡国华		3500000
合 计： 叁万伍仟元整		3500000	3500000

图5-27　报销和（退）还款记账凭证录入

【实训思路】

本实训是企业对借支和报销业务进行核算的练习。首先明确这两笔业务涉及的会计科目，以及是否涉及二级科目的核算，若金蝶软件中没有相应的二级科目，则应在相应的总分类科目下添加该二级科目后再进行记账凭证的录入。

（1）借支时，相关会计分录如下。

借：其他应收款——蔡国华　　35 000

　　贷：库存现金　　35 000

（2）报销差旅费时，相关会计分录如下。

借：管理费用——差旅费　　2 000

　　贷：其他应收款——蔡国华　　2 000

（3）购买B材料，相关会计分录如下。

借：原材料——B材料　　25 000

　　贷：其他应收款——蔡国华　　25 000

（4）归还剩余款时，应退还公司款项=35 000−2 000−25 000=8 000（元），相关会计分录如下。

借：库存现金　　8 000

　　贷：其他应收款—蔡国华　　8 000

上述第（2）、（3）、（4）项业务的会计分录的贷方都为“其他应收款”科目，所以可将其合并为一个分录，具体如下。

借：管理费用——差旅费　　2 000

　　原材料——B材料　　25 000

库存现金　　　　　　　　8 000

贷：其他应收款——蔡国华　　　　35 000

【步骤提示】

STEP 1 以“张二”的账户登录金蝶KIS标准版，选择【功能】/【账务处理】/【业务处理】/【凭证录入】菜单命令，打开“记账凭证-新增”对话框。

STEP 2 设置凭证字为“记”，日期为“2014-08-20”，附单据为“2”，摘要为“蔡国华借支购买材料”，借方科目为“其他应收款—蔡国华”，贷方科目为“库存现金”，金额为“35 000”元，设置完毕后单击保存按钮保存凭证，最后单击新增按钮进入“记账凭证—新增”对话框进行新增凭证的录入。

STEP 3 设置凭证字为“记”，日期为“2014-08-21”，附单据为“2”。然后设置借方第一栏摘要为“报销差旅费”，科目为“ 660204 管理费用-差旅费”，金额为“2 000”元；借方第二栏摘要为“购买原材料”，科目为“1403-02 原材料—（材料）B材料”，金额为“25 000”元；借方第三栏摘要为“退还剩余现金”，科目为“1001 库存现金”，金额为“8 000”元；第四栏贷方摘要为“蔡国华借款”，科目为“1221-04 其他应收款—（职员）蔡国华”，金额为“35 000”元，设置完毕后单击保存按钮保存凭证（效果参见：光盘/效果/项目五/欣宝月.AIS）。

常见疑难解析

问：企业的取现和存现应该编制什么凭证？

答：根据规定，不管是从银行取现还是存现，均编制付款凭证即现金从银行取出（取现）要编制银行付款凭证，现金存入银行（存现）要编制现金付款凭证。

问：差旅费的核算内容包括哪些？

答：用于出差旅途中的费用支出，包括买车、船、火车、飞机的票费，住宿费、伙食补助费及其他方面的支出。一般情况下，单位补助出差的伙食费将不再报销外地餐费，或者报销餐费就不再补助出差伙食费。至于外地餐券不能计入差旅费中，税法上并没有相关的文件规定，出差补助有相关文件规定的，按相关规定进行补助。

拓展知识

（一）出纳的手工记账

在实际工作中，还有很多小企业出纳的日记账仍采用手工记账。相关记账主要内容有：①现金日记账必须采用订本式账簿，其账页格式一般采用“收入”（借方）、“支出”（贷方）和“余额”三栏式；②现金日记账通常由出纳人员根据审核后的现金收款凭证和现金付款凭证，逐日逐笔顺序登记；③由于从银行提取现金的业务，只填制银行存款付款凭证，不填制现金收款凭证，因而从银行提取现金的现金收入数额应根据有关的银行存款付款凭证登记；④每日业务终了时，应计算、登记当日现金收入合计数、现金支出合计数，以及账面结余额，并将现金日记账的账面余额与库存现金实有数核对，借以检查每日现金收入、支出和结存情况。

（二）银行结算账户的管理

银行结算账户是指企业在银行开立的办理资金收付结算的人民币活期存款账户。对企业使用银行结算账户的规定如下。

（1）企业应以实名开立银行结算账户，并对其出具的开户（变更、撤销）申请资料实质内容的真实性负责，法律、行政法规另有规定的除外。

（2）企业应在注册地或住所地开立银行结算账户。按规定可以在异地（跨省、市、县）开立银行结算账户的除外。

（3）企业可以自主选择银行开立银行结算账户，任何单位和个人不得强令存款人到指定银行开立银行结算账户。

（4）不得利用银行结算账户进行偷逃税款、逃废债务、套取现金等违法犯罪活动。

（5）企业应加强对预留银行签章的管理。

（6）企业收到对账单或对账信息后，应及时核对账务并在规定期限内向银行发出对账回单或确认信息。

（7）对企业开立的单位银行结算账户实行生效日制度，即企业银行结算账户在正式开立之日起3个工作日内，除资金转入和现金存入外，不能办理付款业务，3个工作日后方可办理付款业务。

（三）出纳的反轧账

进行轧账后，现金和银行存款日记账将不允许再进行修改，如果需要修改，需要进行反轧账。在金蝶KIS标准版主界面中按【Ctrl+F9】组合键，即可打开“出纳反轧账”对话框，在其中设置反轧账到的日期后，单击完成按钮进行反轧账即可。

课后练习

在大顺粮油公司的账套中根据以下业务，使用出纳账户填制现金日记账和银行存款日记账，使用会计员账户填制记账凭证，完成后以会计主管账户对所有凭证进行审核。

（1）2014年8月24日，在银行提取现金5 000元。

（2）2014年8月25日，销售部员工借支3 000元作为购买办公用品的款项，办公用品开销2 800元，剩余款归还公司。

（3）使用出纳账户对8月账务进行轧账，完成后进行凭证过账和期末结账。

PART 6

项目六 企业物资购入

情景导入

阿秀：小白你知道企业想要生产产品，需要具备哪些基础条件吗?

小白：那当然是生产这些产品所需要的物资了，正所谓“巧妇难为无米之炊”嘛!

阿秀：说得好，那你知道企业在购入物资时，应该怎样在金蝶KIS标准版会计核算软件中操作吗?

小白：应该可以直接通过购入物资的原始凭证，在软件中填制凭证就可以了吧。

阿秀：你只知其一，不知其二啊。在软件操作中对购入的物资有非常严格的管理，企业往往不止购入一种物资，可能品种繁多，计算复杂，如果单凭我们自己计算后再填制凭证，这样根本没有实现会计电算化的意义。

小白：也是，那我得好好研究一下这部分内容了。

学习目标

- 熟悉企业购入物资的增值税的核算
- 熟悉企业购入物资的账务处理
- 掌握填制固定资产卡片的基本操作
- 掌握审核凭证的基本操作

技能目标

- 根据固定资产信息填制固定资产卡片
- 根据交易性金融资产的会计分录填制记账凭证
- 根据购入存货的会计分录编制记账凭证

任务一　购入固定资产

固定资产是指使用时间在一年以上，价值较高，为生产商品、提供劳务、出租或经营管理而持有的资产。所有企业都必须要有如厂房、机器设备、办公器材等固定资产，否则将不能进行正常工作与生产，所以固定资产是企业的劳动手段，也是企业赖以生产经营的主要资产。经过前期的询价和核算，欣宝月实业有限公司购入一台大型印刷机作为固定资产。

一、任务目标

本任务将使用金蝶财务软件录入购入的固定资产卡片数据，包括固定资产基本信息、固定资产折旧和固定资产减值准备信息。通过录入的信息自动生成记账凭证，再补充和修改记账凭证，使购入固定资产这笔账务正确记账。

二、相关知识

（一）固定资产的界定

固定资产是指同时具有以下特征的有形资产。

（1）为生产商品、提供劳务、出租或经营管理而持有。

（2）使用寿命超过一个会计年度。

（二）购入固定资产的核算

企业购入的固定资产分为需要安装和不需要安装两类，它们的成本核算是不相同的，其成本核算构成如图6-1所示。

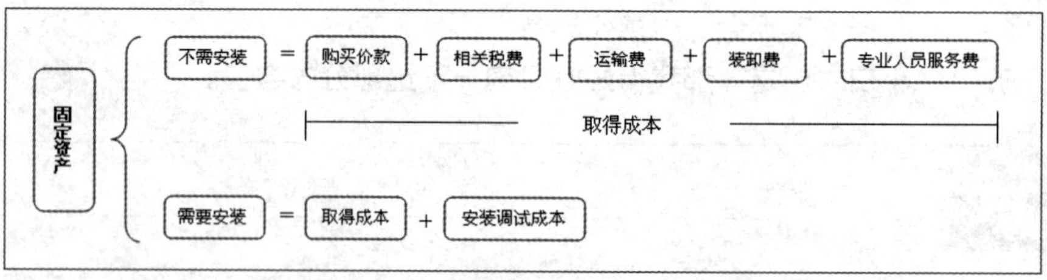

图6-1　固定资产的成本核算

对于不需要安装的固定资产的会计分录，应借记“固定资产”科目，贷记“银行存款”等科目；需要安装的固定资产则应先通过“在建工程”科目核算，待安装完毕达到预计可使用状态时，再由“在建工程”科目转入“固定资产”科目。

> 知识补充
>
> 若企业以一笔款项购入多项没有单独标价的固定资产，应将各项资产单独确认为固定资产，并按各项固定资产公允价值的比例对总成本进行分配，分别确定各项固定资产的成本。

（三）增值税的核算

企业为增值税一般纳税人，其购进机器设备等固定资产的进项税额不纳入固定资产成本核算，可以在销项税中抵扣，在编制会计分录时应借记“应交税费——应交增值税（进项税额）”科目，贷记“银行存款”科目；若企业为小规模纳税人，增值税不可以抵扣，应将增值税直接计入固定资产成本进行核算。

三、任务实施

【案例1】2014年9月3日，欣宝月实业有限公司用中国工商银行存款购进一台原价50 000元且不需要安装便可使用的彩印机，用于加工包装本公司自行生产的产品。公司会计员张二将根据购入彩印机的相关原始凭证（2张）录入固定资产的信息，最后生成记账凭证。彩印机的相关核算信息如表6-1所示。

表6-1 彩印机的相关核算信息

基本信息		折旧与减值准备信息 1		折旧与减值准备信息 2	
项目	内容	项目	内容	项目	内容
代码	J01	类别	机械设备	币别	人民币
名称	彩印机	使用状况	使用中	原值本位币	50 000（元）
固定资产科目	1601	折旧费用科目	折旧费	折旧方法	平均年限法
累计折旧科目	1602	使用部门	印刷部	预计使用期间	10（年）
减值准备科目	1603	减值准备对方科目	营业外支出		
型号	Z1805				
入账日期	2014-09-03				
增加方式	购入				

欣宝月实业有限公司购入彩印机时，应做的会计分录如下。

借：固定资产　　50 000

　　应交税费——应交增值税（进项税额）　8 500

　　贷：银行存款——工商银行　　58 500

（一）录入增加的固定资产相关信息

欣宝月实业有限公司购入一台彩印机直接投入使用，公司会计员张二将固定资产的相关信息录入系统，自动生成凭证，并对该凭证进行补充修改和保存，其具体操作如下。（**微课**：光盘\微课视频\项目六\录入增加的固定资产相关信息.swf）

STEP 1 以“张二”的账户登录“欣宝月”账套（素材参见：光盘/素材/项目六/欣宝月.AIS），在左侧主功能区单击“固定资产”选项卡，在中间功能区单击“固定资产增加”超链接，如图6-2所示。

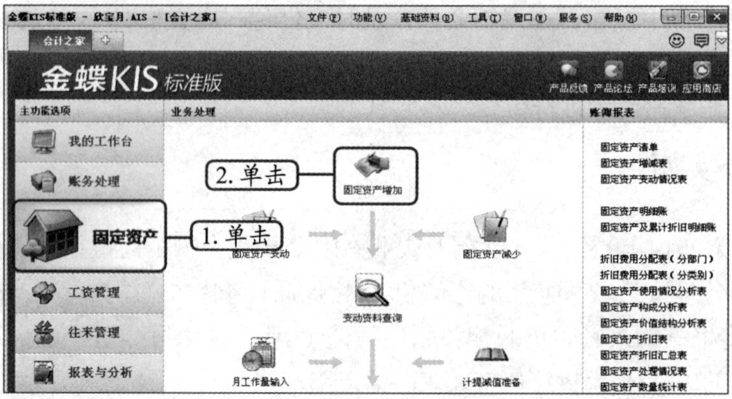

图6-2 单击“固定资产增加”超链接

STEP 2 打开“固定资产增加”对话框，在默认的“基本信息”选项卡下设置代码为“J01”，名称为“彩印机”，固定资产、累计折旧和固定资产减值准备科目分别为“1601”、“1602”和“1603”，型号为“Z1805”，入账日期为“2014-9-3”，然后在“增加方式”下拉列表中选择“购入”选项，如图6-3所示。

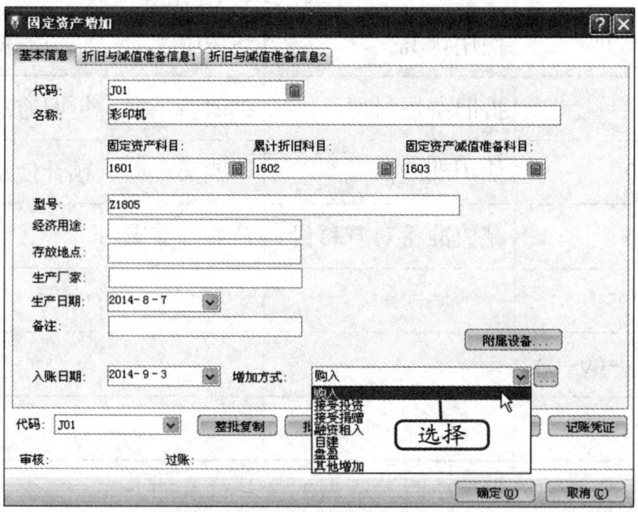

图6-3 设置固定资产基本信息

操作提示

代码设置可以直接在文本框中输入代码，也可单击文本框后的按钮。在打开的“固定资产”对话框中选择相应的代码，但如果是首次输入固定资产信息，则对话框中没有可供选择的代码，只能直接输入代码。

STEP 3 单击“折旧与减值准备信息1”选项卡，在“类别”文本框后的下拉列表中选择“机械设备”，使用情况为“使用中”，在“折旧费用科目”栏中选中“单一”单选项，科目代码为“660206”，在“使用部门”栏下选择“单一”单选项，在其右侧的下拉列表中选择“策划部”，在“减值准备对应科目”栏下选中“单一”单选项，科目代码为“6711”，如图6-4所示。

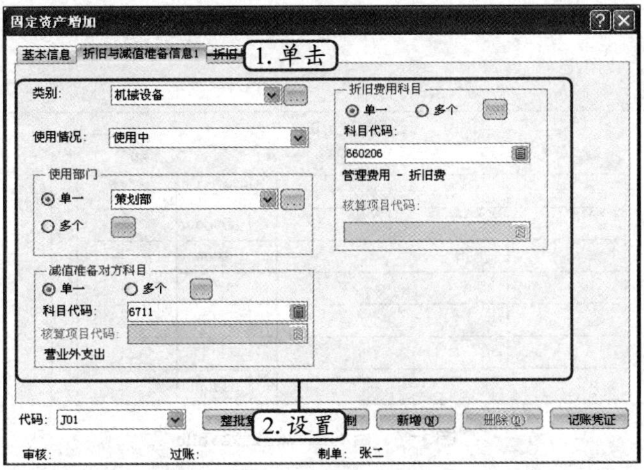

图6-4 设置折旧与减值准备信息1

STEP 4 单击“折旧与减值准备信息2”选项卡，在“原值”栏下选中“单一币种”单选项，在“币别”下拉列表中选择“人民币”，在“本位币”文本框中输入“50 000”，在“折旧方法”下拉列表中选择“平均年限法”，预计使用期间数为“10”，最后单击 确定(O) 按钮，如图6-5所示。

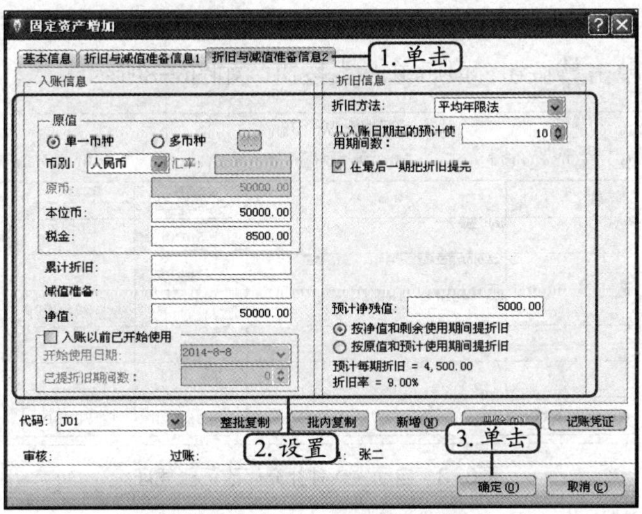

图6-5 设置折旧与减值准备信息2

STEP 5 打开提示对话框，提示是否确认从入账日期起该固定资产的预计使用期间数为10，单击 是(Y) 按钮，如图6-6所示。

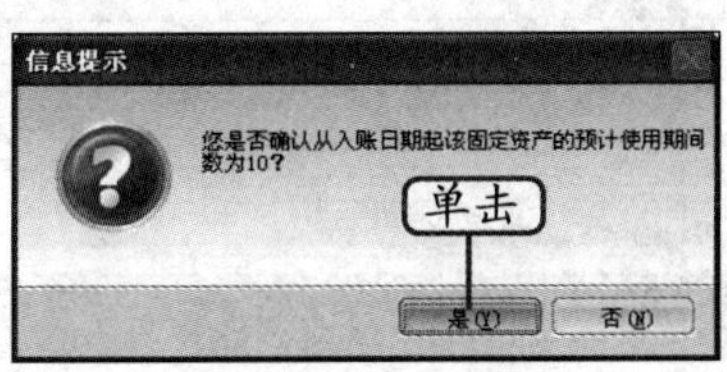

图6-6 提示信息

STEP 6 打开“记账凭证-修改”对话框，系统自动生成一张内容不完整的记账凭证，如图6-7所示。

图6-7　自动生成的记账凭证

> **知识补充** 系统自动生成不完整的记账凭证是因为不确定用户是否要进行价税合计，若用户是小规模纳税人，则凭证中的“8 500”应直接计入固定资产成本，欣宝月实业有限公司为一般纳税人，则需要单独核算。

STEP 7 设置凭证字为“记”，附单据张数为“2”，第二行借方科目为“22210101 应交税费—增值税-进项税额”，第三栏贷方科目为“100201 银行存款-工商银行”，金额“58 500”，录入完毕后单击保存按钮，最后单击关闭按钮，如图6-8所示。

图6-8　自动生成并补充修改记账凭证

STEP 8 返回“固定资产增加”对话框，单击确定按钮，打开“固定资产变动资料”窗口，系统将刚才增加的固定资产信息显示在窗口中，最后单击关闭按钮，如图6-9所示。

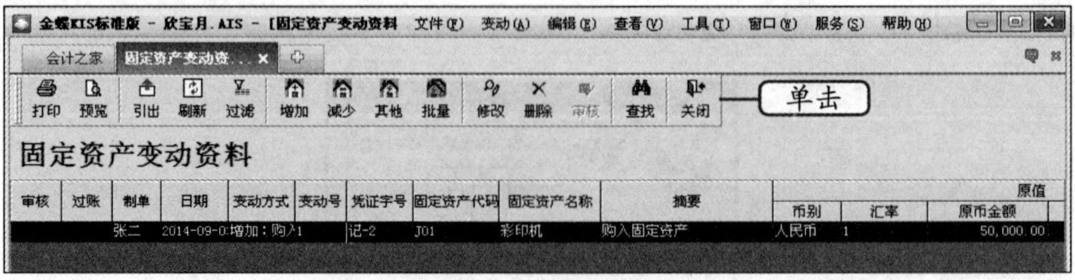

图6-9　录入的固定资产信息显示

（二）审核录入的固定资产卡片

欣宝月实业有限公司会计员张二根据购入的彩印机信息填制固定资产卡片，并填制相关的会计凭证，公司管理员牟一负责对填制的固定资产卡片进行审核，其具体操作如下。（微课：光盘\微课视频\项目六\审核录入的固定资产卡片.swf）

STEP 1 更换操作员，以“牟一”的账户登录“欣宝月”账套。在左侧主功能区单击“固定资产”选项卡，在右侧功能区单击“固定资产变动”超链接。

STEP 2 打开“固定资产变动资料-输入”选项卡，选择固定资产代码为“J01”的固定资产卡片，单击工具栏中的“审核”按钮，打开“固定资产查看”对话框，单击“审核”按钮，最后单击“关闭(E)”按钮，如图6-10所示。

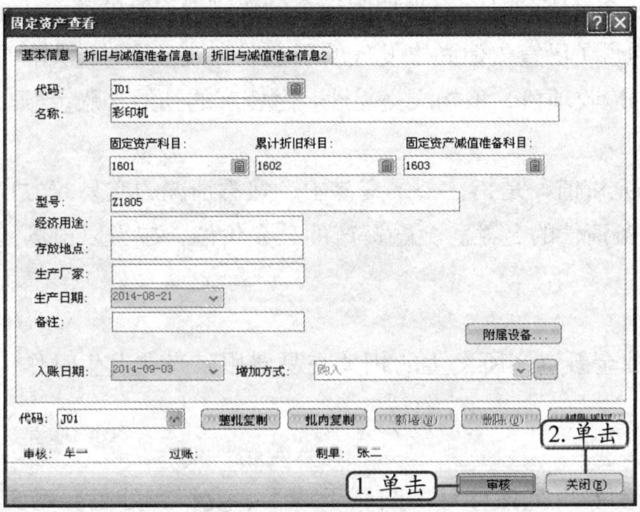

图6-10 审核固定资产卡片

STEP 3 返回“固定资产变动资料—输入”选项卡，固定资产卡片已经审核，最后单击工具栏中的“关闭”按钮，如图6-11所示。

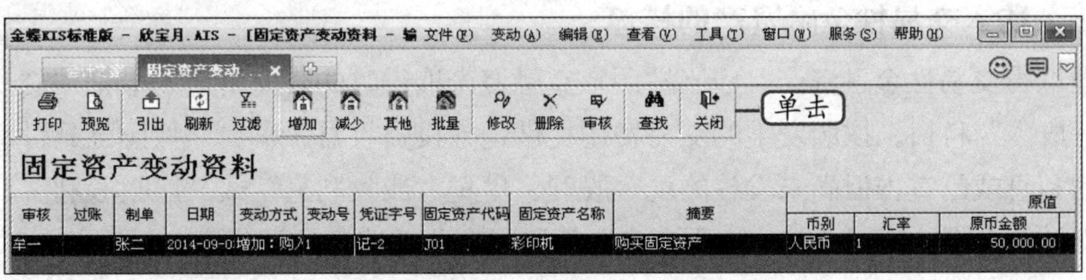

图6-11 完成审核固定资产卡片

任务二 购入交易性金融资产

企业利用闲置资金购买交易性金融资产，在近期内可以出售获得利润，这样企业可以有效地利用闲置资金，也可以使资金在市场上的流通更加快速，是一种积极的投资行为。现如今，企业购买交易性金融资产已经成为较普遍的一种短期投资行为。

一、 任务目标

本任务将欣宝月实业有限公司购入的交易性金融资产进行分析和核算，并做出相应的账务处理，编制相关的记账凭证并保存。

二、 相关知识

（一）交易性金融资产的含义

交易性金融资产主要是指企业为了近期内出售而持有的金融资产，如企业以赚取差价为目的从二级市场购入的股票、债券、基金等。

（二）购入交易性金融资产的入账金额和相关费用的处理

企业取得交易性金融资产时，应当按照该金融资产取得时的公允价值作为其初始入账金额，所支付价款中包含了已宣告但尚未发放的现金股利或已到付息期但尚未领取的债券利息的，应当单独确认为应收项目，不构成交易性金融资产的初始入账金额。

知识补充

公允价值，是指在公平交易中，熟悉情况的交易双方自愿进行资产交换或者债务清偿的金额。金融资产的公允价值，应当以市场交易价格为基础加以确定。

企业取得交易性金融资产所发生的相关交易费用应当在发生时作为投资收益进行会计处理。

知识补充

交易费用是指可直接归属于购买、发行或处置金融工具新增的外部费用，包括支付给代理机构、咨询公司、券商等的手续费和佣金及其他必要支出。

（三）购入交易性金融资产的核算

企业取得交易性金融资产，应当按照该金融资产取得时的公允价值，借记“交易性金融资产——成本”科目，按照发生的交易费用，借记“投资收益”科目，按照已到付息期但尚未领取的利息或已宣告但尚未发放的现金股利，借记“应收利息”或“应收股利”科目，按照实际支付的金额，贷记“其他货币资金”等科目。相关账务处理如表6-2所示。

表6-2 购入交易性金融资产的核算

科目	取得时的公允价值	发生的交易费用	已到期尚未领取的利息或现金股利
借方	交易性金融资产 ——成本	投资收益	应收利息或应收股利
贷方	其他货币资金等科目		

三、 任务实施

【案例2】欣宝月实业有限公司于2014年9月3日将中国工商银行账户上的2 000 000元存入专门购买交易性金融资产的“存出投资款”账户，2014年9月12日，从某证券交易所购入A上市公司股票100 000股，并将其划分为交易性金融资产。该笔股票投资在购买日的公允价值为1 000 000元，另支付相关交易费用金额为25 000元。

（一）购入交易性金融资产的账务处理

欣宝月实业有限公司将银行存款转入专门的“存出投资款”用作购买交易性金融资产，于2014年9月12日购入股票，其相关会计分录如下。

借：其他货币资金——存出投资款　　　　2 000 000

　　贷：银行存款——工商银行　　　　　　2 000 000

借：交易性金融资产——成本　　　　　　1 000 000

　　贷：其他货币资金——存出投资款　　　1 000 000

根据相关会计分录编制会计凭证，其具体操作如下。（**微课**：光盘\微课视频\项目六\购入交易性进入资产的账务处理.swf）

STEP 1 在左侧主功能区单击“账务处理”选项卡，在右侧功能区单击“凭证录入”超链接。

STEP 2 打开“记账凭证-新增”对话框，设置凭证字为“记”，日期为“2014-09-03”，附单据为“2”，摘要为“转款至专门账户购买股票”，借方和贷方科目分别为“101201 其他货币资金-存出款投资”和“100201 银行存款-工商银行”，金额为“2 000 000”元，设置完毕后单击保存按钮保存凭证，然后再单击新增按钮，效果如图6-12所示。

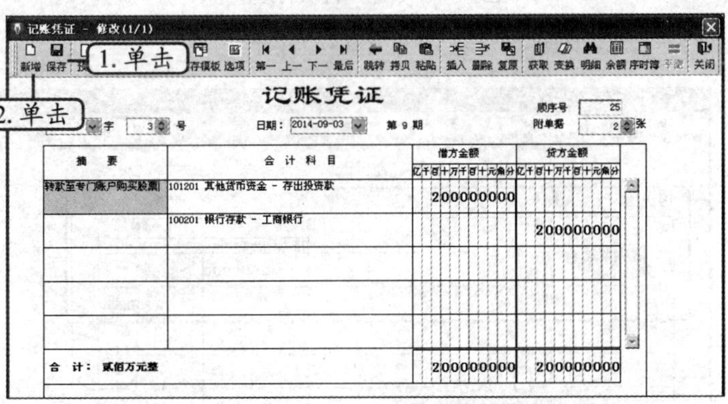

图6-12　录入购买时的记账凭证

STEP 3 打开“记账凭证-新增”对话框，设置凭证字为“记”，日期为“2014-09-12”，附单据为“1”，摘要为“专门账户购买股票”，借方和贷方科目分别为“110102 交易性金融资产-成本”和“101201 其他货币资金-存出投资款”，金额为“1 000 000”元，设置完毕后单击保存按钮，然后再单击关闭按钮，效果如图6-13所示。

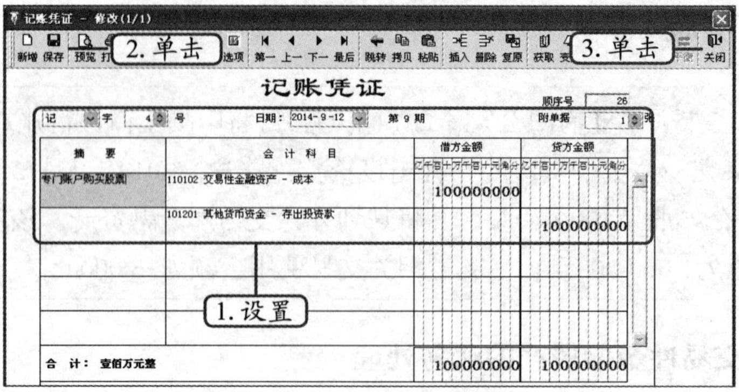

图6-13　录入购买时记账凭证

（二）支付相关费用的账务处理

欣宝月实业有限公司于2014年9月12日购入A上市公司股票100 000股，支付价款1 000 000元，另支付相关交易费用金额为25 000元，现在对该笔交易费用进行账务处理，相关会计分录如下。

借：投资收益　　　　　　　　　　　　25 000

　　贷：其他货币资金——存出投资款　　　　25 000

根据相关会计分录编制会计凭证，其具体操作如下。（**微课**：光盘\微课视频\项目六\支付相关费用的账务处理.swf）

STEP 1 在左侧主功能区单击"账务处理"选项卡，在右侧功能区单击"凭证录入"超链接。

STEP 2 打开"记账凭证-新增"对话框，设置凭证字为"记"，日期为"2014-09-12"，附单据为"1"，摘要为"购买股票支付相关交易费用"，借方和贷方科目分别为"6111 投资收益"和"101201 其他货币资金-存出投资款"，金额为"25 000"元，设置完毕后单击保存按钮，再单击关闭按钮，效果如图6-14所示。

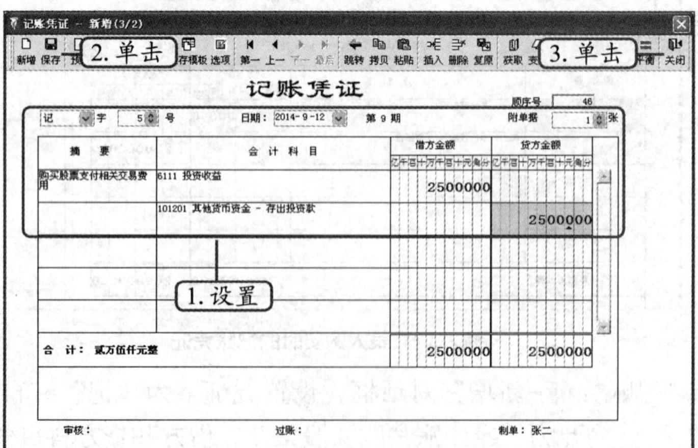

图6-14　录入支付相关费用的记账凭证

知识补充

购入交易性金融资产和支付相关费用的账务处理也可合成一笔业务进行账务处理，作为一笔业务进行处理的会计分录如下。

借：交易性金融资产——成本

　　投资收益

　　贷：其他货币资金——存出投资款

同时，在金蝶财务软件中也可编制一张会计凭证反映该业务。

任务三　购入原材料、包装物和低值易耗品

企业购入原材料，经过加工改变其形态或性质，最终成为能够直接出售的产成品，在其加工过程中使用的一切能够包装其产品的包装材料称为包装物，而加工时使用到的一般工具或专用工具等称为低值易耗品。所以企业购入原材料、包装物、低值易耗品等存货是满足企业生产的需要，是必不可少的环节。

一、任务目标

本任务将欣宝月实业有限公司购入的原材料分别使用实际成本法和计划成本法进行成本核算，并且做出相应的账务处理，对生产领用和随同商品出售的包装物以及生产用到的一般工具等低值易耗品分别进行核算，编制相关的记账凭证并保存。

二、相关知识

（一）购入原材料的账务处理

规模较小、存货品种单一、采购业务不多的企业，一般采用实际成本法核算，而存货品种繁多、自制半成品、产成品品种繁多的企业，或者在管理上需要分别核算其计划成本和成本差异的，也可采用计划成本法核算。

1．采用实际成本核算

采用实际成本核算时，由于支付方式不同，原材料的入库时间与付款时间可能不一致，因此在账务处理上也有所不同，具体账务处理如表6-3所示。

表6-3　实际成本核算

情形	账务处理
货款已付，材料已验收入库 （发票账单与材料同时到达）	借：原材料 　　应交税费——应交增值税（进项税额） 　　贷：银行存款等

续表

情形	账务处理
货款已付，材料尚未到达或验收入库（发票账单已到，材料未到）	①购入材料时 借：在途物资 　　应交税费——应交增值税（进项税额） 　　贷：银行存款等 ②材料到达验收入库后 借：原材料 　　贷：在途物资
货款未付，材料已验收入库（材料已到，发票账单未到）	借：原材料 　　应交税费——应交增值税（进项税额） 　　贷：应付账款
货款预付，材料尚未验收入库（采用预付款方式采购材料）	①预付货款时 借：预付账款 　　贷：银行存款等 ②材料入库时 借：原材料 　　应交税费——应交增值税（进项税额） 　　贷：预付账款 ③补付货款时 借：预付账款 　　贷：银行存款等 ④收到退回多预付的货款时 借：银行存款等 　　贷：预付账款

2．采用计划成本核算

在计划成本法下，购入的材料无论是否验收入库，都应先通过“材料采购”科目进行核算，以反映企业所购材料的实际成本，从而与“原材料”科目相比较，计算确定材料差异的成本，具体账务处理如表6-4所示。

表6-4　计划成本核算

情形	账务处理
货款已付，材料已验收入库（发票账单与材料同时到达）	借：材料采购 　　应交税费——应交增值税（进项税额） 　　贷：银行存款等

续表

情形	账务处理
货款已付，材料尚未到达或验收入库（发票账单已到，材料未到）	借：材料采购 应交税费——应交增值税（进项税额） 贷：银行存款等
货款未付，材料已验收入库（材料已到，发票账单未到）	借：材料采购 应交税费——应交增值税（进项税额） 贷：应付账款等
材料已验收入库，按计划成本	借：原材料 贷：材料采购

（二）购入包装物和低值易耗品的账务处理

包装物是指为了包装企业生产的商品而储备的各种包装容器，如桶、箱、袋等，企业购入所需包装物的会计分录如下。

借：周转材料——包装物

贷：银行存款等

低值易耗品是指不能作为固定资产核算和管理的各种用具物品，一般涉及的金额不大，包括一般工具、专用工具、替换设备、管理用具和劳动保护用品等，购入低值易耗品时应做的会计分录如下。

借：周转材料——低值易耗品

贷：银行存款等

三、任务实施

【案例3】欣宝月实业有限公司于2014年9月20日向思泉商贸公司购入A材料1 000千克，单价50元/千克，增值税专用发票上注明货款为50 000元，增值税税额8 500元。9月21日，公司购入一批价值5 000元的包装物和9 800元的低值易耗品，均使用工商银行存款支付。

（一）购入原材料的账务处理

欣宝月实业有限公司购入A材料，材料价款是50 000元，增值税税额8 500元，货款已付，但材料尚未到达，公司会计员张二根据增值税发票作为原始凭证进行相应的账务处理。欣宝月公司采用实际成本核算方法，相关会计分录如下。

（1）购入材料时：

借：在途物资　　　　50 000

应交税费——应交增值税（进项税额）　　8 500

贷：银行存款——工商银行　　58 500

（2）2014年9月21日，材料到达验收入库后：

借：原材料——A材料　　50 000

贷：在途物资　　50 000

根据以上会计分录编制相关凭证，其具体操作如下。（**微课**：光盘\微课视频\项目六\购入原材料的账务处理.swf）

STEP 1 以“张二”的账户登录“欣宝月”账套，在左侧主功能区单击“账务处理”选项卡，在右侧功能区单击“凭证录入”超链接。

STEP 2 打开“记账凭证-新增”对话框，设置凭证号为“记”，日期为“2014-09-20”，附单据为“2”，摘要为“购入原材料”，借方科目为“1402 在途物资”和“22210101 应交税费-增值税-进项税额”，借方金额分别为“50 000”元和“8 500”元，贷方科目为“100201 银行存款-工商银行”，金额为“58 500”元，设置完毕后单击保存按钮，最后单击新增按钮，效果如图6-15所示。

图6-15　编制购入原材料凭证

STEP 3 打开“记账凭证-新增”对话框，设置凭证号为“记”，日期为“2014-09-21”，附单据为“2”，摘要为“材料验收入库”，借方科目为“1403-01 原材料-（材料）A材料”，贷方科目为“1402 在途物资”，金额为“50 000”元，设置完毕后单击保存按钮，最后单击关闭按钮，效果如图6-16所示。

图6-16　编制材料验收入库凭证

（二）购入包装物和低值易耗品的账务处理

2014年9月21日，欣宝月实业有限公司购入一批价值5 000元的包装物和9 800元的低值易耗品，均使用工商银行存款支付。会计员张二根据业务做出以下会计分录。

借：周转材料——包装物　　　　5 000

　　贷：银行存款——工商银行　　　　5 000

借：周转材料—低值易耗品　　　　9 800

　　贷：银行存款——工商银行　　　　9 800

以上两个会计分录可合并为一个会计分录，具体如下。

借：周转材料——包装物　　　　5 000

　　　　　　——低值易耗品　　　　9 800

　　贷：银行存款——工商银行　　　　14 800

根据以上会计分录编制相关凭证，其具体操作如下。（**微课**：光盘\微课视频\项目六\购入包装物和低值易耗品的账务处理.swf）

STEP 1 在主界面上单击“凭证录入”超链接，打开“记账凭证-新增”对话框。

STEP 2 设置凭证字为“记”，日期为“2014-9-21”，附单据为“4”，摘要为“购入包装物和低值易耗品”，借方科目为“141101 周转材料-包装物”和“141102 周转材料-低值易耗品”，借方金额分别为“5 000”元和“9 800”元，贷方科目为“100201 银行存款-工商银行”，金额为“14 800”元，设置完毕后单击保存按钮，最后单击关闭按钮，效果如图6-17所示。

图6-17　编制购入包装物和低值易耗品的记账凭证

> **操作提示**
>
> 在借方“科目代码”处双击鼠标左键，打开“会计科目”对话框，单击增加(N)按钮增加总账科目“周转材料”下的“141101包装物”和“141102低值易耗品”二级科目。

实训一　对企业购入的包装机进行核算

【案例4】欣宝月实业有限公司随着业务的发展和增多，决定使用建设银行账户款项再购置一台包装机作为固定资产，用作对产品进行包装。公司会计员张二根据购买包装机的原始凭证，录入包装机的固定资产卡片，包装机的相关核算信息如表6-5所示。

表 6-5　包装机的相关核算信息

基本信息		折旧与减值准备信息 1		折旧与减值准备信息 2	
项目	内容	项目	内容	项目	内容
代码	J02	类别	机械设备	币别	人民币
名称	包装机	使用状况	使用中	原值本位币	400 000（元）
固定资产科目	1601	折旧费用科目	折旧费	折旧方法	平均年限法
累计折旧科目	1602	使用部门	生产部	预计使用期间	10（年）
减值准备科目	1603	减值准备对方科目	营业外支出		
型号	WBH12				
入账日期	2014-09-26				
增加方式	购入				

【实训要求】

要求在金蝶KIS标准版会计核算软件中录入欣宝月实业有限公司购入的包装机的相关固定资产卡片，并根据固定资产卡片录入的信息自动生成记账凭证，修改并保存该记账凭证。效果如图6-18所示。

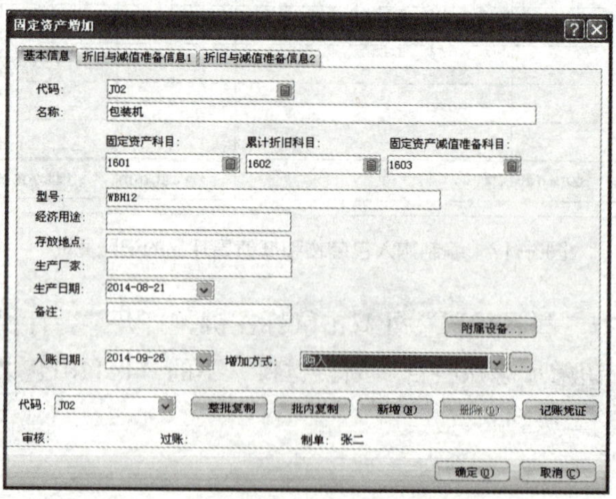

图6-18　编制购入包装机的固定资产卡片

【实训思路】

首先收集需要录入的固定资产的相关信息，并根据相关信息的内容分别录入固定资产卡片的基本信息、折旧与减值准备信息1和折旧与减值准备信息2。录入完毕后再补充或修改自动生成的记账凭证，直至完成全部记账凭证的录入后保存该凭证。

【步骤提示】

STEP 1 启动金蝶KIS标准版，使用“张二”的账户登录“欣宝月”账套。

STEP 2 选择【功能】/【固定资产】/【固定资产增加】菜单命令，打开“固定资产增加”对话框。

STEP 3 单击“基本信息”选项卡，设置代码为“J02”，名称为“包装机”，固定资产、累计折旧和固定资产减值准备科目分别为“1601”、“1602”和“1603”，型号为“WBH12”，入账日期为“2014-09-26”，然后在“增加方式”文本框后的下拉列表中选择“购入”。

STEP 4 单击“折旧与减值准备信息1”选项卡，在“类别”下拉列表中选择“机械设备”，使用情况为“使用中”，在“折旧费用科目”栏中选中“单一”单选项，科目代码为“660206”，在“使用部门”栏下选择“单一”单选项，在其下拉列表中选择“生产部”，在“资产减值准备”栏下选择“单一”单选项，科目代码为“6711”。

STEP 5 单击“折旧与减值准备信息2”选项卡，选中原“原值”栏下的“单一币种”单选项，在“币别”下拉列表中选择“人民币”，在“本位币”文本框中输入“400 000”，在“折旧信息”栏下的折旧方法下拉列表中选择“平均年限法”，预计使用期间数为“10”，最后单击 确定(O) 按钮。

STEP 6 打开“记账凭证-修改”对话框，系统自动生成一张不完整的记账凭证，设置凭证字为“记”，附单据为“4”，第二行借方科目为“22210101 应交税费-应交增值税 进项税额”，第三行贷方科目为“100203 银行存款-建设银行”，金额为“468 000”元，录入完毕后单击 保存 按钮，最后单击 关闭 按钮。

STEP 7 返回“固定资产增加”对话框，单击 确定(O) 按钮，打开“固定资产变动资料”窗口，系统将增加的固定资产信息显示在窗口中，最后单击 关闭 按钮。

实训二　对购入原材料的相关业务进行核算

【案例5】欣宝月实业有限公司于2014年9月27日使用建设银行账户存款，向百事恒兴公司购入B材料500千克，单价40元/千克，增值税专用发票上注明货款为20 000元，欣宝月公司适用的增值税税率为17%，货款已付，材料也已经送达并验收入库（采用实际成本核算）。

【实训要求】

要求根据该经济业务事项，计算欣宝月实业有限公司购入B材料应缴纳的增值税，再根据业务编制相关的会计凭证。

【实训思路】

根据欣宝月实业有限公司适用的增值税税率，计算出欣宝月公司购入B材料应该缴纳的增值税，再编制相关的会计分录，根据会计分录填制相关会计凭证。

根据业务编制的会计分录如下。

借：原材料——B材料　　20 000

应交税费——应交增值税（进项税额）　　3 400

贷：银行存款——建设银行　　23 400

【步骤提示】

STEP 1 使用“张二”的账户登录金蝶KIS标准版，选择【功能】/【账务处理】/【业务处理】/【凭证录入】菜单命令。

STEP 2 打开“记账凭证-新增”对话框，设置凭证字为“记”，日期为“2014-09-27”，摘要为“购入原材料B材料”，借方科目为“1403 原材料-B材料”和“2210101 应交税费-应交增值税-进项税额”，借方金额分别为“20 000”元和“3 400”元，贷方科目为“100203 银行存款-建设银行”，金额为“23 400”元，完成后保存凭证（效果参见：光盘/效果/项目六/欣宝月.AIS）。

常见疑难解析

问：“固定资产”科目的相关记账凭证可以直接在凭证中录入吗?

答：固定资产的增加、减少或出售等，与固定资产相关的记账凭证，均不能在金蝶KIS标准版的记账凭证中直接录入。填制与固定资产相关的会计凭证均是通过“固定资产”模块自动生成，再对其生成的凭证进行补充修改完成的。

问：“其他货币资金——存出投资款”可以用作购买原材料等有形资产吗?

答：其他货币资金是指企业除现金和银行存款以外的其他各种货币资金，即存放地点和用途均与现金和银行存款不同的货币资金。而“其他货币资金——存出投资款”是一项专门用作企业购买股票、债券和基金等投资的款项，要按规定将资金存入到指定的账户。此时，这部分资金就不能再移作他用，其所有权还仍归于原企业。

拓展知识

（一）企业采用实际成本法核算和计划成本法核算的利弊

- **按计划成本法核算**：计划成本法核算适用于购货较多的大型企业，它是根据预先定下的金额计入账户，和实际购入的批次、质量、价格波动无关，所以入账简单。缺点是不能直接反映实际数值，不适合小型企业。
- **按实际成本法核算**：实际成本法核算适用于购货较少的中小企业。因为是按购货金额直接计入账户，所以可以直接反映每一次购货的金额。缺点是工作量太大，不适合大型企业。

不管是计划成本核算，还是实际成本核算，到期末都应进行盘存，以调整实际库存与账记库存的差异。

（二）购入相同固定资产的录入

在实际业务中，购入的固定资产可能往往不止一台，或是以批次购入的，那么如果依次录入相关固定资产卡片，登记工作就相当烦琐，在金蝶KIS标准版中可以通过单击“固定资产修改”选项卡中的 整批复制 按钮一次性录入相同固定资产卡片。具体方法是：在启动金蝶KIS标准版中，使用操作员的账户登录账套，选择【功能】/【固定资产】/【固定资产变动】菜单命令，打开“固定资产变动资料-输入”对话框，双击相应的固定资产卡片，打开“固定资产修改”对话框，单击 整批复制 按钮，打开“输入整批复制次数”对话框，在“复制次数”文本框中输入需要复制的次数，最后单击 确定(O) 按钮即可，如图6-19所示。

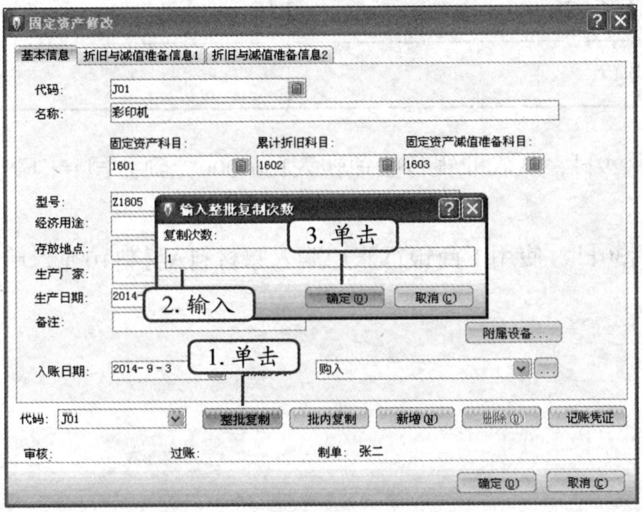

图6-19　录入相同固定资产卡片

课后练习

在大顺粮油公司的账套中使用会计账户完成以下业务的账务核算（注：涉及固定资产的，需通过填制固定资产卡片编制会计凭证）。

（1）2014年9月28日，公司使用农业银行账户购入3台计算机作为固定资产，用作财务部办公使用，计算机相关核算信息如表6-6所示。

表6-6　计算机的相关核算信息

基本信息		折旧与减值准备信息1		折旧与减值准备信息2	
项目	内容	项目	内容	项目	内容
代码	C03	类别	办公设备	币别	人民币
名称	电脑	使用状况	使用中	原值本位币	5 000（元）

续表

基本信息		折旧与减值准备信息 1		折旧与减值准备信息 2	
项目	内容	项目	内容	项目	内容
固定资产科目	1601	折旧费用科目	折旧费	折旧方法	平均年限法
累计折旧科目	1602	使用部门	财务部	预计使用期间	10（年）
减值准备科目	1603	减值准备对方科目	营业外支出		
型号	IBM14				
入账日期	2014-9-28				
增加方式	购入				

（2）2014年9月29日，从农业银行账户转入100 000元到公司专门账户，用于购买B公司股票100 000股。

（3）2014年9月30日，使用工商银行账户购入原材料A材料10吨，单价80元/吨。

PART 7

项目七 物资出售和人员消耗

情景导入

阿秀：小白，你了解企业日常活动中的收入和费用是如何发生的吗？

小白：企业在购入固定资产、材料等物资时应确认费用，出售固定资产和商品时就会取得收入。

阿秀：有一定的道理，不过企业的收入和费用往往是息息相关的，取得收入的同时一定伴随着费用的发生。

小白：好深奥啊。

阿秀：其实不难理解，不管是出售商品还是固定资产，肯定都涉及相关的费用，比如人力的消耗，物资的耗损等，这些事项在会计中都要分别进行核算。应计入费用的就计入费用，应计入收入的当然就确认为收入。

小白：原来是这样，那得分析具体的经济业务中哪些属于费用，哪些属于收入了。

学习目标

- 熟悉领用原材料、生产商品、商品入库、销售商品等环节的账务处理
- 熟悉固定资产计提折旧的方法
- 掌握员工工资计算公式的确认方法
- 掌握核算和发放员工薪酬的账务处理

技能目标

- 根据相关业务录制、审核记账凭证
- 根据固定资产计提折旧信息自动生成记账凭证
- 掌握工资的组成、计算、分配、发放等环节的相关工作

任务一 领用材料和销售商品的核算

企业在经营过程中出售商品、领用材料和人员消耗将产生成本并取得收入，对于这些经济事项进行的核算与企业收入、成本、利润等息息相关。但企业在不同环节产生的费用，在财务上的核算方法也不相同。

一、 任务目标

本任务将使用金蝶财务软件对欣宝月实业有限公司销售商品、领用原材料、处置多余原材料等多个环节进行核算。通过本任务的学习，掌握业务收入的确定方法，不同部门人工费用的分配，计划成本和实际成本的区别，以及对各个环节进行账务处理的方法等。图7-1所示为相关环节的物资增减变动详情。

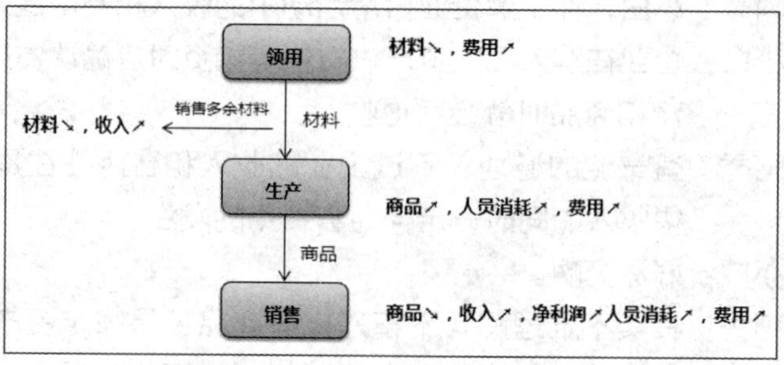

图7-1 物资增减变动详情

二、相关知识

（一）领用原材料和销售商品的核算

企业原材料的领用和商品的销售，都应分别进行核算，其具体核算方法如下。

- **领用原材料**：原材料入库后，企业各部门领用原材料时都将分别进行核算。例如，生产车间领用的原材料应通过“制造费用”科目核算，并在期末结转为生产成本；管理部门、财务部门和销售部门领用的原材料，应分别通过“管理费用”和“销售费用”科目进行核算，其属于三大期间费用属于资产负债表罗列的项目，所以其期末不需结转成本。具体核算方法如表7-1所示。

表 7-1 各部门领用材料的核算

部门	生产车间	管理部门	销售部门	财务部门
领用材料	借：制造费用 贷：原材料	借：管理费用 贷：原材料	借：销售费用 贷：原材料	借：财务费用 贷：原材料
结转成本	借：生产成本 贷：制造费用	—	—	—

- **销售商品**：原材料加工成为产成品后应作为入库处理。入库时通过“库存商品”科目进行核算，并应结转该商品的生产成本。销售商品的收入应通过“主营业务收入”科目进行核算，同时，销售商品产生的增值税销项税应通过“应交税费——应交增值税（销项税）”科目进行核算。确认销售商品时，企业应将已销售商品的成本转入主营业务成本，并通过“主营业务成本”科目进行核算，具体核算方法如表7-2所示。

表7-2 销售商品的相关核算

产成品入库	销售商品	结转成本
借：库存商品 　贷：生产成本	借：银行存款 　贷：主营业务收入 　　　应交税费——应交增值税（销项税）	借：主营业务成本 　贷：库存商品

（二）企业收入的核算

收入是指企业日常活动中形成的、会导致所有者权益增加的、与所有者投入资本无关的经济利益的总流入。按企业从事日常活动的性质不同，收入可分为销售商品收入、提供劳务收入和让渡资产使用权收入；按企业经营业务的主次不同，收入可分为主营业务收入和其他业务收入，并分别通过“主营业务收入”和“其他业务收入”科目进行核算。

- **“主营业务收入”科目**：该科目用于核算企业销售商品、提供劳务等经营活动实现的收入。该科目贷方登记主营业务收入的增加，借方登记主营业务收入的减少，期末“主营业务收入”科目的余额结转入“本年利润”科目，结转后该科目无余额。
- **“其他业务收入”科目**：该科目用于核算企业除主营业务活动以外的其他经营活动实现的收入，包括出租固定资产、出租无形资产、出租包装物和商品、销售材料。该科目贷方登记其他业务收入的增加，借方登记其他业务收入的减少。

知识补充

企业确认收入时应结转相应成本，其中“主营业务成本”科目核算企业确认主营业务收入时应结转的成本；“其他业务成本”科目核算企业确认除主营业务活动以外的其他经营活动形成收入时（即确认其他业务收入时）应结转的成本。

（三）处置多余原材料

生产型企业处置多余的原材料并不属于企业的主要经营业务，所以应通过“其他业务收入”核算，处置时产生的增值税同样通过“应交税费——应交增值税（销项税）”科目核算，相关会计分录如下。

借：银行存款

　贷：其他业务收入

　　　应交税费——应交增值税（销项税）

三、任务实施

【案例1】2014年10月，欣宝月实业有限公司A材料领用汇总情况如表7–3所示，另外，10月24日有1 000件甲产品生产成功并入库。10月29日，销售甲产品1 000件，单价120元/件，销售剩余A材料50件，单价95元/件。

表7–3　A材料领用情况汇总表

部门及用途	数量（件）	金额（元）	合计（元）
生产甲产品直接耗用	480	80	38 400
车间一般性耗用	90	80	7 200
行政管理部门耗用	50	80	4 000
销售部门耗用	50	80	4 000

（一）领取原材料的账务处理

根据表7–3所示，生产甲产品的直接耗用部分应直接计入甲产品的生产成本；车间一般性耗用计入制造费用，期末转入甲产品的生产成本；行政管理部门耗用计入管理费用；销售部门耗用计入销售费用，其具体操作如下。（微课：光盘\微课视频\项目七\领取原材料的账务处理.swf）。

STEP 1 以“张二”的账户登录“欣宝月”账套（素材参见：光盘/素材/项目七/欣宝月.AIS），在主界面左侧单击“账务处理”选项卡，在右侧功能区单击“凭证录入”超链接

STEP 2 打开“记账凭证–新增”对话框，设置凭证字号、日期、顺序号和所附单据张数，然后根据表7–3中的内容依次在对话框中填制摘要、会计科目和借贷双方金额。

STEP 3 填制完成后在工具栏中单击保存按钮保存该凭证，效果如图7–2所示。

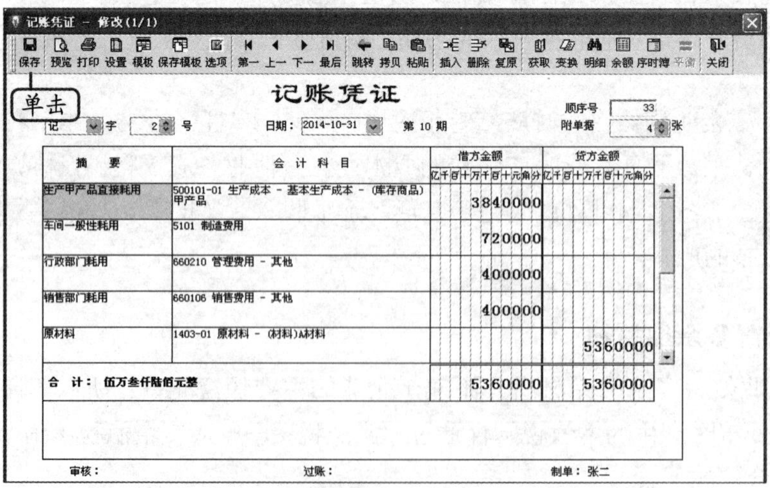

图7–2　录入记账凭证

STEP 4 由于还需将制造费用结转为甲产品的生产成本，所以还应再填制一张记账凭证，在当前“记账凭证–修改（1/1）”对话框的工具栏中单击新增按钮新增一张记账凭证，完

成该记账凭证的填制，效果如图7–3所示。

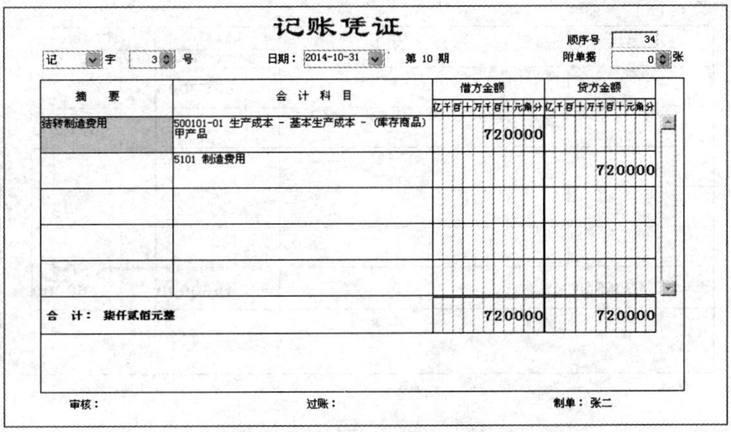

记账凭证

记 字 3 号　日期：2014-10-31　第 10 期　顺序号 34　附单据 0 张

摘要	会计科目	借方金额	贷方金额
结转制造费用	500101-01 生产成本－基本生产成本－（库存商品）甲产品	720000	
	5101 制造费用		720000
合计：柒仟贰佰元整		720000	720000

审核：　过账：　制单：张二

图7–3　结转甲产品的生产成本

知识补充

本案例中的企业10月份只生产了甲产品，所以制造费用全部结转为甲产品的生产成本，若企业生产产品种类较多，则需根据每种产品各自生产耗用的时间分别结转。例如，生产甲产品耗用5小时，生产乙产品耗用3小时，则结转为甲产品生产成本的制造费用=7 200÷8×5=4 500（元），结转为乙产品生产成本的制造费用=104 000÷8×3=2 700（元）。

（二）销售商品和剩余原材料的账务处理

商品入库时，应填制一张结转商品成本的记账凭证，金额为45 600元；销售甲产品1 000件，单价120元，金额为120 000元，应交增值税为120 000×17%=20 400（元）；销售剩余A材料50件，单价95元，金额为4 750元，应交增值税为4 750×17%–807.5（元）。各项业务应分别填制记账凭证，其具体操作如下。（**微课**：光盘\微课视频\项目七\销售商品和剩余原材料账务处理.swf）

STEP 1 在主界面左侧单击“账务处理”选项卡，在右侧功能区单击“凭证录入”超链接，打开“记账凭证–新增”对话框。

STEP 2 设置凭证字号、日期、顺序号和所附单据张数，在摘要栏中输入“产成甲产品入库”，借方科目设置为“1405 库存商品”，贷方科目设置为“500101–01 生产成本–基本生产成本–（库存商品）甲产品”，金额设置为“45 600”元，在工具栏中单击“保存”按钮保存该凭证，效果如图7–4所示。

STEP 3 在当前对话框的工具栏中单击“新增”按钮新增一张凭证，设置凭证字号、日期、顺序号和所附单据张数，设置摘要为“销售甲产品”，借方科目为“100201 银行存款–工商银行”，金额为“140 400”元，贷方科目为“6001 主营业务收入”和“22210102 应交税费–应交增值税–销项税额”，金额分别为“120 000”元和“20 400”元，完成后单击“保存”按钮保存凭证，效果如图7–5所示。

图7-4 结转甲产品的生产成本

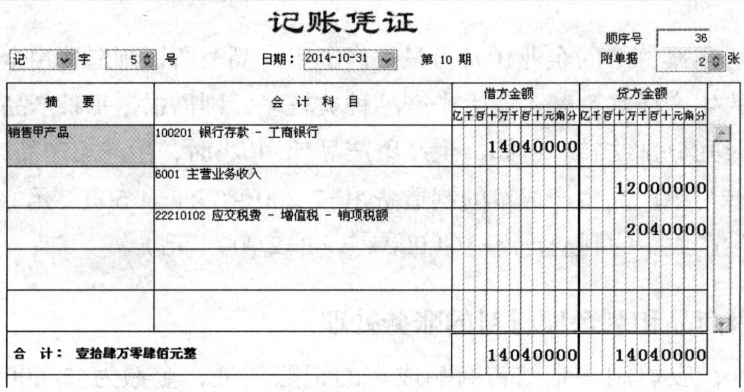

图7-5 销售甲产品

STEP 4 在工具栏中单击"新增"按钮，设置凭证字号、日期、顺序号和所附单据张数，设置摘要为“销售剩余A材料”，借方科目为“100201 银行存款–工商银行”，金额为“5 557.5”元，贷方科目为“6501 其他业务收入”和“22210102 应交税费–增值税–销项税额”，金额分别为“4 750”元和“807.5”元，完成后单击"保存"按钮保存凭证，效果如图7–6所示。

图7–6 销售剩余A材料

任务二 固定资产的折旧和处理

固定资产折旧是指在固定资产使用寿命内，按确定的方法对应计提折旧额进行系统分摊。除已计提足折旧仍继续使用的固定资产以及按规定单独估价作为固定资产入账的土地外，企业应对所有固定资产计提折旧。而固定资产的处理则是指企业因出售、报废、毁损、对外投资、非货币性资产交易、债务重组等原因转出固定资产的行为。固定资产折旧和处理应分别进行核算。

一、任务目标

本任务将介绍对固定资产计提折旧和处置的方法。通过本任务的学习，可掌握企业固定资产计提折旧和处置的流程和具体方法，在金蝶KIS标准版中录入减少固定资产基本信息的方法，以及通过已有信息自动生成并完善相关记账凭证的方法等。图7-7所示为企业固定资产购入、使用和处理环节的概况。

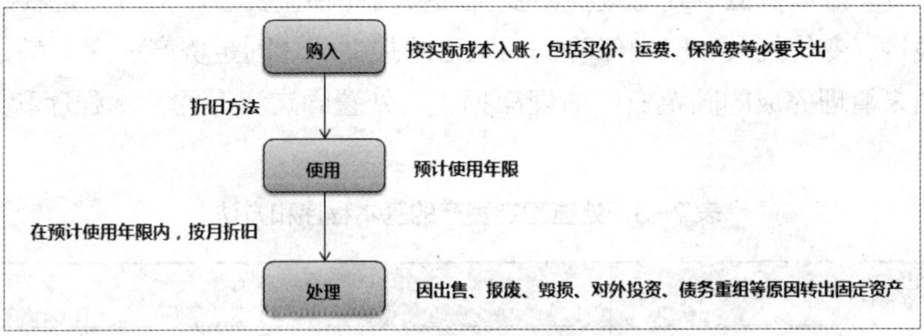

图7-7 固定资产购入、使用和处理环节的概况

二、相关知识

（一）如何对固定资产计提折旧

企业在对固定资产进行计提折旧时，一般按月计提，折旧方法包括年限平均法、工作量法、年数总和法、双倍余额递减法等。折旧方法一经确定，不得随意变更。固定资产计提折旧的具体规则如下。

- 当月增加的固定资产，当月不提折旧，从下月起计提折旧。
- 当月减少的固定资产，当月计提折旧，从下月起不计提折旧。

> 知识补充
>
> 以融资租赁方式租入的固定资产和以经营租赁方式租出的固定资产，应当计提折旧；而以融资租赁方式租出的固定资产和以经营租赁方式租入的固定资产，则不应计提折旧。

固定资产折旧通过“累计折旧”科目核算。“累计折旧”属于“固定资产”科目的备抵调整科目，该科目贷方登记计提的固定资产折旧，借方登记因减少固定资产而转销的已计提折旧，期末余额在贷方，表示累计计提的固定资产折旧。

企业计提的固定资产折旧，应当根据固定资产的用途，分别计入相关资产的成本或当期损益。例如，生产车间使用的固定资产，折旧应计入制造费用，管理部门使用的固定资产和未使用的固定资产，折旧应计入管理费用；销售部门使用的固定资产折旧应计入销售费用。各部门固定资产计提折旧的核算如表7-4所示。

表 7-4　各部门固定资产计提折旧的核算

核算科目	折旧方法	会计分录
“累计折旧”	年限平均法 工作量法 年数总和法 双倍余额递减法	借：制造费用 管理费用 销售费用 贷：累计折旧

（二）如何对处置固定资产进行核算

在处置固定资产过程中发生的费用，一般通过“固定资产清理”科目核算，其借方登记转入处置固定资产账面价值、处置过程中发生的费用和相关税金，贷方登记收回处置固定资产的价款、残料、变价收入和应由保险公司赔偿的损失。“固定资产清理”科目期末余额在借方，反映尚未清理完成的固定资产清理净损失。处置固定资产的基本程序和方法如表7-5所示。

表 7-5　处置固定资产的基本程序和方法

基本程序	处置方法
将固定资产账面价值转入“固定资产清理”会计科目	借：固定资产清理（差额） 累计折旧 固定资产减值准备 贷：固定资产
发生的清理费用	借：固定资产清理 贷：银行存款
取得处置价款	借：银行存款等 贷：固定资产清理
收回处置固定资产残料价值和变价收入等	借：银行存款等（变价收入） 原材料（残料入库） 贷：固定资产清理
保险公司或责任人赔偿	①确认保险公司或责任人赔偿 借：其他应收款 贷：固定资产清理 ②实际收到赔偿款项 借：银行存款等 贷：其他应收款

续表

基本程序	处置方法
结转清理净损益	①结转清理净收益 借：固定资产清理 　　贷：营业外收入 ②结转清理净损失 借：营业外支出 　　贷：固定资产清理

三、任务实施

【案例2】2014年10月31日，欣宝月实业有限公司为9月份新增的固定资产进行计提折旧，同日因业务需要，需将彩印机出售，由于市场价格浮动，该彩印机以54 500元出售，交易中产生搬运费200元。

（一）对固定资产计提折旧

根据当月增加的固定资产，当月不提折旧，从下月起计提折旧的规定，欣宝月应于2014年10月末对9月份新增的所以固定资产进行计提折旧，其具体操作如下。（微课：光盘\微课视频\项目七\对固定资产计提折旧.swf）

STEP 1 使用“张二”的账户登录“欣宝月”账套，在主界面左侧单击“固定资产”选项卡，在中间单击“计提折旧”超链接，打开“计提折旧”对话框，单击【前进 >】按钮，如图7-8所示。

STEP 2 打开“计提折旧”对话框，在“凭证摘要”文本框中输入“结转折旧费用”，在“凭证字”下拉列表中选择“记”选项，单击【前进 >】按钮，如图7-9所示。

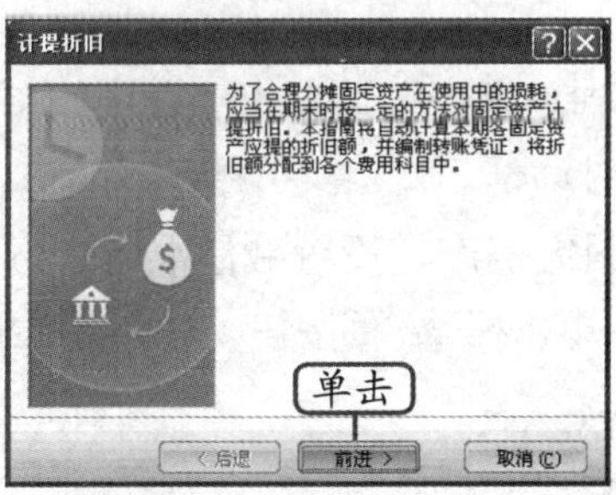

图7-8　单击“前进”按钮

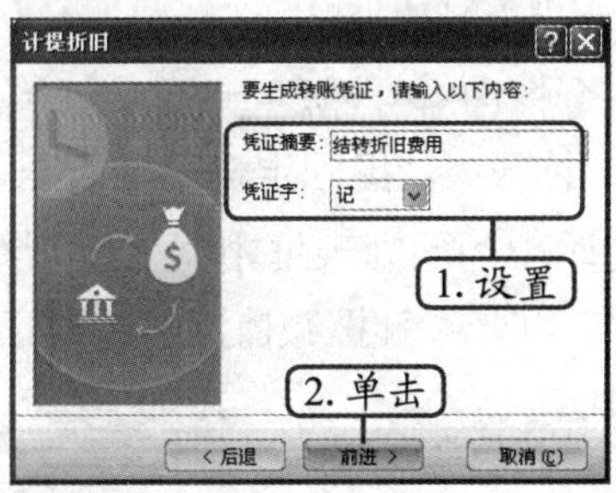

图7-9　设置凭证摘要和凭证字

STEP 3 在打开的对话框中单击【完成】按钮，在打开的提示对话框中将提示已生成一张记账凭证，单击【确定(O)】按钮即可，如图7-10所示。

> **职业法则**
>
> 和购入固定资产一样，固定资产的折旧也是通过会计核算软件进行，录入需计提折旧的固定资产基本信息后，每月都可以通过软件自动计提折旧并生成记账凭证，由此减少了会计的工作量，同时也提高了数据的准确性。

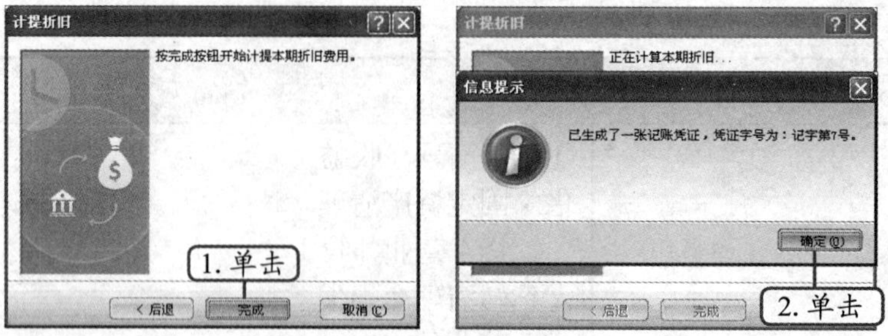

图7-10　自动生成记账凭证

STEP 4 返回系统界面，在左侧单击“账务处理”选项卡，在中间单击“凭证查询”超链接，在打开的对话框中单击 确定(O) 按钮，双击要查找的凭证，即可打开并查看累计折旧自动生成的记账凭证，效果如图7-11所示。

图7-11　查看记账凭证

（二）对固定资产进行减值准备

在金蝶KIS标准版中，不能在同一会计期间中，对固定资产同时进行计提折旧和资产减值准备，所以这里只讲解减值准备的方法，其具体操作如下。（**微课**：光盘\微课视频\项目七\对固定资产进行减值准备.swf）

STEP 1 在金蝶KIS标准版主界面左侧单击“固定资产”选项卡，在中间单击“计提减值准备”超链接，打开“计提固定资产减值准备”对话框。

STEP 2 此时中间的列表框中将显示所有的固定资产，设置减值准备金额后，单击右侧的 生成凭证... 按钮，打开“计提减值准备”对话框，单击 前进 > 按钮，如图7-12所示。

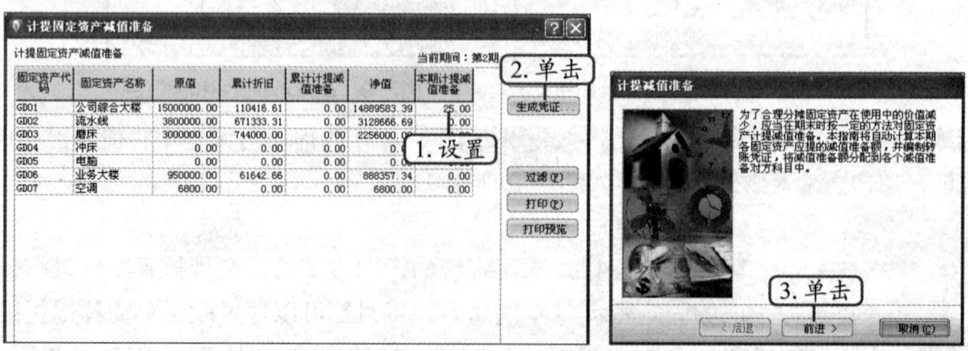

图7-12　计提减值准备

STEP 3 在打开的对话框中设置凭证摘要和凭证字，完成后单击 前进> 按钮，在打开的对话框中单击 完成 按钮，此时将打开提示对话框，单击 确定(O) 按钮，如图7-13所示。

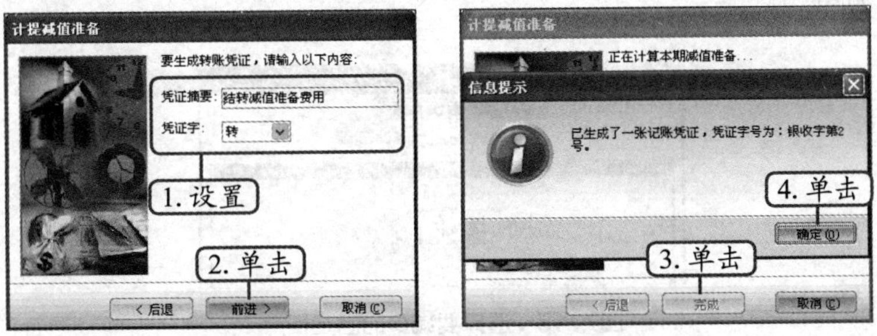

图7-13 设置凭证信息并生成记账凭证

STEP 4 通过查询生成的凭证字号为“银收字第2号”的记账凭证，查看记账凭证的内容，效果如图7-14所示。

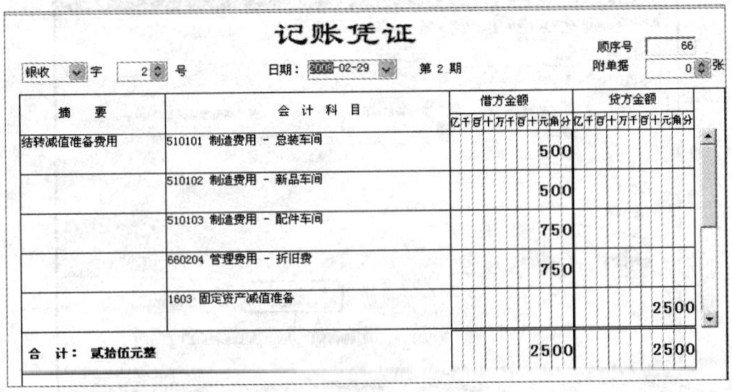

图7-14 查看记账凭证

> **操作提示**
>
> 计提折旧是对固定资产价值的分摊，并不表示固定资产价值的实际减少。固定资产减值准备是在对固定资产计提折旧的基础上，确保固定资产现时价值计量信息的有用与否。计提减值准备是对历史成本的修正，反映固定资产当前价值，是一种计价手段。
>
> 在金蝶KIS标准版中，同一期间内不能同时对固定资产进行计提折旧和减值准备，且自动计提折旧过程中，系统将对当前期间应提折旧的所有固定资产同时计提折旧。所以这里的计提减值准备只是为了满足知识点讲解而存在的，并不代表10月末对两项固定资产既计提折旧又计提减值准备。

（三）减少固定资产的核算

公司出售的彩印机10月份已计提折旧，所以可先查看已提折旧的金额，然后再对固定资产原价、累计折旧、支付的相关费用，以及收取出售货款等环节分别进行核算。另外，减少固定资产应根据固定资产卡片进行，其具体操作如下。（**微课：**光盘\微课视频\项目七\减少固定资产的核算.swf）

STEP 1 在系统主界面左侧单击“固定资产”选项卡，在中间单击“固定资产减少”超链接，打开“固定资产”对话框，在下方的列表框中选择要减少的固定资产，然后单击确定(O)按钮，如图7-15所示。

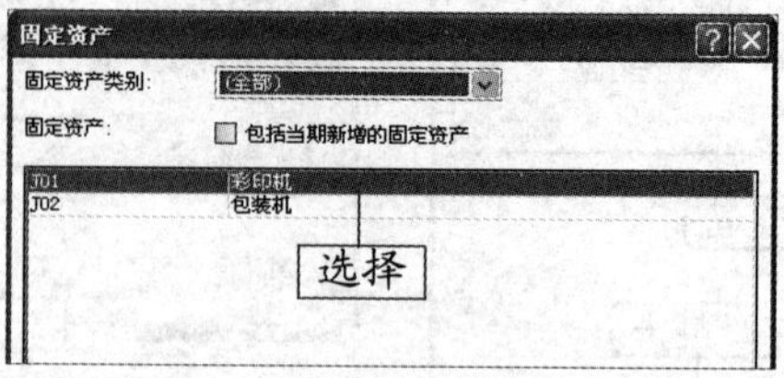

图7-15　选择要减少的固定资产

STEP 2 打开“固定资产减少”对话框，将显示所选固定资产对应的信息，在“基本信息”选项卡的“减少方式”下拉列表中选择“出售”选项，然后单击确定(O)按钮，如图7-16所示。

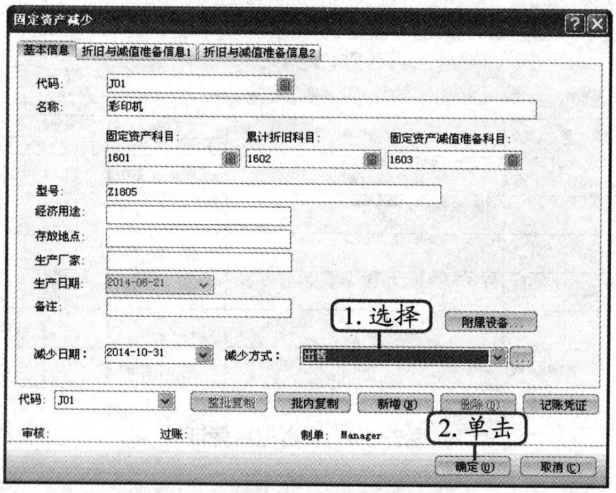

图7-16　设置固定资产减少方式

STEP 3 此时将自动打开“记账凭证”对话框，借方科目为“1602 累计折旧”，贷方科目为“1601 固定资产”，其金额由该固定资产在金蝶KIS标准版中的当前数据自动生成。在第三行的会计科目文本框中双击，设置会计科目为“1606 固定资产清理”科目，金额为前面借贷双方的差额。完成后在工具栏中单击保存按钮，效果如图7-17所示。

图7-17　补充并完善记账凭证

STEP 4 返回“固定资产减少”对话框，单击确定(O)按钮返回“固定资产变动”选项卡，在其中可查看减少的固定资产的详情，如图7-18所示。

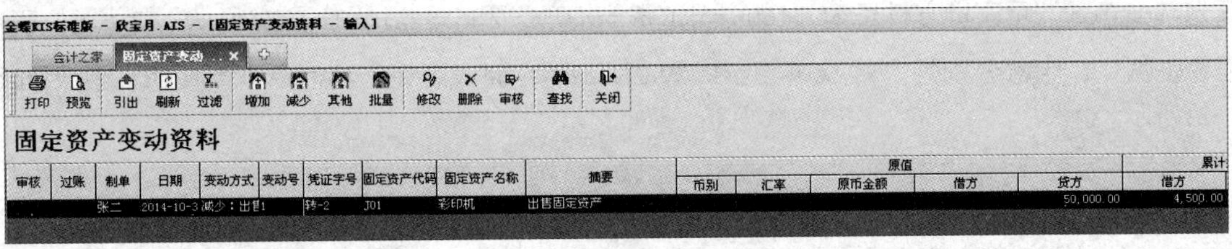

图7-18 固定资产变动资料

操作提示

在金蝶KIS标准版中，新增或减少的固定资产都将出现在“固定资产变动资料”选项卡中，该选项卡罗列的只是当前期间固定资产增减变动的情况，也就是说，上个期间新增的固定资产，在期末结账转入本期后，打开“固定资产变动资料”选项卡后，里面不会有任何内容。此时可通过“固定资产清单”报表查看当前账套中的所有固定资产，方法为：在主界面左侧单击“固定资产”选项卡，在右侧“账簿报表”栏单击“固定资产清单”超链接，打开“固定资产报表”对话框，单击 确定(O) 按钮打开“固定资产清单”选项卡，在其中即可查看所有的固定资产，如图7-19所示。

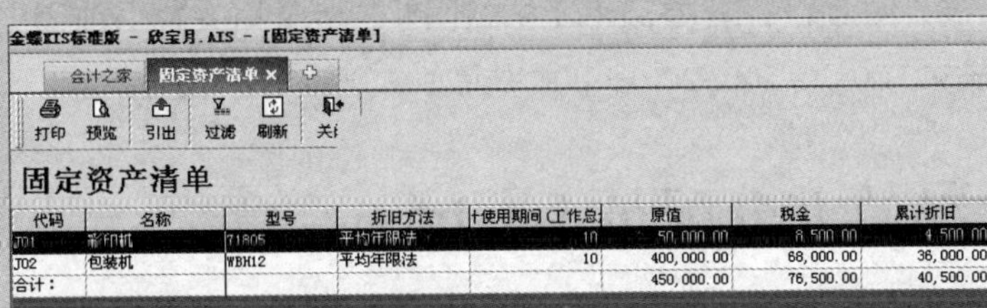

图7-19 固定资产清单

STEP 5 单击关闭按钮关闭“固定资产清单”选项卡，在金蝶KIS标准版主界面左侧单击“账务处理”选项卡，在中间功能区单击“凭证录入”超链接，打开“记账凭证-新增”对话框。

STEP 6 填制支付清理费用的记账凭证，借方科目为“1606 固定资产清理”，贷方科目为“100201 银行存款-工商银行”，金额为“200”元，完成后在工具栏单击保存按钮，效果如图7-20所示。

图7-20 支付清理费用的记账凭证

STEP 7 填制出售固定资产的记账凭证，借方科目为“100201 银行存款–工商银行”，金额为“63 765”元，贷方科目为“1606 固定资产清理”和“22210102 应交税费–应交增值税–销项税额”，金额分别为“54 500”元和“9 265”元，完成后在工具栏单击保存按钮，效果如图7–21所示。

记账凭证

记 字 9 号 日期：2014-10-31 第 10 期 顺序号 41 附单据 0 张

摘 要	会计科目	借方金额	贷方金额
收到出售固定资产的款项	100201 银行存款 - 工商银行	6376500	
	1606 固定资产清理		5450000
	22210102 应交税费 - 增值税 - 销项税额		926500
合 计：陆万叁仟柒佰陆拾伍元整		6376500	6376500

图7–21 出售固定资产的记账凭证

> **职场法则**
>
> 企业出售使用过的固定资产时，固定资产的定价一般要考虑“固定资产清理”科目的金额，应交增值税和相关交易费用等，尽量保证出售固定资产能取得收益。若固定资产清理贷方金额减去借方金额的差额大于0，则确定为净收益；若差额小于0，则确定为净损失。当前固定资产清理科目差额=54 500–45 500–200=8 800（元），确定为净收益。

任务三 核算并分配员工薪酬

员工薪酬的核算与分配是财务部门在每个会计期间都应完成的工作，且不同部门员工的薪酬应计入不同的费用，分别进行核算。欣宝月实业有限公司财务部门确定员工薪酬的组成，并使用金蝶KIS标准版会计核算软件对其进行核算。

一、 任务目标

本任务将介绍核算和分配员工薪酬的相关知识。通过本任务的学习，可了解员工薪酬的组成、工资的计算方法，掌握在金蝶KIS标准版中设置工资项目、工资计算方式、录入工资数据、分配工资，以及通过相关数据生成和完善记账凭证的方法等。图7–22所示为欣宝月实业有限公司员工工资表。

员工工资表

代码	姓名	部门	基本工资	提成	奖金	应发合计	病事假	代扣税	扣款合计	实发合计
01	李军	总经办	4000		700					
02	单一	财务部	3000		700		140			
03	陈中云	销售部	1000	1500	800					
04	蔡国华	采购部	1500	1000	600		110			
05	李华	仓库	1500	1200	600					
06	郑爱华	策划部	1500	1300	700		140			
07	王平	行政部	1500	1000	500		140			
08	郭允	运输部	1500	1200	500					
09	刘潇	生产部	1500	1100	500					

图7–22 员工工资表

二、相关知识

（一）员工薪酬的组成

员工薪酬主要由基本工资、岗位工资、津贴和补贴构成，然后由考勤、社保和所得税构成扣除项目，最后利用应发工资和扣除项目构成实发工资项目。图7-23所示为员工薪酬的组成。

企业应按照国家法律法规，对员工的个人所得税实行代扣代缴，其中个人所得税的扣除标准为3 500元/月，实行7级标准计算，具体如图7-24所示。现阶段实行的个人所得税计算标准如下：

- 应纳个人所得税税额=应纳税所得额×适用税率-速算扣除数；
- 应纳税所得额=扣除三险一金后的月收入-扣除标准。

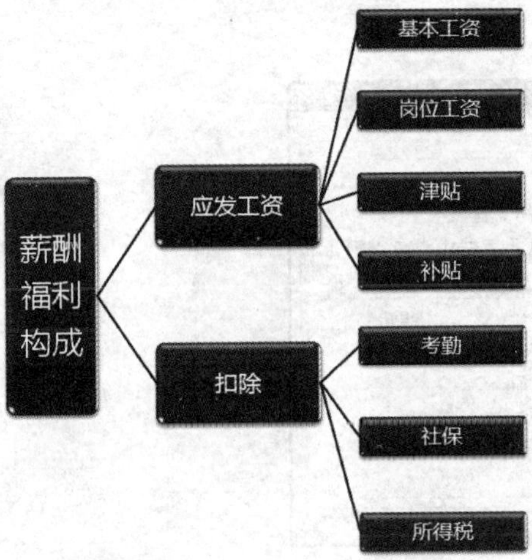

图7-23　员工薪酬的组成

全月应纳税所得额	税率	速算扣除数
全月应纳税额不超过1500元	3%	￥0
全月应纳税额超过1500元至4500元	10%	￥105
全月应纳税额超过4500元至9000元	20%	￥555
全月应纳税额超过9000元至35000元	25%	￥1,005
全月应纳税额超过35000元至55000元	30%	￥2,755
全月应纳税额超过55000元至80000元	35%	￥5,505
全月应纳税额超过80000元	45%	￥13,505

图7-24　个人所得税扣除标准

（二）在金蝶KIS标准版中设置工资计算方法

一般情况下，在建立账套、设置员工核算项目时，应将员工的详细信息填列清楚，包括员工的职务、学历、电话、入职时间、身份证号等。若企业发放工资的方式是银行转账，还需员工提供银行账号。

确定核算项目后，即可在金蝶KIS标准版中进行设置，将工资项目的名称和类型设置完成，然后再确认并设置工资计算公式，最后录入工资数据，系统自动生成记账凭证和工资报表等。

（三）确定工资核算方法

利用金蝶KIS标准版核算员工工资，应先确认工资项目，然后设置工资计算方法，最后录入详细数据即可生成工资表。

通常情况下，工资核算项目不同，其核算方法也有所区别。企业在制定工资制度时，一般会明确规定工资的组成、工资核算部门、工资核算方法，以及发放工资的日期和方式，财务人员只需根据规定进行核算即可。

1. **输入基本公式**

基本公式是指应发工资、应扣工资和实发工资等项目的普通计算。

- 应发合计 = 基本工资 + 奖金 + 补贴 − 病事假
- 扣款合计 = 代扣税 + 其他扣款
- 实发合计 = 应发合计 − 扣款合计

2. **设置工资计算条件**

在“工资项目”选项卡的“条件”栏中单击任意条件按钮，按钮上对应的字符就会显示在“工资计算方法”文本框中，此时即可在关键字后输入条件和结果。条件的使用通常是为了能使系统自动计算出个人所得税，所以在使用条件时，应确保条件的逻辑无误，否则工资的计算将出错。除此之外，条件输入完成后，还应换行并输入文本“如果完”，表示之前使用的条件在此处结束，如图7-25所示。

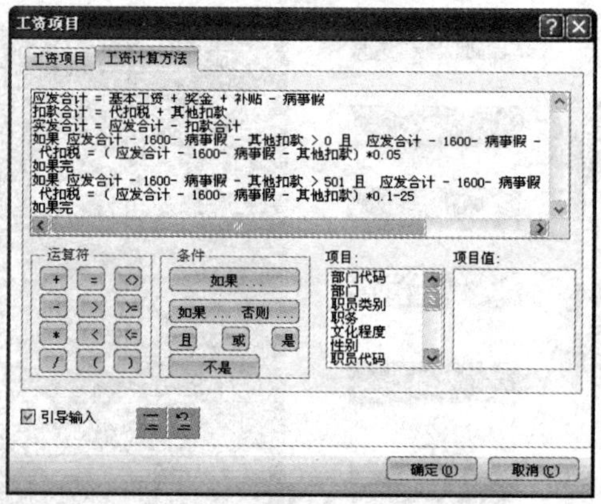

图7-25　设置工资计算条件

知识补充

设置工资计算条件的实质就是先确认逻辑关系，再将该逻辑关系以金蝶KIS标准版中对应条件的方式表达出来。如逻辑关系“除代扣税外的其他应发工资（实发）减去3 500大于0且小于1 500时，按3%的税率缴纳个人所得税”，转换的条件如下：

如果 应发工资−各种扣款（罗列）−3500 > 0，且应发工资−各种扣款（罗列）−3500 < 1500

代扣税=（应发工资−各种扣款（罗列）−3500）×3%

如果完

三、任务实施

【案例3】2014年10月31日，欣宝月实业有限公司重新确认工资核算方法，据此，财务部使用Excel预先制作了工资表，要求会计员张二将工资数据录入到金蝶KES标准版会计核算软件中，实现工资的自动核算。

（一）设置工资项目

工资项目是指工资的各组成部分，下面以欣宝月实业有限公司工资表为基准，在金蝶KIS标准版中录入工资项目信息，其具体操作如下。（**微课**：光盘\微课视频\项目七\设置工资项目.swf）

STEP 1 在金蝶KIS标准版主界面左侧单击“工资管理”选项卡，在中间单击“工资项目”超链接，打开“工资项目”对话框。

STEP 2 此时中间的列表框为空，在右侧单击“新增...”按钮，打开“工资项目”对话框，在“名称”文本框中输入“职员代码”文本，单击“增加(N)”按钮，如图7-26所示。

STEP 3 继续在“名称”文本框中输入职员姓名、部门，这些信息都将自动从核算项目中获取，不需设置其类型。

STEP 4 在“名称”文本框中输入“基本工资”，在“类型”栏单击选中“数值”单选项，然后单击“增加(N)”按钮。

STEP 5 根据工资表中的项目，继续输入提成、奖金等工资项目，完成后单击“关闭(E)”按钮，效果如图7-27所示。

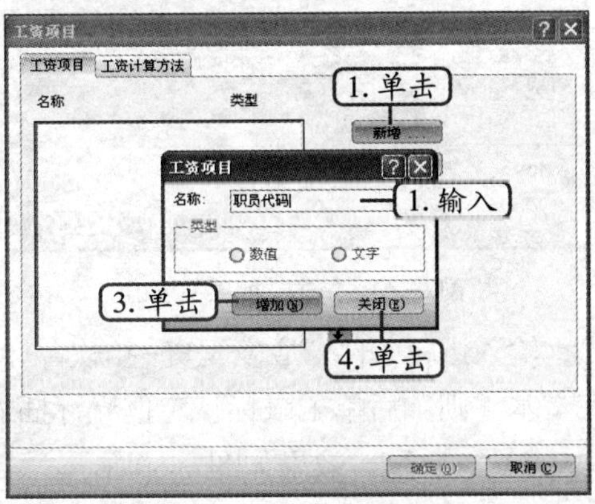

图7-26 新增工资项目

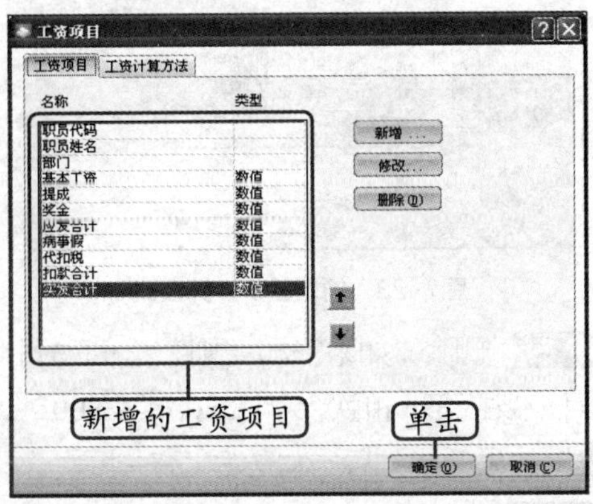

图7-27 增加的工资项目效果图

STEP 6 完成后单击“确定(O)”按钮，打开提示对话框，提示数据已改变是否保存新的工资项目，单击“是(Y)”按钮关闭“工资项目”对话框。

（二）设置工资计算方式

在欣宝月实业有限公司工资表中未计算应发工资、代扣税和实发工资3列项目的金额，所以需要通过确认逻辑关系来设置计算条件以便计算相应金额。通过工资表各项目内容和个人所得税的计算方法可确认如下公式。

（1）应发合计 = 基本工资 + 提成+奖金。

（2）扣款合计=病事假+代扣税 。

（3）实发合计=应发合计−扣款合计 。

（4）1 500≥应发合计−扣款合计−3 500＞0，代扣税=（应发工资−扣款合计−3 500）×3%。

（5）4 500≥应发工资－扣款合计－3 500＞1 500，代扣税=（应发工资－扣款合计－3 500）×10%－105。

确认公式逻辑关系后，即可在金蝶KIS标准版中设置工资的计算方法，其具体操作如下。（**微课**：光盘\微课视频\项目七\设置工资计算方式.swf）

STEP 1 在金蝶KIS标准版主界面左侧单击“工资管理”选项卡，在中间单击“工资计算方法”超链接，打开“工资项目”对话框，单击“工资计算方法”选项卡。

STEP 2 在“工资计算方法”文本框中先输入基本的计算公式，包括“应发工资 = 基本工资 + 提成+奖金”、“扣款合计=病事假+代扣税”、“实发合计=应发合计－扣款合计”等，如图7-28所示。

STEP 3 按两次【Enter】键换行，在“工资计算方法”文本框下的“条件”栏单击 如果… 按钮，此时文本框中将出现按钮上显示的文字“如果”对应的条件连接词，如图7-29所示。

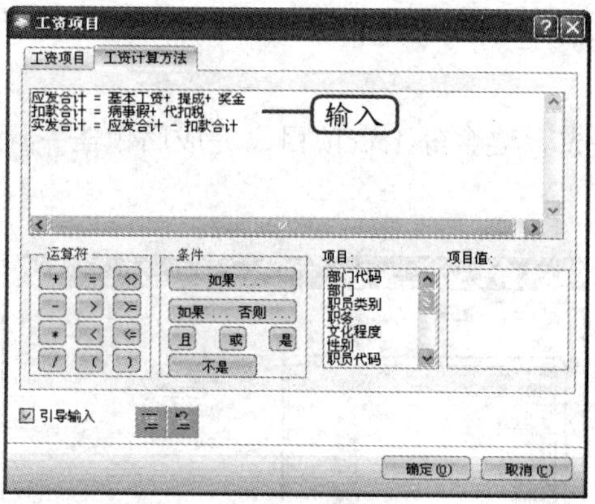

图7-28　输入基本计算公式

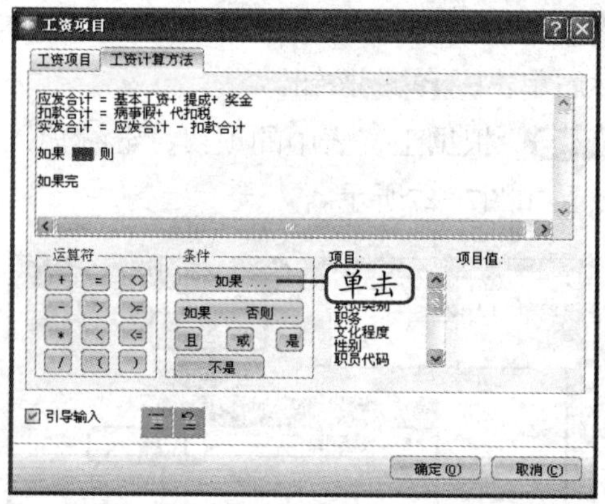

图7-29　单击“如果”按钮

STEP 4 删除“如果”和“则”之间的省略号，输入逻辑条件“应发工资－扣款合计－3500＞0，且应发工资－扣款合计－3500≤1 500”，在文本“则”后单击鼠标，定位光标插入点，输入逻辑结果“代扣税=（应发工资－扣款合计－3500）×3%”，效果如图7-30所示。

STEP 5 在“如果完”文本后单击鼠标定位光标插入点，按【Enter】键换行，继续单击 如果… 按钮，输入逻辑条件“应发工资－扣款合计－3500＞1500，且应发工资－扣款合计－3500≤4500”和逻辑结果“代扣税=（应发工资－扣款合计－3500）×10%－105”。

知识补充

在函数中，逻辑条件“4500≥应发工资–扣款合计–3500＞1500”不能被识别，若多个条件需同时满足，必须使用“且”、“或”等连词，所以在设置工资计算方法时，将该逻辑条件拆分为两个条件，并使用连词“且”连接。

值得注意的是，这里设置的每个逻辑之间的关系是独立的，即一个逻辑完成之后，另一个逻辑才能开始，只有嵌套逻辑才能相互关联。所以设置第二个逻辑是在第一个逻辑完成的标志“如果完”后才继续进行的。除此之外，为避免计算公式和逻辑关系中的运算符不能被识别，应在“运算符”栏中单击相应的按钮设置。

STEP 6 使用相同的方法继续输入其他的逻辑条件和逻辑结果，效果如图7-31所示，完成后单击[确定(O)]按钮关闭“工资项目”对话框。

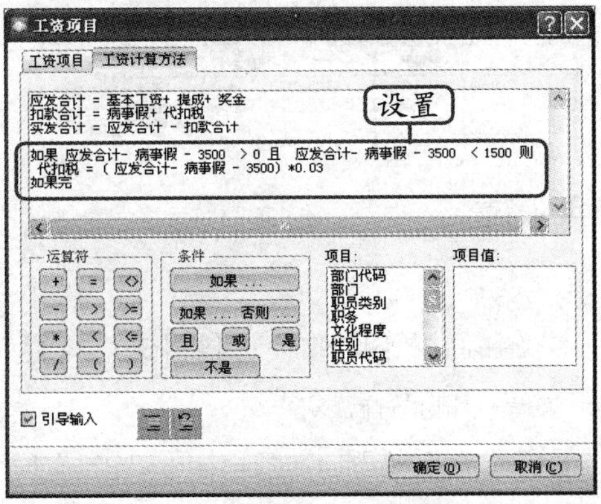

图7-30 设置第一个计算条件

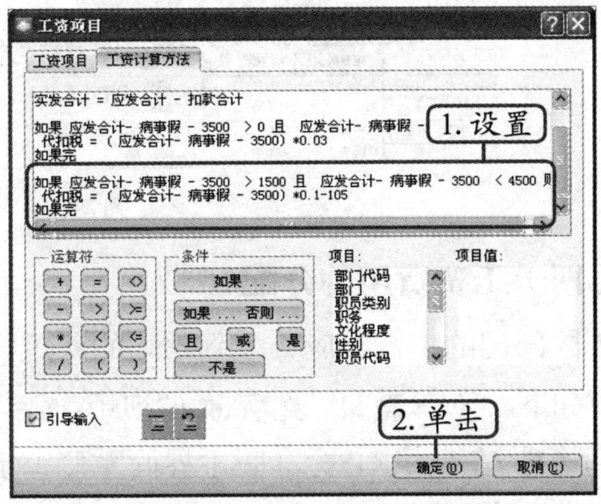

图7-31 完成条件的设置

STEP 7 打开提示对话框，提示相关信息发生改变，是否需要保存，单击[是(Y)]按钮关闭“工资项目”对话框。

（三）录入工资数据

完成工资计算方法设置之后，涉及计算的工资项目将自动通过录入的数据和设置的计算方法计算获得结果。下面将在金蝶KIS标准版会计核算软件中录入工资表中的相关金额，其具体操作如下。（**微课**：光盘\微课视频\项目七\录入工资数据.swf）

STEP 1 在“工资管理”选项卡中间的功能区中单击“工资数据录入”超链接，打开“工资数据输入”对话框，默认选中“所有工资数据”选项，单击[确定(O)]按钮，如图7-32所示。

图7-32 “工资数据输入”对话框

STEP 2 打开“工资数据录入”选项卡，此时将自动生成一张工资表，所有数据均为空，白色底纹单元格表示可输入数据，黄色底纹单元格表示自动通过输入的数据计算获得。

STEP 3 根据图7-22所示的员工工资表，在相应单元格中输入工资数据，效果如图7-33所示，完成后关闭“工资数据录入”选项卡即可。

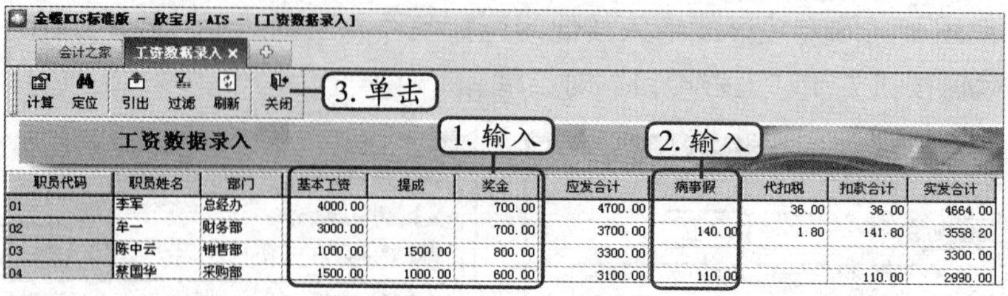

图7-33　输入工资数据

（四）工资费用的分配

不同部门的工资，应分配到不同的费用账户中，并通过不同的会计科目进行核算，其具体操作如下。（微课：光盘\微课视频\项目七\工资费用的分配.swf）

STEP 1 在金蝶KIS标准版主界面左侧单击“工资管理”选项卡，在中间单击“工资费用分配”超链接，打开“工资分配向导”对话框，单击 前进 > 按钮，如图7-34所示。

STEP 2 打开“工资分配向导”对话框，在“职工类别”列表框中选择“管理人员”选项，在“工资项目”列表框中选择“实发合计”选项，在右侧“费用科目代码”文本框中单击右侧的按钮，如图7-35所示。

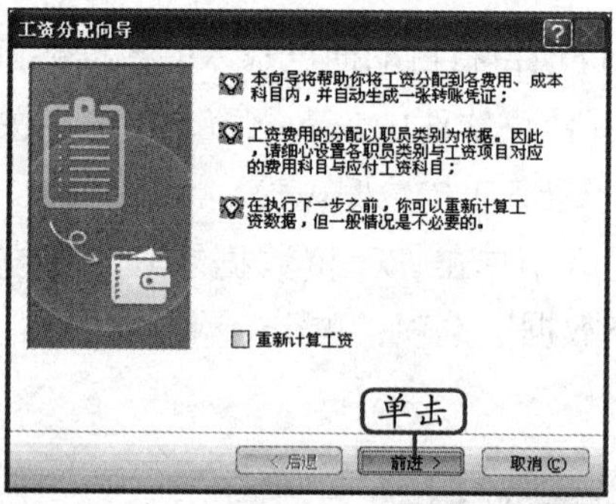

图7-34　打开“工资分配向导”对话框

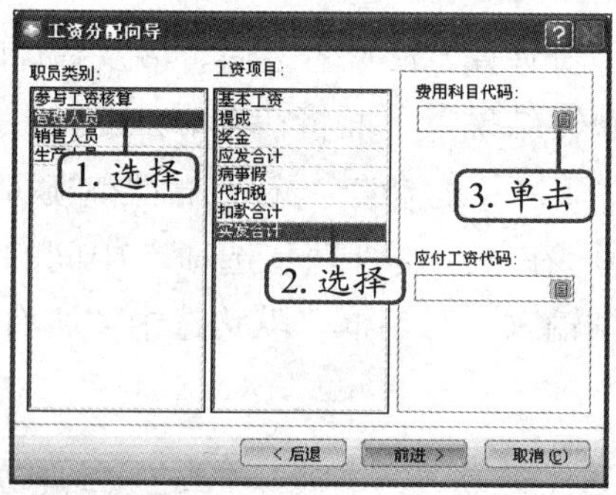

图7-35　为“管理人员”设置分配选项

STEP 3 打开“会计科目”对话框，在“损益”选项卡下选择“管理费用-职工薪酬”科目，单击 确认 按钮返回“工资分配向导”对话框，如图7-36所示。

STEP 4 使用相同的方法在“应付工资代码”下方选择“应付职工薪酬-工资”科目，效果如图7-37所示。

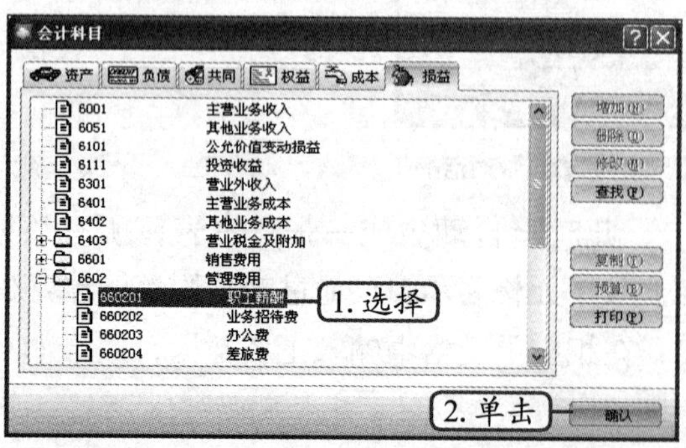

图7-36　选择会计科目

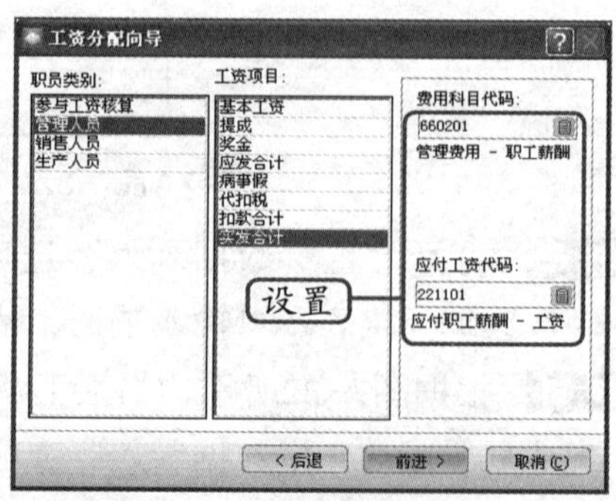

图7-37　设置借贷双方科目

STEP 5 使用相同的方法设置销售人员和生产人员工资对应的费用科目代码和应付工资代码，然后单击「前进 >」按钮，如图7-38所示。

图7-38　设置销售人员和生产人员的工资分配会计科目

STEP 6 此时将打开自动结转凭证选项的对话框，设置凭证日期、凭证摘要和凭证字，完成后单击「完成」按钮，此时将打开提示对话框，提示已自动生成一张记账凭证，单击「确定(O)」按钮即可，如图7-39所示。

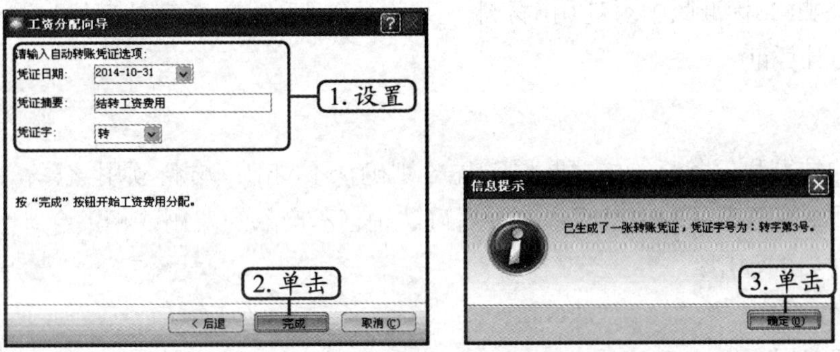

图7-39　设置并自动生成会计凭证

STEP 7 在系统主界面左侧单击"账务处理"选项卡，在中间单击"凭证查询"超链接，在打开的对话框中单击「确定(O)」按钮，双击要查找的凭证，即可查看自动生成的分配各部门工资的记账凭证，效果如图7-40所示。

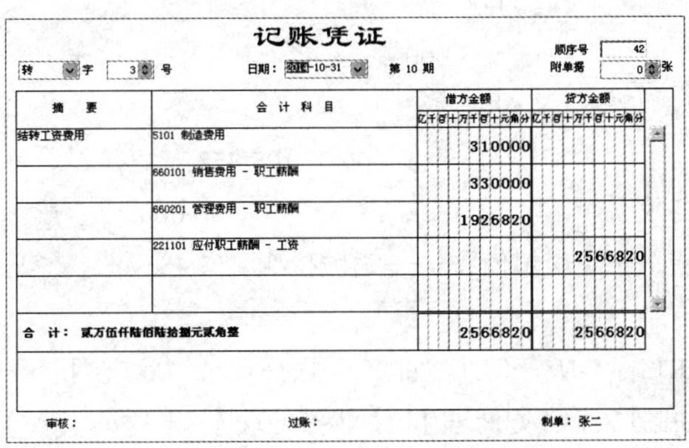

图7-40　查询记账凭证

实训一 对出售的乙产品进行核算

【案例4】2014年10月，欣宝月实业有限公司B材料领用情况汇总如表7-6所示，其中10月24日有1 000件乙产品生产成功并入库。10月29日，销售乙产品900件给思源商贸，单价100元/件，货款未支付。

表7-6 材料领用情况汇总表

部门及用途	数量（件）	金额（元）	合计（元）
生产乙产品直接耗用	700	50	35 000
行政管理部门耗用	50	50	2 500
销售部门耗用	50	50	2 500

【实训要求】

要求在金蝶KIS标准版中对耗用B材料、生产乙产品和出售乙产品等行为进行财务处理，并填制相关会计凭证。

【实训思路】

本实训的核算和任务一的核算相同，先分别确认不同部门材料领用核算科目，分别计算出金额，然后结转乙产品的生产成本，最后确认销售乙产品的费用，相关会计分录如下。

（1）B材料的领用：

借：生产成本　　35 000
　　管理费用　　2 500
　　销售费用　　2 500
　　贷：原材料——B材料　　40 000

（2）乙产品入库结转成本：

借：库存商品　　35 000
　　贷：生产成本　　35 000

（3）销售乙产品，货款未支付：

借：应收账款　　105 453
　　贷：主营业务收入　　90 000
　　　　应交税费——应交增值税——销项税额　15 453

【步骤提示】

STEP 1 启动金蝶KIS标准版，使用“张二”账户登录“欣宝月”账套。

STEP 2 选择【功能】/【账务处理】/【业务处理】/【凭证录入】菜单命令，打开“记账凭证-新增”对话框。

STEP 3 根据材料领用、结转成本和销售产品的业务分别填制记账凭证，完成后保存记账凭证，并退出登录。

实训二 重置工资计算方式并分配工资费用

【案例5】欣宝月实业有限公司管理阶层根据企业实际情况和各部门的人员安排，决定从10月份开始在工资中新增“全勤奖”这一项目，并适当调整了部分员工的福利薪酬。财务部门接到通知后，重新设置了工资计算方法，并重新计算了员工工资，具体员工工资表如图7-41所示。

员工工资表

代码	姓名	部门	基本工资	提成	奖金	全勤奖	应发合计	病事假	代扣税	扣款合计	实发合计
01	李军	总经办	500		700	200					
02	单一	财务部	4000		700			140			
03	陈中云	销售部	1300	1500	800	200					
04	蔡国华	采购部	1500	1000	600			110			
05	李华	仓库	3000		500	200					
06	郑爱华	策划部	3000	1300	700			140			
07	王平	行政部	1500	1000	500			140			
08	郭允	运输部	2500	1200	500	200					
09	刘潇	生产部	1500	1100	500	200					

图7-41 变更后的工资表

【实训要求】

要求根据图7-41所示的工资详情重新设置工资计算方法，并同步在金蝶KIS标准版中设置计算条件，完成后录入新的员工工资表，并通过新的工资计算方法计算工资，然后再将其分别分配到各费用上进行核算。

【实训思路】

根据欣宝月实业有限公司变更的工资核算方法，可确认以下事项。

（1）企业新增全勤奖，则工资中应发合计=基本工资+提成+奖金+全勤。如果拿到全勤奖就不会扣病事假的相关费用，在设置工资计算方法时，只需加上应加的费用，再减去应减的费用即可。

（2）员工的基本工资、提成和奖金等项目有变化，所以需要重新设置相应项目。

（3）各部门实发工资发生变化，需要重算录入工资，并分配各部门费用。

【步骤提示】

STEP 1 以“张二”的账户登录“欣宝月”账套。

STEP 2 在系统主界面左侧单击“工资管理”选项卡，在中间的功能区中单击“工资计算方法”超链接，打开“工资项目”对话框的“工资计算方法”选项卡。

STEP 3 重新设置工资计算方法，对其中应发合计数的计算公式进行更改，完成后单击确定(O)按钮，并在打开的提示对话框中单击是(Y)按钮保存更改。

STEP 4 在功能区中单击“工资数据输入”超链接，打开“工资数据输入”对话框，默认选择“所有工资项目”选项，单击确定(O)按钮。

STEP 5 打开“工资数据录入”选项卡，在其中对应的单元格中输入如表7-41所示的工资数据，完成后在工具栏中单击关闭按钮保存录入的数据。

STEP 6 在功能区中单击“工资费用分配”超链接，在打开的对话框中单击选中“重新计算工资”复选框，然后根据提示信息依次分配工资即可（效果参见：光盘/效果/项目七/欣宝月.AIS）。

常见疑难解析

问：销项税额和进项税额应如何确定？

答：销项税和进项税分别为企业出售和购进物资应缴纳的增值税，即出售商品应缴纳增值税的销项税，购进商品应缴纳增值税的进项税。一般情况下，企业会根据自身情况确定商品的价格中是否应包含增值税，如包含增值税，则应根据发票上的金额通过相应的公式分别计算商品原价和应纳税额；如不包含增值税，则发票上将分别罗列出商品原价和应交增值税税额，以及两者的合计数。一般商品的增值税的税率为17%（基本税率），应纳增值税=不含税价×17%=含税价×（1+17%）。

知识补充

我国《增值税暂行条例》对准予从销项税额中抵扣的进项税额进行了规定，具体包括购买货物、进口货物、购买农产品（部分）、试点纳税人提供应税服务、境外单位或个人提供的应税服务、购进货物或接受加工修理修配劳务、自用应征消费税的商品，以及混合销售行为等。

问：企业代扣个人所得税的账务应如何处理？

答：根据现行税收政策，企业为税务部门代扣代缴职工的个人所得税有两种情况：一种是企业职工自己承担的个人所得税，企业只负有扣缴义务；另一种是企业既承担职工的个人所得税，又负有扣缴义务。其中，第一种情况是大部分企业实行的个人所得税代扣行为，其账务处理如下。

（1）支付职工工资时的会计分录如下。

借：应付职工薪酬——工资

　　贷：库存现金/银行存款

　　　　应交税费——代扣代缴个人所得税

（2）上交税款时的会计分录如下。

借：应交税费——代扣代缴个人所得税

　　贷：库存现金/银行存款

拓展知识

（一）出售交易性金融资产

出售交易性金融资产时，借方登记“银行存款”等账户，贷方登记“交易性金融资产”账户。购买或出售交易性金融资产过程中发生的交易费用直接记入“投资收益”科目。此外，出售交易性金融资产发生的交易费用应当直接冲减投资收益，并从出售交易性金融资产所得款项中直接扣减，相关账务处理如表7-7所示。

表 7-7 出售交易性金融资产的账务处理

出售交易性金融资产取得的收益	出售交易性金融资产支付的费用
借：银行存款 　　贷：交易性金融资产——成本 　　　　投资收益	借：投资收益 　　贷：银行存款

（二）企业工资制度

企业的工资制度有多种不同的模式，如项目工薪制、动态结构工资制、岗位职务浮动工资制、岗效获级工资制等。为了加强企业管理和经济责任制考核，激发员工的生产积极性、创造性，并提高企业经济效益，一般企业会根据自身的业务类型和具体的规模，制订适合本企业的工资制度。同时，为规范员工薪资保密行为，确保薪资信息不泄密，维护公司及全体员工的共同利益，企业的工资还应实行保密制度。即任何员工不得打听、问询同岗位及其他岗位员工的薪资状况，不得将任何已知薪资信息以书面或口头形式告知他人，全体员工有责任互相监督。

（三）实际成本法下成本的计价方法

企业处理发出原材料业务时，可以采用计划成本法，企业采用实际成本法进行核算时，可采用的发出存货成本的计价方法，包括先进先出法、月末一次加权平均法、移动加权平均法和个别计价法。

- **先进先出法**：假定先收到的存货先发出，后收到的存货后发出的方法，根据这种假定的成本流转顺序对发出存货和期末存货的成本进行计价的方法。
- **月末一次加权平均法**：指以月初存货成本加本月收入全部存货成本之和除以月初存货数量加本月收入全部存货数量作为权数，计算出存货的加权平均单位成本，从而确定存货的发出成本和库存成本的方法。

存货单位成本 =（本月收入全部存货成本 + 月初存货成本）÷（本月收入全部存货数量 + 月初存货数量）

本月发出存货成本 = 本月发出存货数量 × 存货单位成本

月末库存存货成本 = 月末库存存货数量 × 存货单位成本

- **移动加权平均法**：指本次收货的成本加原有库存存货的成本，除以本次收货数量加原有存货数量，据此计算加权平均单价，并对发出存货进行计价的一种方法。
- **个别计价法**：又称个别认定法、具体辨认法或分批实际法，是通过逐一辨认各批发出存货和期末存货所属的购进批次或生产批次，分别按购入或生产时所确定的单位成本作为计算各批发出存货和期末存货成本的方法。

课后练习

在大顺粮油公司的账套中根据以下经济业务事项完成相关核算。

（1）2014年10月31日，材料领用情况汇总表如表7-8所示，根据该表结转生产和耗用材料的相关费用。

表 7-8 材料领用情况汇总表

部门及用途	数量（件）	金额（元）	合计（元）
生产乙产品直接耗用	400	200	80 000
行政管理部门耗用	20	200	4 000
销售部门耗用	20	200	4 000

（2）2014年10月31日，通过统计，10月份生产入库的700件丙产品全部销售，销售单价为270元/件。请根据商品入库、销售业务填制记账凭证。

（3）2014年10月31日，通过统计，10月份出售二手固定资产一台，该固定资产的原值为50 000元，已提折旧4 500元，出售价位47 000元，销售费用1 200元。请根据该业务填制相关记账凭证。

PART 8 项目八 往来业务核算

情景导入

小白：阿秀，我有一个问题没弄明白。企业应收、应付、预收和预付账款在会计核算软件中应该如何处理呢？会不会把企业与企业之间往来账款弄混淆呢?

阿秀：这个你就不用担心了，会计核算软件充分考虑到了这个问题，提供了往来核销的功能，而且还可以利用自动核销来确认往来账款是否已经完成处理。

小白：原来还有自动核销的功能，那其他应收款的核销也可以通过这个功能实现吗?

阿秀：当然了，往来业务的核算和核销是企业的重要账务处理，你可以学习一下如何核算往来业务，以及核销往来业务的规则和操作方法。

小白：好的，向合格的会计工作者靠近。

学习目标

- 认识往来业务和往来合同
- 掌握企业往来业务流程
- 了解企业对账和付款流程
- 了解支票的管理方法

技能目标

- 根据往来业务新增往来合同
- 根据经济业务事项兑现、审核往来合同
- 核算应收应付业务
- 查询往来对账单并核销往来业务

任务一　新增往来业务

在企业日常经营活动中，与其他企业、供应商、客户等的业务往来是必不可少的环节，如与供应商签订订货合同，取得货物；与合作企业或客户签订销货合同，销售货物等。欣宝月实业有限公司与其供应商“飞跃公司”有长期往来关系。

一、任务目标

本任务将使用金蝶KIS标准版财务软件对欣宝月实业有限公司的往来业务进行核算。通过本任务的学习，可以认识往来业务和往来合同，了解往来业务的流程，熟悉往来合同的管理方法，以及掌握新增合同类别、新增合同和查询合同的具体方法等。图8-1所示为在金蝶KIS标准版中输入合同的合同单据。

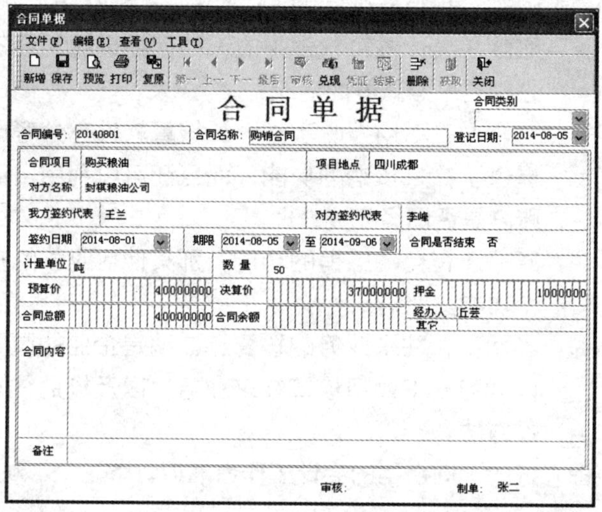

图8-1　合同单据

二、相关知识

（一）认识往来业务和往来合同

1. 往来业务

往来业务顾名思义，即为企业与企业、企业与供应商、企业与客户之间的日常业务往来，如货物的购销、资金的流通等，企业往来的形式多种多样，这里主要讲解购销往来。企业的任何一笔业务往来，都需要根据实际情况编制往来记账凭证，并将详细内容记入往来账中。

往来账是最基本、也是最重要的账务处理体系之一，在现金的账务处理中，往来账项可能会涉及账面调整等业务，值得注意的是，只有以银行（包括内行）的相关单据作为依据，才能适当进行账面调整。

2. 往来合同

往来合同一般指购销合同，它指供方（卖方）同需方（买方）根据协商一致的意见，由供方将产品交付给需方，需方接受产品并按规定支付价款的协议。购销合同是买卖合同的变化形式，包括采购合同和销售合同两种。

- **采购合同**：指购进货物的合同。订立合同时，一般采购方作为甲方，销售方作为乙方。采购合同是商务性的契约文件，其内容条款一般应包括：合同双方的全名、法人代表，以及双方通信联系的电话、电报、电传等； 采购货品的名称、型号和规格，以及采购的数量； 价格和交货期 ； 交付方式和交货地点； 质量要求和验收方法，以及不合格品的处理，当另订有质量协议时，则在采购合同中写明见“质量协议”； 违约的责任等。
- **销售合同**：指售出货物的合同。订立合同时，一般销售方作为甲方，购进方作为乙方。销售合同同样应包括合同双方详细的基本信息，如企业全称、法人、通信方式；货物的详细信息，如质量、数量、金额；交易的详细信息，如交货时间、交货方式、交货地点、验收方法、残次品处理方法；支付的详细信息，如付款方式、付款期限、违约责任等。

知识补充

采购合同和销售合同不具有本质的区别，它们的内容没有大的出入，只是订立合同（不是签订合同）的当事人（即甲方当事人）不同而有所区别。一般情况下，同一个合同中不可能既采购货物又销售货物，若涉及两种业务，需要分别订立采购或销售合同。

（二）往来合同的管理

在金蝶KIS标准版中，合同管理是与采购、销售和资产管理相联系的，比如采购业务中的采购合同；销售业务中的销售合同；资产管理中资产租赁合同、在建工程分包合同等。企业在经营管理过程中，加强对合同的管理是维护企业自身利益的有效手段。图8-2所示为往来单位的合同管理程序，在金蝶KIS标准版中，主要对输入合同、审批审核合同、执行合同和相关账务处理进行核算和管理。

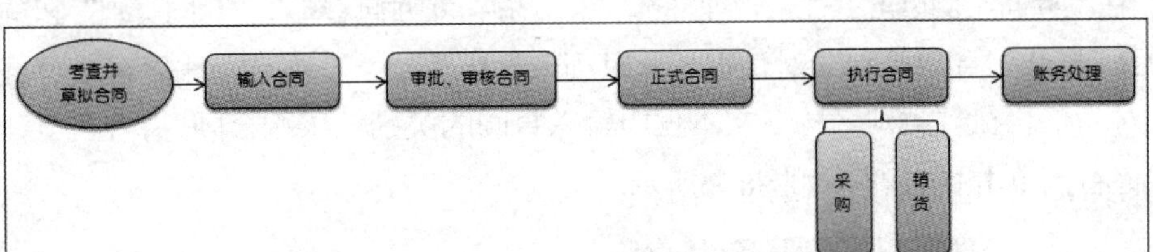

图8-2 合同管理程序

职场法则

在金蝶KIS标准版中输入的合同，与往来单位之间签订的合同是有所区别的。往来单位签订的合同属于纸质合同，合同必须包括所有详细信息；而通过金蝶KIS标准版对合同进行管理时，在核算软件中输入的合同，只需要包含一些基本信息即可，如往来单位、数量、金额，以及兑现信息等。

三、任务实施

【案例1】2014年11月2日，欣宝月实业有限公司与飞跃公司签订金额为70 000元的采购合同，合同约定2014年11月5日飞跃公司向欣宝月实业有限公司发出第一批货物，价值40 000元；2014年11月7日发出第二批货物，价值30 000元，合同详情如表8-1所示。

表 8-1 合同信息

项目	内容	项目	内容
合同编号	20141102	合同类型	采购合同
合同名称 / 合同项目	向飞跃公司采购原材料	签约日期	2014-11-02
对方名称	飞跃公司	期限	2014-11-05 至 2014-11-07
项目地点	四川成都	计量单位	件
我方签约代表	李军	数量	70
对方签约代表	王琦	合同总额	70 000（元）
兑现详情	①第一次付款 40 000 元，对方科目为“银行存款——工商银行” ②第二次付款 30 000 元，对方科目为“银行存款——工商银行”		

（一）新增合同类别

由于欣宝月公司的账套中还未核算过往来业务，所以在添加合同之前，需新增合同类别，用于区分合同的类型，便于分类核算，其具体操作如下。（**微课**：光盘\微课视频\项目八\新增合同类别.swf）

STEP 1 以“张二”的账户登录后打开“欣宝月”账套（素材参见：光盘/素材/项目八/欣宝月.AIS），在主界面左侧单击“往来管理”选项卡，在中间功能区单击“合同类别”超链接。

STEP 2 打开“合同类别”对话框，此时列表框中为空，在右侧单击 增加(N) 按钮，打开“类别”对话框，在“类别名称”文本框中输入合同的类别“采购合同”，在“合同兑现科目”文本框右侧单击 按钮，如图8-3所示。

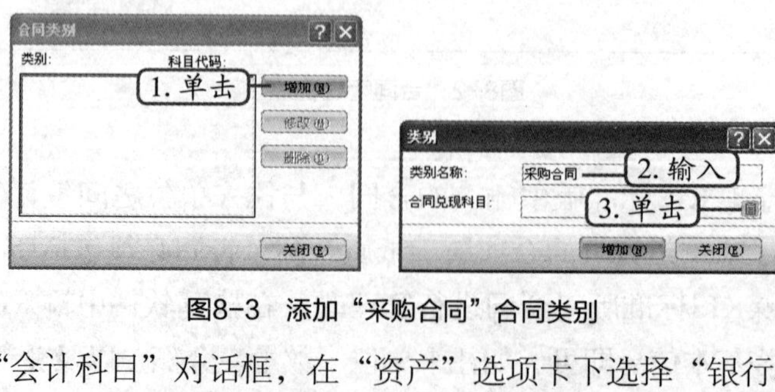

图8-3 添加“采购合同”合同类别

STEP 3 打开“会计科目”对话框，在“资产”选项卡下选择“银行存款-工商银行”科目，单击确认按钮，如图8-4所示。

STEP 4 返回“类别”对话框，单击增加(N)按钮即可将其增加到“合同类别”对话框。

STEP 5 继续添加“销售合同”类别，并设置合同兑现科目为“银行存款-工商银行”，完成后在“类别”对话框中单击关闭(E)按钮返回“合同类别”对话框，在其中的列表框中即可查看添加的合同类别，最后单击关闭(E)按钮即可，如图8-5所示。

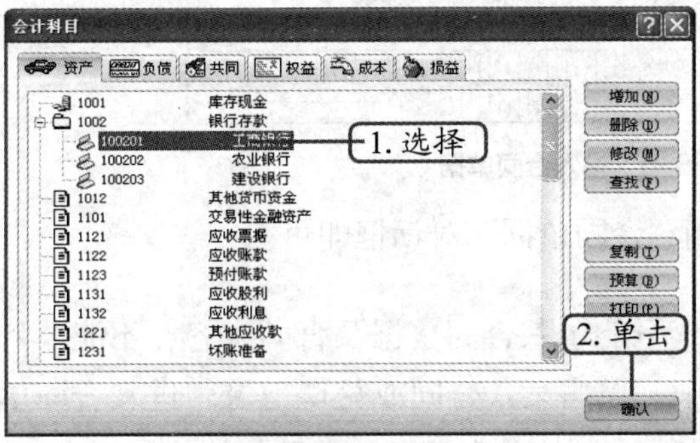

图8-4　选择会计科目

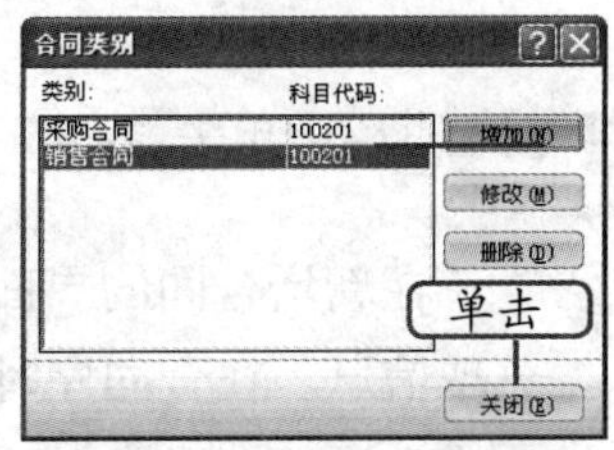

图8-5　查看添加的合同类别

> **知识补充**
> 合同类别的设定是开始进行合同管理必须要做的第一步工作。在“合同类别”对话框中可以新增“类别名称”和“合同兑现科目”，也可以对已录入的“类别名称”和“合同兑现科目”进行修改和删除。“合同兑现科目”既可以手工录入，也可以通过按【F7】键并在打开的对话框中选择录入。

（二）新增合同

由于当前第一次启用往来合同的录入，所以在新增合同前，需进行合同初始化。合同的初始化是指启用本系统后，对已有合同的初始资料的录入，其具体操作如下。（**微课**：光盘\微课视频\项目八\新增合同.swf）

STEP 1 在金蝶KIS标准版主界面左侧单击“往来管理”选项卡，在中间功能区中单击“历史合同数据录入”超链接，打开“合同信息”选项卡，在菜单栏选择【编辑】/【结束初始化】菜单命令，在打开的对话框中单击是(Y)按钮，结束合同初始化。

> **知识补充**
> “历史合同数据录入”的功能主要包括初始化合同录入、初始化兑现信息录入、审核合同、合同结束、结束初始化。企业之前的合同可以通过打开“合同信息”选项卡，单击工具栏上的新增按钮，将其添加到金蝶KIS标准版会计核算软件中，审核后再结束初始化即可。

STEP 2 关闭“合同信息”选项卡，返回“往来管理”主界面，在中间功能区中单击“新增合同”超链接，打开“合同单据”对话框。

STEP 3 在“合同类型”下拉列表中选择“采购合同”选项，然后根据表8-1所示的合同信息，在合同单据对应位置输入相关信息，完成后在工具栏中单击保存按钮，如图8-6所示。

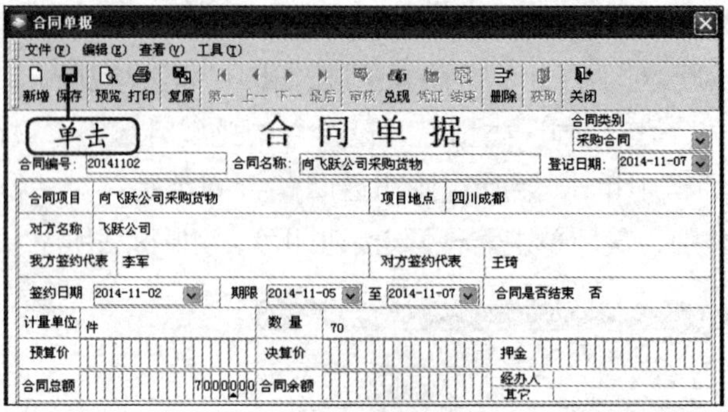

图8-6　输入合同单据

STEP 4 在工具栏中单击关闭按钮关闭“合同单据”对话框即可。

> **操作提示** 在新增合同的界面中，只能录入合同单据及合同内容，不能录入合同的兑现信息。在合同序时簿中，单击某条合同或兑现记录，进入合同单据内容的修改状态，同时也可以查看合同的兑现信息，但不能修改兑现内容。

（三）兑现合同并生成凭证

兑现是指将合同兑现情况录入到原合同中，以实时监控合同的执行。兑现后，即可在该界面中自动生成一张记账凭证，其具体操作如下。（**微课**：光盘\微课视频\项目八\兑现合同并生成凭证.swf）

STEP 1 在金蝶KIS标准版主界面左侧单击“往来管理”选项卡，在中间的功能区中单击“合同查询及兑现”超链接。

STEP 2 打开“合同查找”对话框，设置内容为“合同代码”，比较关系为“等于”，比较值为“20141102”，然后单击确定(O)按钮，打开查询结果，如图8-7所示。

图8-7　设置合同查找条件

STEP 3 打开“合同信息”选项卡，在合同序时簿中将罗列查询到的合同详情，双击要兑现的合同对应的选项，打开合同单据。在工具栏中单击兑现按钮，此时“合同内容”处自动转换为兑现信息录入列表。

STEP 4 在“日期”单元格中输入“2014-11-05”，在“摘要”单元格中输入“采购第一批原材料”，在“对方科目”单元格中单击，然后按【F7】键打开“会计科目”对话框，选择“原材料”科目后返回“合同单据”对话框，在“付款金额”单元格中输入第一次采购金额“40 000”元。

STEP 5 单击保存按钮，此时下方将自动添加一条空白兑现信息，继续输入第二次购买原材料的详细信息，日期为“2014-11-07”，摘要为“采购第二批原材料”，付款金额为“30 000”元，然后单击保存按钮即可，效果如图8-8所示。

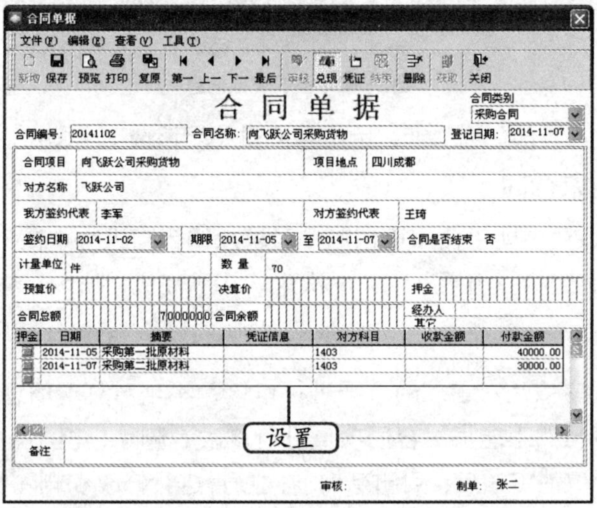

图8-8 设置兑现信息

STEP 6 在第一条兑现信息中单击，在工具栏中单击凭证按钮，将自动打开“记账凭证-新增”对话框，记账凭证的日期、摘要、会计科目和金额都将自动获取，单击保存按钮保存记账凭证即可，效果如图8-9所示。

图8-9 自动生成记账凭证

STEP 7 使用相同的方法在第二条兑现信息中单击，单击凭证按钮，在打开的记账凭证对话框中保存自动生成的记账凭证，完成后返回“合同单据”对话框，此时兑现信息的“凭证信息”对应的单元格中将显示生成的凭证期间及字号，如图8-10所示，最后单击关闭按钮关闭对话框。

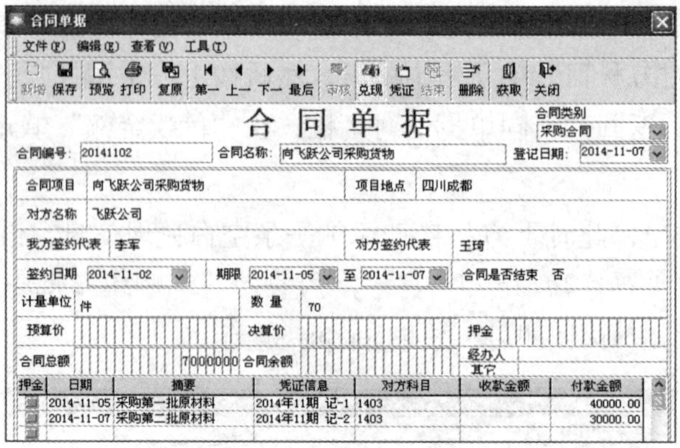

图8-10　查看凭证信息

STEP 8 返回“合同信息”选项卡，单击按钮关闭该选项卡即可。

（四）审核并结束合同

合同单据录入完成后，即可使用审核账户对录入的合同进行审核，审核合同后，合同的项目不能再进行修改和删除。由于欣宝月两次采购均已完成，所以审核合同后，还应结束该合同，其具体操作如下。（**微课**：光盘\微课视频\项目八\审核并结束合同.swf）

> **操作提示**　合同审核是对录入的合同进行审核，不是对兑现信息的审核。经审核完毕的合同虽然不能再对合同项目进行修改、删除，但不影响兑现信息的录入与修改。取消审核后，可重新对合同项目进行修改和删除操作。

STEP 1 使用“牟一”的账户登录“欣宝月”账套，在金蝶KIS标准版主界面左侧单击“往来管理”选项卡，在中间的功能区中单击“合同审批”超链接，打开“合同查找”对话框，在对话框中设置查询逻辑，然后单击按钮，打开查询结果。

STEP 2 在合同序时簿中将罗列查询到的合同详情，选择要审核的合同对应的选项，在工具栏中单击按钮，打开选择的合同单据。在工具栏中单击按钮，此时对话框底端的“审核”人员自动添加当前操作人员的名称，如图8-11所示。

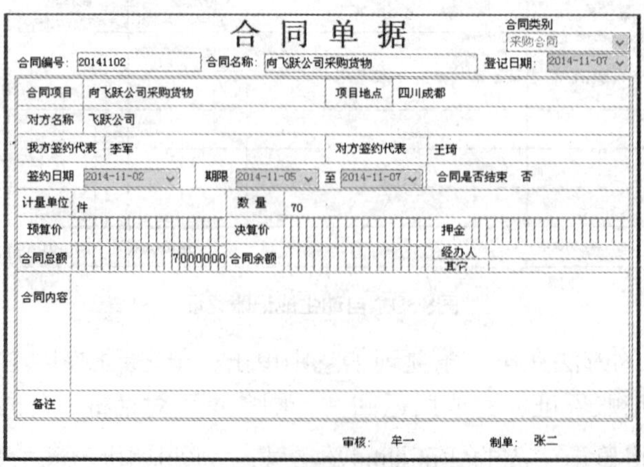

图8-11　审核合同

STEP 3 返回“合同信息”选项卡，保持该合同的选中状态，在工具栏中单击结束按钮，打开该合同单据，在工具栏中单击结束按钮，在打开的提示对话框中单击是(Y)按钮，结束该合同，如图8-12所示。

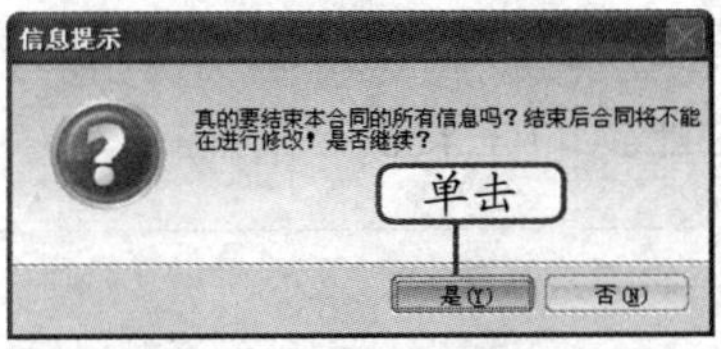

图8-12 确认结束合同

STEP 4 单击关闭按钮关闭合同单据，返回合同序时簿，在其中可查看该合同的兑现、审核和结束详情，如图8-13所示。

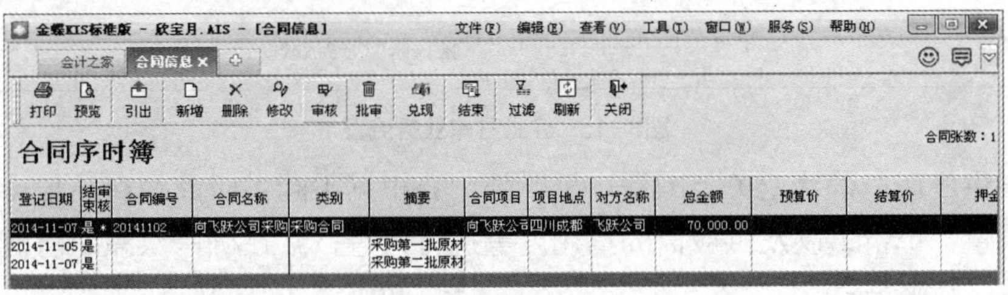

图8-13 查看合同详情

任务二 核销往来业务

核销往来业务是指对应收、应付业务在实收实付时的核销，即标记该往来账款已收或已付，明确往来单位和职员权责，实时监督往来款项的收付情况。

一、 任务目标

本任务将对往来业务的账务处理及往来业务的核销进行介绍。通过本任务的学习，可了解企业对账和付款的流程，企业预收、预付、应收、应付业务的相关账务处理，往来对账的查询，以及往来业务核销等相关知识。图8-14所示为核销往来业务的对话框。

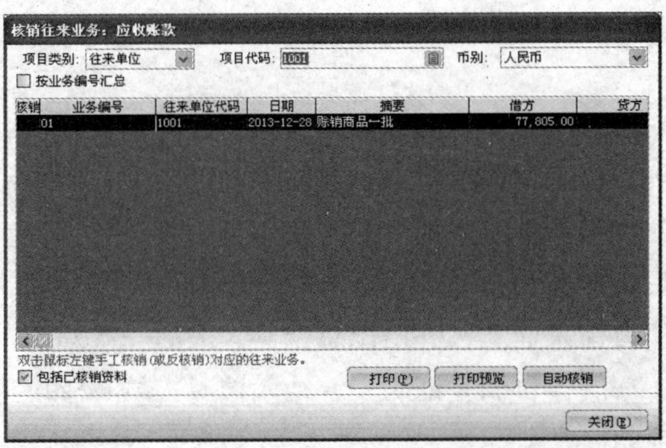

图8-14 核销往来业务

二、相关知识

（一）企业往来业务流程

企业基本的往来业务包括预收、预付、应收、应付账款等，而企业要确保往来账款的安全性，一般在确认和往来单位进行合作时，都会签订正式的往来合同，合同将规定往来业务的具体事项。图8-15所示为预付账款的往来业务流程。

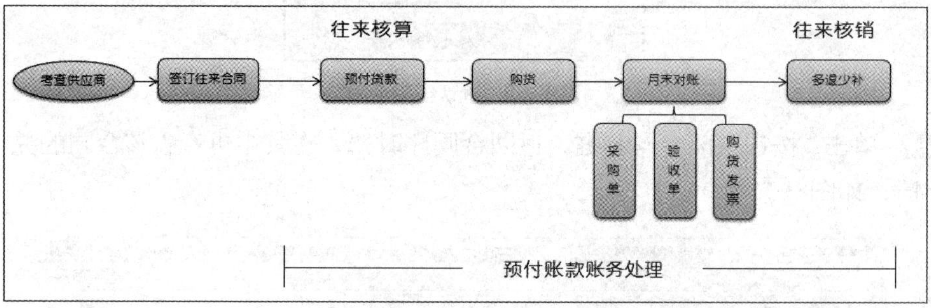

图8-15 企业往来业务流程

- **考查供应商**：确认业务范围后，采购部门将根据不同供应商的商品报价，对其商品的质量、单价，以及供应商的信用度等进行考查，并在确保双赢的前提下，与供应商签订往来合同。
- **预付货款**：确认购货后，企业根据合同约定的预付款金额，向供应商支付预付款项，供应商收到预付款后，应开具与预付款金额相等的收据交予企业，表示承认并通知企业已收到预付款。
- **购货**：企业采购部门根据需求制作采购单，经相关部门负责人确认并审批后，即可发给供应商，供应商根据对方提供的采购单，在合同约定时间内清点货物并装车发货。企业在收到供应商发出的货物后，由专员清点货物，确认质量和数量无误后，在验收单上签字，验收单应至少一式两份，购货双方应保留底单。
- **月末对账**：合同约定的对账时间一般为月末，对账时，供应商应提供购货方的采购单和购货发票，购货方应提供货物验收单。双方应同时核对确认两份清单记载事项是否有出入。若无误，供应商应留下购货发票，约定付款日期正常付款；若有误，则检查问题所在，尽量在付款日前确认金额并重新开具发票，约定付款。

职场法则

企业对账和付款等流程在往来合同中都有明文规定，若企业往来业务较少，则可规定每次对账后付款；若往来业务较多，则可约定为月付或季付。月付时，对账需将本月内的所有往来业务的相关单据一一核对，结算出总金额，对账后直接支付与总金额相等的款项即可；季付时，每月月末仍需核对当月内的所有往来业务，并结出总金额，最后一次对账时，将前两月的对账结果证明（一般会自制凭证）一并纳入核对，结算季度应付总金额，对账后再支付款项即可。

● **多退少补**：若购货金额大于预付款，则需在预付款的基础上，再向供应商支付两者之间的差额；若购货金额小于预付款，则供应商应退回多付的预付款。

（二）往来业务的核算

下面将介绍应收、应付、预收、预付账款的具体核算方法。

1. 应收账款

应收账款是企业应收而未收的账款。一般情况下，购销双方当事人会约定一定的付款期限，若该期限内企业收到货款，则应借记“银行存款”，贷记“应收账款”；若过了约定期限企业仍未收到该货款，而对方支付该货款的能力不足，可能造成该货款无法正常收回，此时企业应对该笔应收账款做资产减值准备；若企业已经确认该笔款项确实无法收回时，应确认坏账，如表8-2所示。

表 8-2　应收账款的核算

销货	收款	计提坏账准备	确认坏账
借：应收账款 　贷：主营业务收入 　　　应交税费	借：银行存款 　贷：应收账款	借：资产减值准备 　贷：坏账准备	借：坏账准备 　贷：应收账款

知识补充

资产减值准备是指资产可收回金额低于其账面价值。判断资产是否减值，应依据资产可能已经发生减损的迹象，若存在减损迹象，企业应对其可收回金额进行正式估计，即对应收账款和其他应收款等应收款项计提坏账准备。

- 计提坏账准备时，应先借记“资产减值准备”，贷记“坏账准备”。
- 确认坏账时，则应使用“应收账款”或“其他应收款”冲减坏账准备，金额与计提坏账准备时相等。
- 计提坏账准备金额过大时，应继续提取坏账；金额过小时，应做相反会计分录，将资产减值准备和坏账准备冲抵其差额。如先计提10 000元坏账准备，期末发现对方有能力偿还6 000元，则此时应借记“坏账准备”，贷记“资产减值准备”，金额为“6 000”，以冲抵先前提取的坏账准备，确认剩余4 000元坏账时，再通过借记“坏账准备”，贷记“应收账款”来核算，金额即为“4 000”元。

2. 应付账款

应付账款是企业应付而未付的款项。如购买物资时采取赊销或购后付款的方法等，核算该业务时应记入“应付账款”科目。若应付账款无法支付给对方企业，则应将其转入“营业外收入”中。表8-3所示为应付账款的核算。

表 8-3　应付账款的账务核算

购货	确认无法支付
借：原材料 　贷：应付账款	借：应付账款 　贷：营业外收入

知识补充

营业外收入是指企业发生的与日常活动无直接关系的各项利得。主要包括非流动资产处置所得、盘盈所得、罚没所得、捐赠所得、确实无法支付的而按规定程序经批准后转作营业外收入的应付款项等。所以无法支付的应付款项应在经领导批准后计入营业外收入。

3. 预收账款

预收账款是销货前，客户转入的定金、预付款等款项。收到预付款后，应立即制作一张收到该笔款项的记账凭证，借记“银行存款”，贷记“预收账款”；销货后，收入计入“主营业务收入”，借方冲抵“预收账款”；若此时购货的款项大于客户预付的款项，则客户还应补付差额，借记“银行存款”，贷记“主营业务收入”；若购货的款项小于客户预付的款项，则企业应退还客户多付的预付款，此时借记“预收账款”，贷记“银行存款”。表8-4所示为预收账款的账务核算。

表 8-4　预收账款的账务核算

预收账款	销货	少收对方补足	多收本方退回
借：银行存款 　贷：预收账款	借：预收账款 　贷：主营业务收入 　　应交税费	借：银行存款 　贷：主营业务收入 　　应交税费	借：预收账款 　贷：银行存款

4. 预付账款

预付账款是购货前，企业转入供应商的定金、预付款等款项。购货后，若企业多付，供应商应将企业预付账款中多余的款项退回，借记“银行存款”，贷记“预付账款”；若企业少付，供应商应要求企业将少付的金额补足，借记“原材料”，贷记“银行存款”。表8-5所示为预付账款 的核算。

表 8-5　预付账款的账务核算

预付账款	购货	多付对方退回	少付本方补足
借：预付账款 　贷：银行存款	借：原材料 　贷：预付账款	借：银行存款 　贷：预付账款	借：原材料 　贷：银行存款

（三）往来业务的核销

往来核销是指应收款与收款业务，应付款与付款业务的核销。通过核销可以了解尚未结算的往来业务及账期，便于及时支付或催收往来账款。

在金蝶KIS标准版中，系统提供往来核销功能包括自动核销和手工核销两种方式。已核销的凭证不允许修改或删除分录的科目和金额，如需对已核销的凭证分录进行修改，必须先执行反核销操作。核销往来业务时，应遵循以下规则。

- **往来一致**：核销的往来单位必须一致，明细科目和核算项目必须一致。
- **编号相同**：业务编号相同的往来才能核销。
- **金额优先**：凭证上双方的金额完全相等。
- **确认方向**：核销双方在同一方（同是借方或同是贷方）的，只能正数与负数核销；核销记录在不同方的（一借一贷），只能正数与正数核销，负数与负数核销。

（四）支票的管理

签发支票须办理登记手续，写明用途及预计金额，批准后，经办人方可领取支票。经办人领取支票后，务必妥善保管，尽快办理业务，3天内将手续完备的发票及支票存根缴财务处报销。

经办人不得将支票转借他人或擅自改变用途及扩大使用限额，否则会计人员有权不予报销。经办人如因管理不善遗失支票的，要立即到银行办理挂失手续，对造成损失的，由经办人负责赔偿。

三、任务实施

【案例2】2014年11月10日，欣宝月实业有限公司收到上月销售乙产品的货款105 453元。2014年11月15日，欣宝月采购部员工蔡国华向飞跃公司采购A材料一批，货款50 000元未支付。2014年11月16日，员工蔡国华领取一张支票，用于支付采购货款。同日，核销该支票。该支票信息如表8-6所示。

表 8-6　支票信息

项目	内容	项目	内容
支票号	1001	对应科目	银行存款——工商银行
领用部门	采购部	用途	支付采购货款
领用人	蔡国华	使用限额	50 000 元
报销人	蔡国华	报销金额	50 000 元
领用日期	2014-11-16	（预计）报销日期	2014-11-16

（一）应付账款的账务处理

向飞跃公司购买原材料一批，收到货物后并未支付货款，即确认为应付账款。应收应付账款都应分别填制记账凭证，其具体操作如下。（**微课**：光盘\微课视频\项目八\应付账款的账务处理.swf）

STEP 1 以“张二”的账户登录“欣宝月”账套，在主界面左侧单击“账务处理”选项卡，在中间的功能区中单击“凭证录入”超链接。

STEP 2 打开“记账凭证-新增”对话框，设置摘要为“收到销售乙产品的货款”，借方科目为“100201 银行存款-工商银行”，贷方科目为“1122-1003 应收账款-（往来单位）思泉商贸 001”，金额为“105 453”元，如图8-16所示。

图8-16 收到应收账款的记账凭证

STEP 3 新增记账凭证，设置凭证摘要为“采购A材料一批”，借款科目为“1403-01 原材料-（材料）A材料”，贷方科目为“2202-1001 应付账款-（往来单位）飞跃公司 005”，金额为“50 000”元，如图8-17所示。

图8-17 应付账款的记账凭证

> **职场法则**
>
> 在核算往来账时，一定要设置业务编号（即图8-15中的“005”），且只有在应收或未付时设置业务编号，实收或实付时设置相同的业务编号，这样才能在财务软件中正确核销往来账款，否则容易造成账务混乱的现象。

（二）领用支票

收到货物后5日，欣宝月实业有限公司采购部蔡国华在财务部领取一张金额为

"50 000"元的支票，用于支付采购A材料的货款，领用支票时，财务部出纳应在会计核算软件中登记领用的支票信息，其具体操作如下。（**微课**：光盘\微课视频\项目八\领用支票.swf）

STEP 1 以"刘六"的账户登录"欣宝月"账套，在金蝶KIS标准版主界面左侧单击"出纳管理"选项卡，在中间功能区中单击"领用及报销"超链接。

STEP 2 打开"支票管理"对话框，在"设置方案"下拉列表中输入"采购领用"文本，在右侧单击 保存(S) 按钮，然后再在该对话框下方单击 确定(O) 按钮，如图8-18所示。

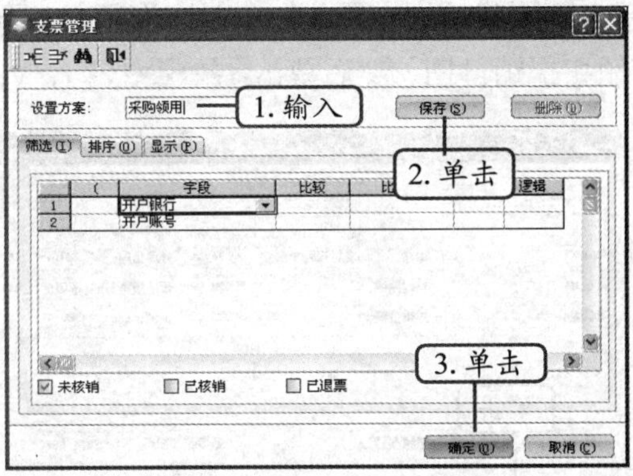

图8-18 "支票管理"对话框

STEP 3 在打开的"领用与报销"选项卡中的工具栏中单击 新增 按钮，打开"支票管理-新增"对话框，在对话框中输入领用的支票号、领用部门、用途、领用和预计报销日期，以及领用人和使用限额等，完成后单击 新增(N) 按钮，如图8-19所示。

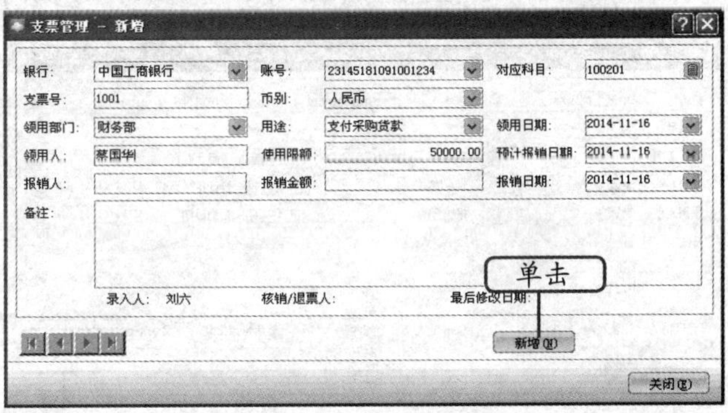

图8-19 新增支票管理

STEP 4 单击 关闭(E) 按钮关闭"支票管理-新增"对话框，此时填列的支票领用信息将自动显示在"领用与报销"选项卡的列表中，效果如图8-20所示。

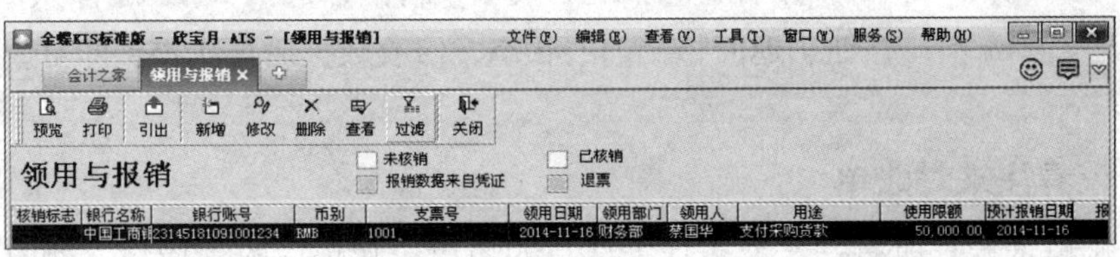

图8-20 查看支票领用信息

（三）核销支票

采购员蔡国华将领用的支票交予往来公司后，对方应填制一张收到该支票的凭证并加盖公司公章，蔡国华根据该凭证到财务部核销领取的支票，然后出纳再在金蝶KIS标准版会计核算软件中核销支票即可，其具体操作如下。（微课：光盘\微课视频\项目八\核销支票.swf）

STEP 1 在"出纳管理"选项卡中间的功能区中单击"支票核销"超链接，打开"支票管理"对话框，单击 确定(O) 按钮打开"支票核销"选项卡。

STEP 2 在列表框中双击蔡国华领用支票的业务对应选项，打开"支票管理-修改"对话框，设置报销人、报销金额和报销日期，然后单击 核销 按钮，如图8-21所示。

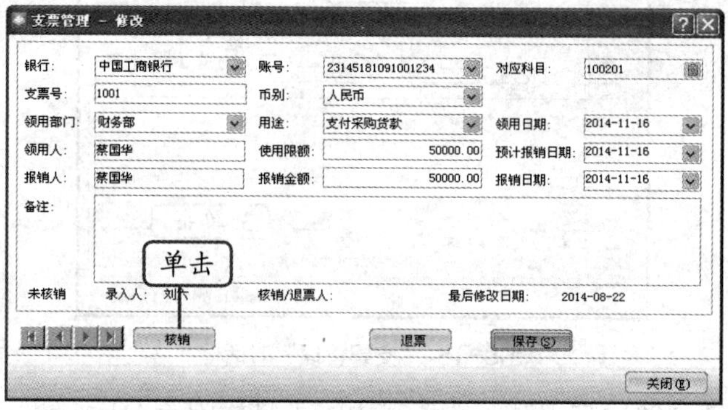

图8-21　设置支票报销参数

STEP 3 此时 核销 按钮变为 取消核销 按钮，在"核销/退票人"处出现核销人的名称，单击 保存(S) 按钮保存操作，单击 关闭(E) 按钮关闭对话框即可，效果如图8-22所示。

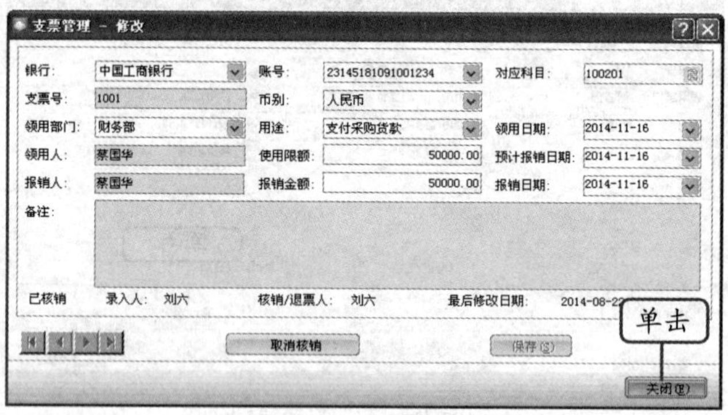

图8-22　核销支票

> **操作提示**
>
> 核销支票或保存核销的支票后，若发现相关数据有误，可单击 取消核销 按钮，返回核销前的状态，修改数据后再次核销即可。

（四）查看往来对账单

往来对账单是记录所有往来业务详细信息的表单，包括应收、应付、预收和预付业务等。下面查看欣宝月实业有限公司截至11月30日"应付账款"科目相关的往来业务对应的对

账单，其具体操作如下。（微课：光盘\微课视频\项目八\查看往来对账单.swf）

STEP 1 以“张二”的账户登录“欣宝月”账套，在左侧单击“往来管理”选项卡，在中间单击“往来对账单”超链接。

STEP 2 打开“往来对账单”对话框，单击“会计科目”文本框右侧的按钮，打开“会计科目”对话框，在“负债”选项卡中选择“应付账款”科目，然后单击确定(O)按钮返回“往来对账单”对话框，单击确定(O)按钮，如图8-23所示。

STEP 3 打开“往来对账单”选项卡，在列表框中查看与“应付账款”科目相关的往来账单，如图8-24所示。选择往来业务后，在工具栏中单击凭证按钮，可打开相应的记账凭证。

图8-23 设置对账科目参数

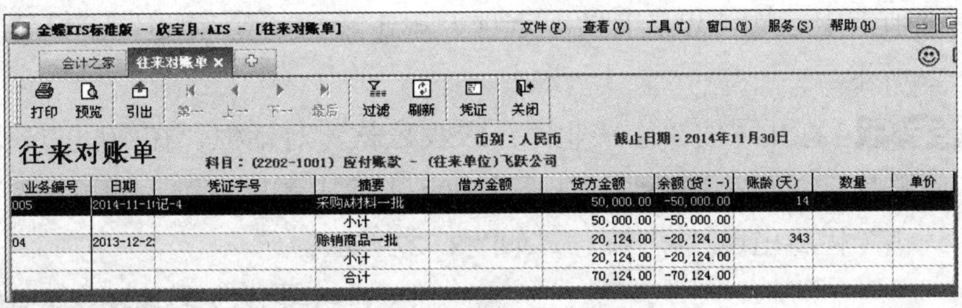

图8-24 查看往来对账单

STEP 4 在工具栏单击关闭按钮关闭“往来对账单”选项卡，在左侧单击“账务处理”选项卡，在中间功能区单击“凭证录入”超链接，录入以支票支付应付账款的业务对应的记账凭证，设置摘要为“支付采购A材料未付的账款”，借方科目为“2202-1001 应付账款-（往来单位）飞跃公司”，贷方科目为“100201 银行存款-工商银行”，金额为“50 000”元，如图8-25所示。

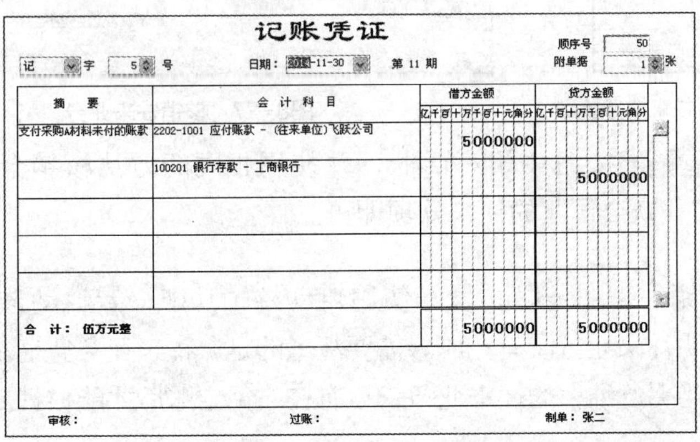

图8-25 录入往来记账凭证

操作提示 在“往来对账单”选项卡中的工具栏上单击过滤按钮，打开“往来对账单”对话框，重新设置会计科目后，单击确定(O)按钮即可打开与重设科目相关的往来账单。

（五）核销往来业务

企业发生往来业务后，一定会在某一时间再次发生与该往来业务能抵消其他业务，如收到应收账款、支付应付账款，收到预付账款，支付预收账款等。为了标记往来业务，金蝶KIS标准版核算软件提供了核销功能。下面核销欣宝月实业有限公司的往来业务，具体操作如下。（**微课**：光盘\微课视频\项目八\核销往来业务.swf）

STEP 1 在“往来管理”选项卡中单击“核销往来业务”超链接，打开“核销往来业务”对话框。

STEP 2 在“会计科目”文本框右侧单击按钮，打开“会计科目”对话框，在“资产”选项卡中选择“应收账款”科目，单击确定(O)按钮返回“核销往来业务”对话框。

STEP 3 在“项目代码”文本框右侧单击按钮，打开“核算项目”对话框，在“往来单位”选项卡中选择“思泉商贸”选项，单击确定(O)按钮返回“核销往来业务”对话框，如图8-26所示。

STEP 4 打开“核销往来业务：应收账款”对话框，在中间的列表框中将显示思泉商贸的应收账款，单击自动核销按钮或在业务上双击鼠标左键，即可核销该业务，核销后的业务其“核销”栏将出现“*”符号，如图8-27所示。

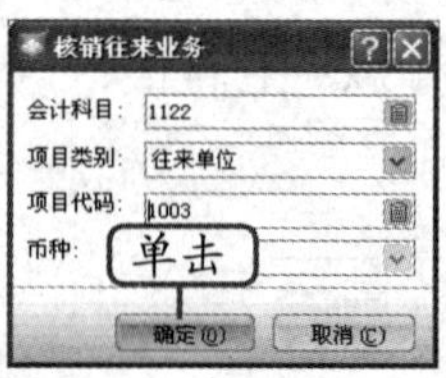

图8-26　设置往来业务参数

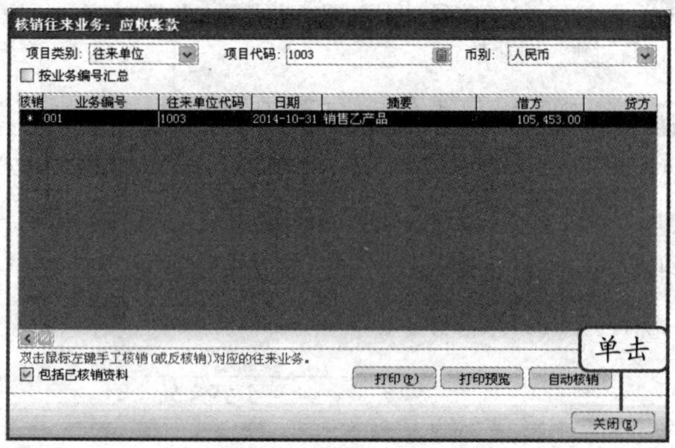

图8-27　核销往来业务

STEP 5 单击关闭(E)按钮关闭对话框，并使用相同的方法核销会计科目为“应付账款”，项目代码为“飞跃公司”的往来款项即可。

> **操作提示**　核销往来业务时，最好使用自动核销功能，若自动核销功能不能核销的，说明往来业务没有完成。需要注意的是，往来业务凭证都结账后，才能核销，即当月已结束的往来业务，只有在当月结账后才能核销。

实训一　对新客户合同进行核算

> **【案例3】** 2014年11月24日，欣宝月实业有限公司和百事恒兴签订销售合同，合同总金额为40 000元，分两次供货，每次供货20 000元，具体的合同信息如表8-7所示。

表 8-7 合同信息

项目	内容	项目	内容
合同编号	20141124	合同类型	销售合同
合同名称 / 合同项目	向百事恒兴销售商品	签约日期	2014-11-24
对方名称	百事恒兴	期限	2014-11-25 至 2014-11-28
项目地点	四川成都	计量单位	件
我方签约代表	陈中云	数量	8000
对方签约代表	王一丰	合同总额	40 000（元）
兑现详情	①第一次收款 20 000 元，对方科目为“银行存款——农行银行” ②第二次收款 20 000 元，对方科目为“银行存款——农行银行”		

【实训要求】

要求在金蝶KIS标准版中新增合同，根据表8-7所示的内容填写合同单据，并兑现和审核新增的合同。

【实训思路】

在金蝶KIS标准版中按表8-7所示的合同信息新增合同，兑现合同时，对方科目设置为“主营业务收入”，金额分别为“20 000”元，此时将自动生成凭证，则借方科目为“银行存款”，贷方科目为“主营业务收入”，金额均为“20 000”元。由于销售货物需要缴纳增值税销项税额，所以应再在贷方新增一栏“应交税费-应交增值税-销项税额”科目，金额为“3 400”元，并将借方科目“银行存款”的金额更改为“23 400”元。合同单据填制完成后，即可使用牟一账户审核和结束合同。图8-28所示为审核后的合同单据。

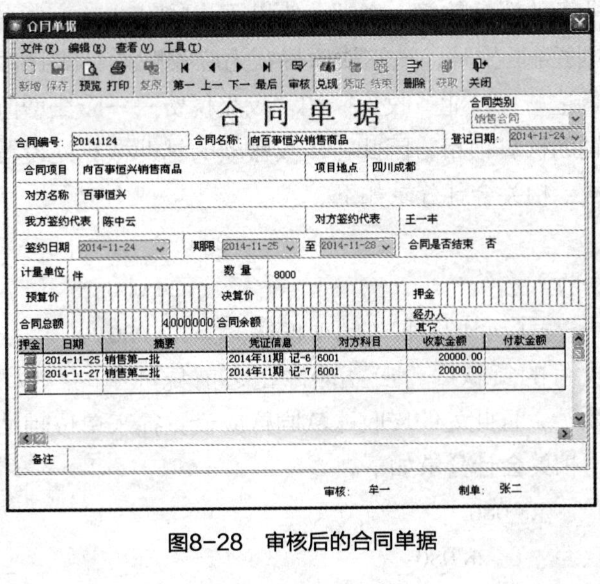

图8-28 审核后的合同单据

【步骤提示】

STEP 1 启动金蝶KIS标准版，以“张二”的账户登录“欣宝月”账套。

STEP 2 选择【功能】/【往来管理】/【新增合同】菜单命令，打开“合同单据”对话框，根据表8-7所示的合同信息，在对话框中对应位置录入相关数据。

STEP 3 单击兑现按钮，在兑现栏分别设置日期、摘要、对方科目和收款金额，完成第一栏之后按【F5】键，此时自动生成记账凭证。

STEP 4 在贷方新增一栏“应交税费-增值税-销项税额”，金额设置为“3 400”元，同时将借方科目“银行存款”的金额更改为“23 400”元。

STEP 5 保存凭证后返回合同单据，使用相同的方法设置第二栏兑现信息，并生成相应的凭证，最后保存合同单据。

STEP 6 使用“牟一”账户登录系统，选择【功能】/【往来管理】/【合同审批】菜单命令，在打开的对话框中单击确定(O)按钮，选择并审核合同，完成后结束合同即可。

实训二 对应收业务进行核算

【案例4】2014年11月26日，欣宝月实业有限公司销售200件甲产品给中楚恒通有限公司，该产品单价为120元，货款尚未支付。2014年11月28日，中楚恒通有限公司转账支付货款，欣宝月实业有限公司财务部根据工商银行的收款通知据以记账。

【实训要求】

要求根据欣宝月实业有限公司销售商品未收到货款、收到中楚恒通有限公司转账支付的货款等经济业务，编制记账凭证。

【实训思路】

本实训是对应收业务的账务核算，主要分为以下步骤。

（1）销售商品未收到货款时，该笔款项确认为应收账款，即此时填制的记账凭证中，借记“应收账款”，贷记“主营业务收入”和“应交税费——应交增值税（销项税额）”。由于应收账款设置了辅助核算项目，因此在应收账款的辅助核算处设置往来单位为“中楚恒通”，并设置业务编号，相关会计分录如下。

借：应收账款　　28 080

　　贷：主营业务收入　　24 000

　　　　应交税费——应交增值税（销项税额）　　4 080

（2）收到转账支付的货款后，应立即冲销之前凭证中的应收账款，借记“银行存款”，贷记“应收账款”，且此处的应收账款同样应设置往来单位辅助核算项目，业务编号和之前设置的应相同，相关会计分录如下。

借：银行存款　　28 080

　　贷：应收账款　　28 080

【步骤提示】

STEP 1 以"张二"的账户登录"欣宝月"账套。

STEP 2 在"账务处理"选项卡右侧功能区单击"凭证录入"超链接，打开"记账凭证—新增"对话框，设置凭证字号、日期和所附单据。

STEP 3 登记销售甲产品的记账凭证，设置摘要为"销售甲产品"，借方科目为"1122 应收账款"，辅助核算为"1004 往来单位——中楚恒通"，业务编号为"0012"，金额为"28 080"元。

STEP 4 设置贷方科目为"6601 主营业务收入"和"22210102 应交税费-应交增值税-销项税"，金额分别为"24 000"元和"4 080"元。

STEP 5 保存记账凭证后单击新增按钮新增空白凭证，设置凭证字号、日期、所附单据和摘要，借方科目为"1002 银行存款"，金额为"28 080"元。

STEP 6 设置贷方科目为"1122 应收账款"，辅助核算为"1004 往来单位——中楚恒通"，业务编号为"0012"，金额为"28 080"元，完成后保存记账凭证即可（效果参见：光盘/效果/项目八/欣宝月.AIS）。

常见疑难解析

问：是否所有企业都应设"预收账款"和"预付账款"科目？

答：预付账款属于企业的短期债权，它是企业为了购买所需物资或为了接受劳务而按照购货合同规定提前预付给供应商的款项。对于预付账款业务不多的企业，可以不设置"预付账款"科目，而将预付的货款记入"应付账款"账户的借方进行核算。但在编制会计报表时，仍然要将"预付账款"和"应付账款"的金额分开报告。此外，预收账款的原理与之相同。

问：财务处理中应如何确定坏账准备的金额？

答："坏账准备"科目的借方登记实际发生的坏账损失金额和冲减的坏账准备金额；贷方登记当期计提的坏账准备金额，期末余额在贷方，反映企业已计提但尚未转销的坏账准备。计算当期应计提坏账准备的基本公式如下：当期应计提的坏账准备 = 当期应收款项余额 × 坏账准备计提率 -（或 +）"坏账准备"科目的贷方（借方）余额。

拓展知识

票据管理是出纳的重点工作，其中票据的领取和报销是票据管理的关键。企业在管理票据时，主要应规定以下内容。

（1）逾期未用的空白支票要及时收回注销，严禁将支票转交其他单位或个人签发，对于错填支票、退票，须加盖作废戳记，由专人妥善保存。

（2）银行返还的结算单据，应及时到有关部门请经办人、部门主要负责人和财务处处长审核签字，方可入账。

（3）妥善保管各种支票，对银行账号及余额要严格保密。

（4）各种印鉴由财务科专人保管，不允许一人既保管印鉴又保管支票。

（5）为及时准确掌握资金支出情况，杜绝空头支票的发生，支票借用须在3日内归还，逾期按票额的5%～10%对当事人实施罚款。

（6）为及时准确地完成上级主管部门的各种报表，不影响下月拨款，原则上每月25号以后停借支票。

课后练习

在大顺粮油公司的账套中使用会计账户完成以下业务的账务核算。

（1）2014年11月12日，公司与合作企业签订采购合同，相关合同信息如表8-8所示。请在金蝶KIS标准版中新增合同，兑现合同信息，并审核和完成该合同。

表 8-8 合同信息

项目	内容	项目	内容
合同编号	20141112	合同类型	采购合同
合同名称 / 合同项目	向 ×× 公司采购货物	签约日期	2014-11-12
对方名称	×× 公司	期限	2014-11-13 至 2014-11-15
项目地点	四川成都	计量单位	件
我方签约代表	陈某	数量	500
对方签约代表	张某	合同总额	25 000（元）
兑现详情	①第一次付款 15 000 元，对方科目为“银行存款——农行银行” ②第二次付款 10 000 元，对方科目为“银行存款——农行银行”		

（2）2014年11月19日，公司再次向××公司采购一批价格为50 000元的半成品，货款未支付。11月20日，采购员李某向财务部领取一张金额为50 000元的转账支票，用于支付19日采购的货款，支票信息如表8-9所示。同日，李某在财务部核销使用后的支票，财务部同时核销19日的往来账款。根据该经济业务事项，对应付账款和支票进行核算。

表 8-9 支票信息

项目	内容	项目	内容
支票号	1001	对应科目	银行存款——工商银行
领用部门	采购部	用途	支付采购货款
领用人	李某	使用限额	50 000 元
报销人	李某	报销金额	50 000 元
领用日期	2014-11-20	（预计）报销日期	2014-11-20

PART 9

项目九 期末结账与损益计算

情景导入

阿秀：小白，你知道会计人员期末一般要进行哪些工作吗？

小白：出纳期末轧账，会计期末过账结账。

阿秀：是的，每一个会计期间的期末都要进行轧账、过账和结账处理。但是进行这些工作前，还应该将本期的制造费用、成本收入等损益进行结转，这也是为什么损益类账户期末没有余额的原因。

小白：损益类账户在期末会将余额结转到“本年利润”账户里，这项工作需要手动填制记账凭证来结转吗？

阿秀：会计核算软件一般都有自动生成凭证和自动结转的功能，这就要求会计人员熟悉会计核算软件。

小白：金蝶KIS标准版会计核算软件也有自动结转损益的功能吗？

阿秀：当然，跟我去看看吧。

学习目标

- 熟悉财产清查流程
- 熟悉会计账簿的分类
- 掌握凭证账簿的打印和装订方法

技能目标

- 掌握货币资金、实物和往来账款的清查方法和处理方法
- 掌握新增自动转账凭证的操作方法
- 掌握结转损益及查看各种账簿的方法

任务一 财产物资的清查

财产清查是指通过对货币资金、实物资产和往来款项的盘点或核对，确定其实存数，查明账存数与实存数是否相符的一种专门的方法。在企业日常账务处理中，财产和物资清查的清查是必不可少的环节。欣宝月实业有限公司应根据企业实际情况，定期或不定期对企业进行财产清查。

一、 任务目标

本任务将使用金蝶KIS标准版财务软件对财产清查环节中各种账务进行核算处理。通过本任务的学习，可了解货币资金、实物、往来账款的清查方法和财产清查的结果处理，掌握在金蝶KIS标准版中进行现金盘点与对账、录入银行对账单、查询银行余额调节表和出纳轧账的方法等。图9-1所示为“现金盘点与对账”对话框。

图9-1 “现金盘点与对账”对话框

二、相关知识

（一）货币资金的清查方法

1. 库存现金的清查

库存现金的清查主要是通过实地盘点的方法来确定库存现金的实存数，然后再与现金日记账的账面余额相核对，确定账存与实存是否相符以及盈亏情况。在实际工作中，库存现金的清查主要有以下两种方法。

- **方法一：**由出纳人员每日清点库存现金实有数，并与现金日记账账面余额相核对。这种方法虽然省时省力，但清查工作并不严密，易出差错。
- **方法二：**由清查小组对库存现金进行定期或不定期的清查。现金清查时，出纳人员必须在场，现金由出纳人员经手盘点，清查人员从旁监督。同时，清查人员还应认真审核现金收付凭证和有关账簿，检查财务处理是否合理合法，账簿记录有无错误，以确定账存与实存是否相符等。

库存现金清查结束后，应填写“库存现金盘点报告表”，如图9-2所示，由清查人员和出纳人员以及相关负责人员签章确认。“库存现金盘点报告表”具有盘存单和实存账存对比表的作用，是证明现金实有数额的重要原始凭证，并可通过它调整现金日记账的账面记录。

库存现金盘点报告表

单位名称：　　　　　年　　月　　日　　　　　　单位：元

实存金额	账存金额	对比结果		备注
		盘盈	盘亏	

负责人签章：　　　　　　盘点人签章：　　　　　　出纳员签章：

图9-2　库存现金盘点报告表

2. 银行存款的清查

银行存款的清查是将银行对账单与银行存款日记账进行逐笔核对，查明银行存款的实有数额。银行存款日记账与开户银行转来的对账单不一致的原因一般有以下两个方面。

（1）双方或一方记账有错误。若属于单位自己的银行存款日记账有误，经确定后应及时更正；若属于银行对账单有误，则应通知银行更改。

（2）存在未达账项。所谓未达账项，是指企业与银行之间记账都没有错误，但由于凭证传递上的时间差，一方已登记入账，而另一方因尚未接到凭证而未登记入账的款项。具体而言，未达账项大致有以下几种情况。

- 银行已收，企业未收。即银行已收款入账，企业尚未收款入账。
- 银行已付，企业未付。即银行已付款入账，企业尚未付款入账。
- 企业已收，银行未收。即企业已收款入账，银行尚未收款入账。
- 企业已付，银行未付。即企业已付款入账，银行尚未付款入账。

知识补充

企业存在未达账项，应编制银行存款余额调节表，查看调节后的银行存款余额与银行日记账账面余额是否相等。图9-3所示为金蝶KIS标准版中查看的银行余额调节表。需要注意的是，银行存款余额调节表只是为核对银行存款余额而编制的一个工作底稿，不能作为实际记账的凭证。

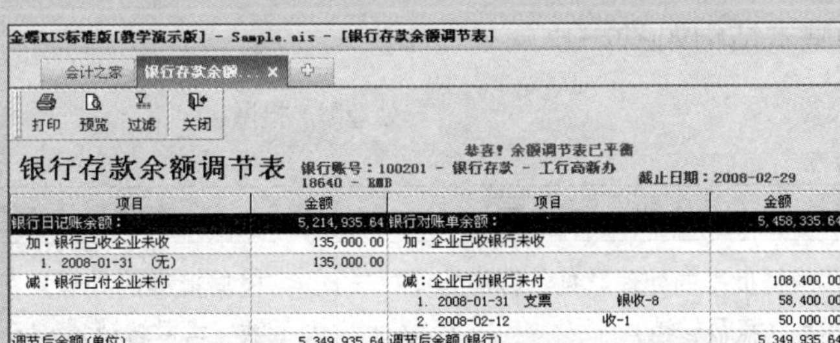

项目	金额	项目	金额
银行日记账余额：	5,214,935.64	银行对账单余额：	5,458,335.64
加：银行已收企业未收	135,000.00	加：企业已收银行未收	
1. 2008-01-31　(无)	135,000.00		
减：银行已付企业未付		减：企业已付银行未付	108,400.00
		1. 2008-01-31　支票　银收-8	58,400.00
		2. 2008-02-12　收-1	50,000.00
调节后余额(单位)	5,349,935.64	调节后余额(银行)	5,349,935.64

图9-3　银行存款余额调节表

（二）实物的清查方法

实物清查的对象主要是指对各种存货及固定资产等财产物资的清查。由于实物的形状、体积、重量、码放方式等不尽相同，因此采用的清查方法也有所不同。常用的实物清查方法主要有实地盘点法和技术推算法两种。

- **实地盘点法**：是指在财产物资存放现场，运用度、量、衡等工具，通过点数，逐一确定被清查实物实有数的一种方法。这种方法适用范围较广，大多数财产物资都可采取这种方法进行清查，得出的数字准确可靠，但工作量较大。
- **技术推算法**：是指按照一定标准推算出其实有数的一种方法。这种方法适用于堆垛量很大，不便一一清点，单位价值比较低的实物的清查。如露天堆放的燃料用煤、建筑沙石等就可以用技术推算法。此方法相对于实地盘点法而言，工作量小，但数字不够准确。

（三）往来账款的清查方法

往来款项主要包括应收款、应付款和暂收款等，其清查一般通过发函询证的方法进行核对，其具体步骤如下。

（1）将本单位的往来账款核对清楚。

（2）根据有关明细分类账的记录，编制往来款项对账单，寄往各有关往来单位，其中一联作为回单，对方单位核对后盖章退回。若核对不符，则应将不符的情况在回单上注明，或另抄对账单退回，以便进一步查清。

（3）本单位收到上述回单后，编制往来款项清查表，注明核对相符或不符的款项。尤其应注意查明有无双方发生争议的款项、有无希望收回的款项或无法支付的款项等，以便及时采取措施，避免坏账损失。

（四）财产清查结果的处理

财产清查结果包括盘盈、盘亏和正常等情况，对盘盈和盘亏的财产，在审批前和审批后的处理有所差异。

为了记录、反映财产的盘盈、盘亏和毁损情况，应设置“待处理财产损溢”科目。在该科目下应设置“待处理固定资产损溢”和“待处理流动资产损溢”两个明细科目，分别核算固定资产和流动资产的待处理的损溢。“待处理财产损溢”科目必须在年报编制前处理完毕，其账户的基本结构如图9-4所示。

待处理财产损溢

借方	贷方
待处理财产盘亏数	待处理财产盘盈数
根据批准的处理意见结转待处理财产盘盈数（盘盈转销）	根据批准的处理意见结转待处理财产盘亏数（盘亏转销）

图9-4 “待处理财产损溢”账户

上级对财产清查结果进行审批后，会计人员应根据财产清查差异发生的原因和批准处理意见，编制会计分录并据以登记有关账簿，处理差异并调整账项。

1. 盘盈处理

根据企业会计制度规定，企业财产盘盈的账务处理如表9-1所示。

表 9-1 企业财产盘盈的账务处理

时间	物资	借方	贷方
审批前	各种材料、库存商品和固定资产	“原材料”、“库存商品”和“固定资产”科目	“待处理财产损溢”和“累计折旧”科目
审批后	库存现金	“待处理财产损溢”科目	“营业外收入”科目
	原材料、库存商品等流动资产	“待处理财产损溢”科目	“管理费用”科目
	固定资产	“待处理财产损益”科目	“营业外收入”科目

2. **盘亏处理**

根据企业会计制度规定，企业财产盘亏的账务处理如表9-2所示。

表 9-2 企业财产盘亏的账务处理

时间	物资		借方	贷方
审批前	各种材料、库存商品、固定资产等		“待处理财产损益”科目和“累计折旧”科目	“原材料”、“库存商品”和“固定资产”科目
审批后	流动资产	可收回赔偿	“原材料”、“其他应收款”等科目	“待处理财产损益”科目
		非常损失	“营业外支出”科目	“待处理财产损益”科目
		一般经营损失	“管理费用”科目	“待处理财产损益”科目
	固定资产		“营业外支出”科目	“待处理财产损益”科目

三、任务实施

【案例1】2014年12月05日，欣宝月实业有限公司计划对财产物资进行一次全面清查。其中财务部要求出纳刘六完善现金日记账和银行存款日记账，并对现金和银行存款进行盘点和清查，确认无误后再进行轧账。

（一）现金盘点与对账

现金盘点与对账反映会计核算体系中账账相核、账实相核，账账相核体现出纳系统现金日记账与账务系统现金分类账相核对；账实相核体现出纳系统现金日记账与库存现金实盘数相核对。下面将对欣宝月实业有限公司的现金进行盘点与对账，其具体操作如下。（微课：光盘\微课视频\项目九\现金盘点与对账.swf）

STEP 1 以“刘六”的账户登录“欣宝月”账套（素材参见：光盘/素材/项目九/欣宝月.AIS），在主界面左侧单击“出纳管理”选项卡，在右侧功能区单击“现金日记账”超链接。

STEP 2 打开“现金日记账—库存现金”对话框，设置日期为“2014年第7期”至“2015年第1期”，单击确定按钮，如图9-5所示。

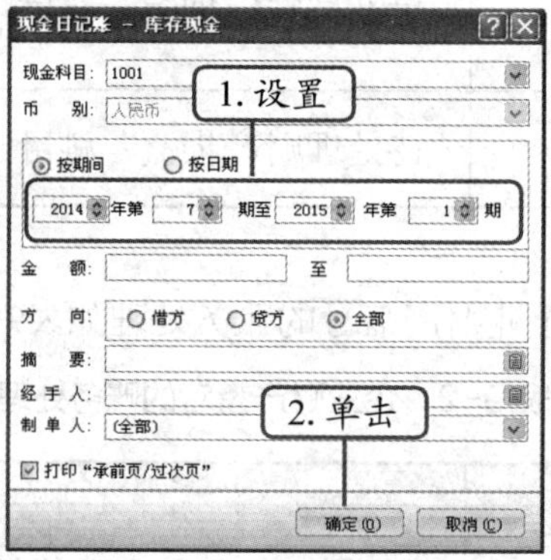

图9-5 设置会计期间

STEP 3 打开“现金日记账”选项卡，在现金日记账中将显示当前期间内所有登记的现金日记账，如图9-6所示。

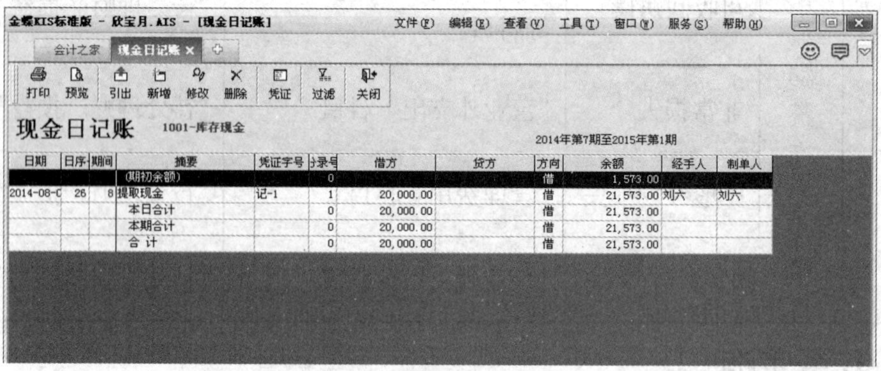

日期	日序	期间	摘要	凭证字号	分录号	借方	贷方	方向	余额	经手人	制单人
			(期初余额)		0			借	1,573.00		
2014-08-0	26	8	提取现金	记-1	1	20,000.00		借	21,573.00	刘六	刘六
			本日合计		0	20,000.00		借	21,573.00		
			本期合计		0	20,000.00		借	21,573.00		
			合 计		0	20,000.00		借	21,573.00		

图9-6 查看现金日记账

STEP 4 选择【文件】/【从凭证引入现金日记账】菜单命令，打开“凭证过滤-所有用户制作的凭证”对话框，单击选中“全部”单选项，然后单击确定按钮。

STEP 5 此时系统将自动将与“库存现金”科目相关的所有凭证的信息引入到现金日记账中，引入完成后，将打开提示对话框，提示引入的凭证信息，单击确定按钮确认，打开“现金日记账”选项卡，即可查看所有现金日记账，如图9-7所示。

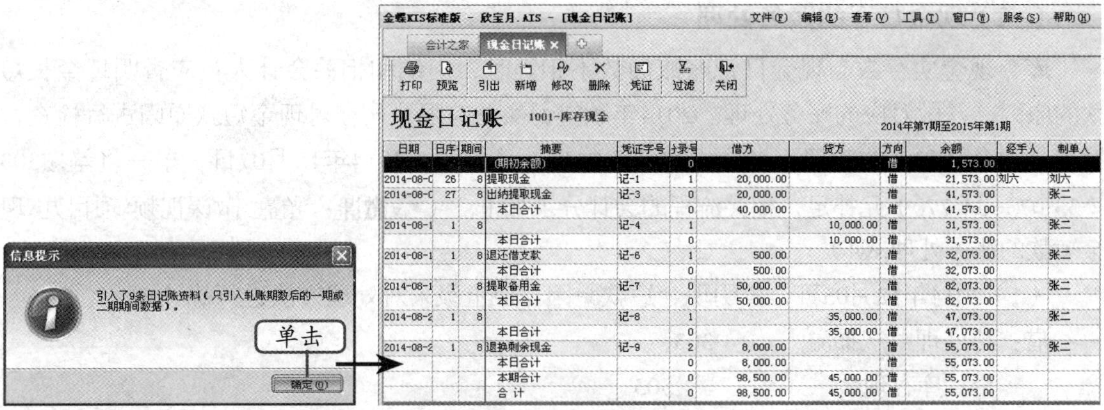

图9-7　从凭证引入现金日记账

操作提示

实务中，每一笔与库存现金和银行存款相关的业务，出纳都应在现金日记账和银行存款日记账中进行登记。为了方便出纳对现金日记账和银行存款日记账的管理，金蝶KIS标准版提供了凭证引入功能，包括从现金日记账（银行存款日记账）文件引入和从凭证引入两种方法。其中，从凭证引入日记账是指将与“库存现金”和“银行存款”科目相关的凭证的所有支出和收入信息分别引入到现金日记账和银行存款日记账中，以避免出纳因遗忘登记日记账而出现现金长短款和银行存款未达账项的情况。

操作提示

操作过程中，可能出现无法从凭证引入日记账的情况，这是因为选择的会计期间已进行出纳轧账。也就是说，出纳在使用金蝶KIS标准版进行核算时，每期期末都应从凭证引入日记账，然后再进行轧账，轧账后，该期的日记账数据不能再作更改。

STEP 6 单击关闭按钮关闭“现金日记账”选项卡，返回“出纳管理”选项卡，在中间功能区单击“现金盘点与对账”超链接，打开“现金盘点与队长-库存现金”对话框。

STEP 7 单击确定(O)按钮，打开“现金盘点与对账”对话框，在“今日余额”文本框中输入当前清查后的实际库存现金金额“34 770”元，如图9-8所示。

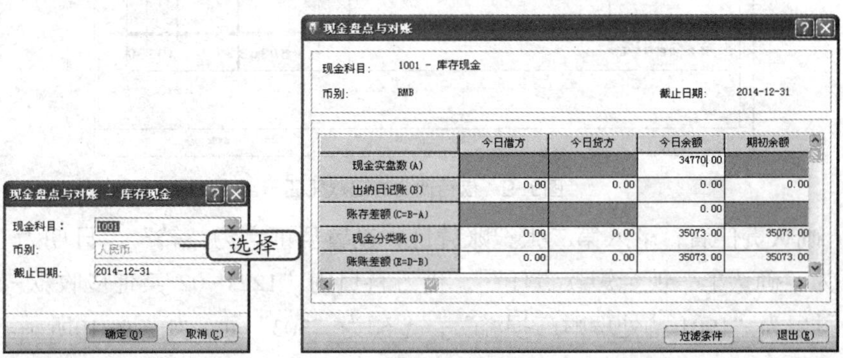

图9-8　现金清查与核对

（二）现金盘亏的账务处理

库存现金实存数与现金日记账账面数不相等时，出纳和相关会计人员应查明现金长短款的原因，并做对应的账务处理。2014年欣宝月实业有限公司在对现金短款原因进行检查，发现是由会计牟一的管理不当造成的，应由其补足差额。2014年12月07日，牟一将差额303（35 073−34 770）元补足，相关流程的会计分录如下。（**微课**：光盘\微课视频\项目九\现金短款的账务处理.swf）

（1）2014年12月05日，查明现金短款原因，但上级未对处理方法进行确认。

借：待处理财产损溢　　　　303

　　贷：库存现金　　　　　　303

（2）2014年12月06日，上级确认由牟一补足短款差额。

借：其他应收款　　　　　　303

　　贷：待处理财产损益　　　303

（3）2014年12月07日，牟一补足短款差额。

借：库存现金　　　　　　　303

　　贷：其他应收款　　　　　303

分别根据相关业务，在相应的日期内填制记账凭证，其具体操作如下。

STEP 1 以“张二”的账户登录“欣宝月”账套，在金蝶KIS标准版左侧单击“账务处理”选项卡，在中间功能区中单击“凭证录入”超链接。

STEP 2 打开“凭证录入-新增”对话框，录入第一张记账凭证，设置凭证字为“转”，日期为“2014-12-05”，摘要为“现金盘亏”，借方科目为“1101 待处理财产损溢”，贷方科目为“1001 库存现金”，金额为“303”元，如图9-9所示。

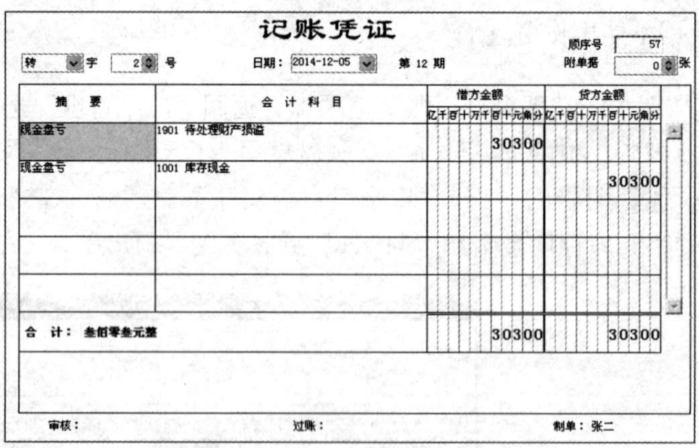

图9-9　盘亏现金的记账凭证

STEP 3 确认责任后，录入第二张记账凭证，设置凭证字为“转”，日期为“2014-12-06”，摘要为“确认牟一现金短款责任”，借方科目为“1221-02 其他应收款-（职员）牟一”，贷方科目为“1901 待处理财产损溢”，金额为“303”元，如图9-10所示。

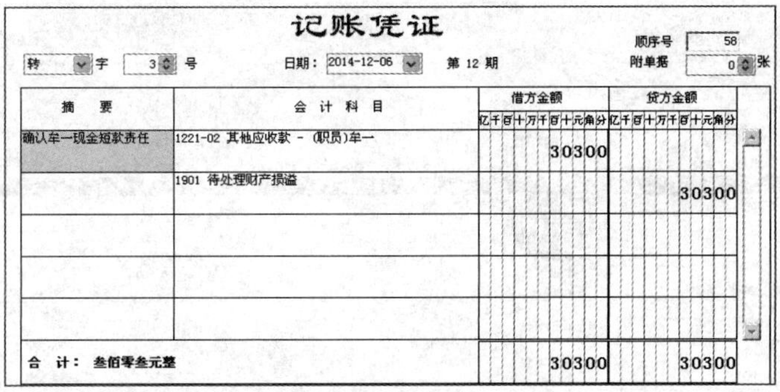

图9-10 确认短款责任的记账凭证

STEP 4 补足现金短款后，录入第三张记账凭证，设置凭证字为“收”，日期为“2014-12-07”，摘要为“收到牟一补足的现金短款”，借方科目为“1001 库存现金”，贷方科目为“1221-02 其他应收款-（职员）牟一”，金额为“303”元，如图9-11所示。

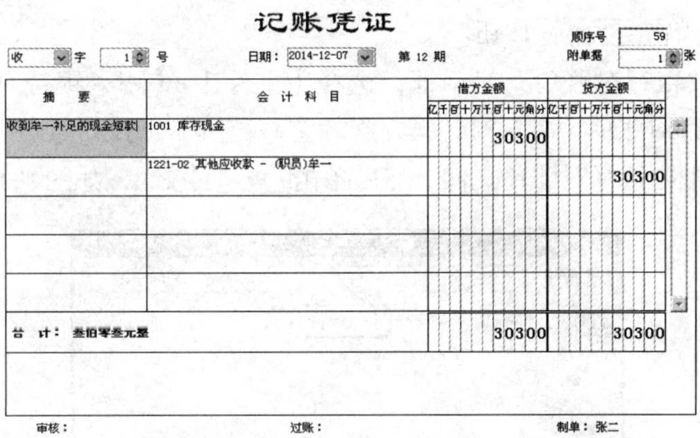

图9-11 补足短款的记账凭证

（三）录入银行日记账和银行对账单

银行存款日记账和现金日记账一样，都可以利用金蝶KIS标准版的“从凭证引入”功能获取日记账的相关数据，银行对账单则需要在公司各银行账户的网上银行中下载电子版，并将其导入到金蝶KIS标准版中。其具体操作如下。（**微课**：光盘\微课视频\项目九\录入银行日记账和银行对账单.swf）

STEP 1 以“刘六”的账户登录“欣宝月”账套，在金蝶KIS标准版主界面左侧单击“出纳管理”选项卡，在中间功能区中单击“银行日记账”超链接。

STEP 2 打开“银行日记账-银行存款”对话框，设置银行存款科目为“100201”，期间为“2014年第7期”至“2015年第1期”，单击确定(O)按钮。

STEP 3 打开“银行日记账”选项卡，选择【文件】/【从凭证引入银行日记账】菜单命令，在打开的对话框中单击确定(O)按钮，将凭证中与“银行存款”科目相关的所有信息引入到当前银行日记账中， 完成后打开提示对话框，单击确定(O)按钮确认即可，效果如图9-12所示。

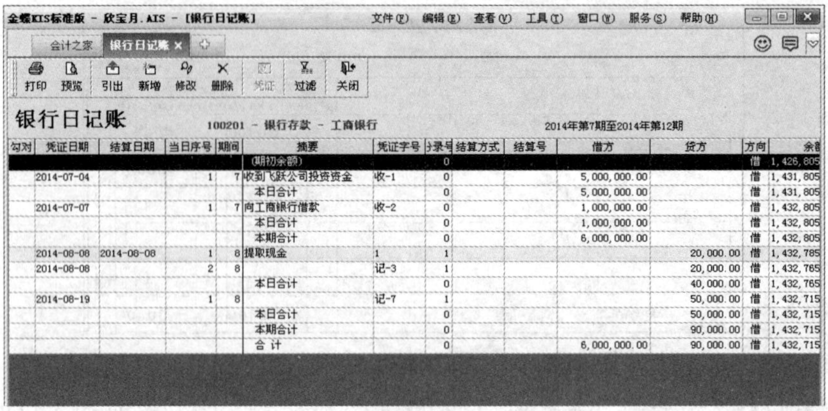

图9-12　从凭证引入银行日记账

STEP 4 关闭“银行日记账”选项卡，在中间功能区中单击“银行对账单”超链接，打开“银行对账单”对话框，设置银行存款科目为“100201”，期间为“2014年第7期”至“2015年第1期”，单击 确定(O) 按钮。

STEP 5 打开“银行对账单”对话框，选择【文件】/【引入银行对账单记录】菜单命令，打开“引入银行对账单记录”对话框，在“查找范围”下拉列表中选择文件存放的文件夹，在中间的列表框中选择对账单文件，然后单击 打开(O) 按钮，如图9-13所示。

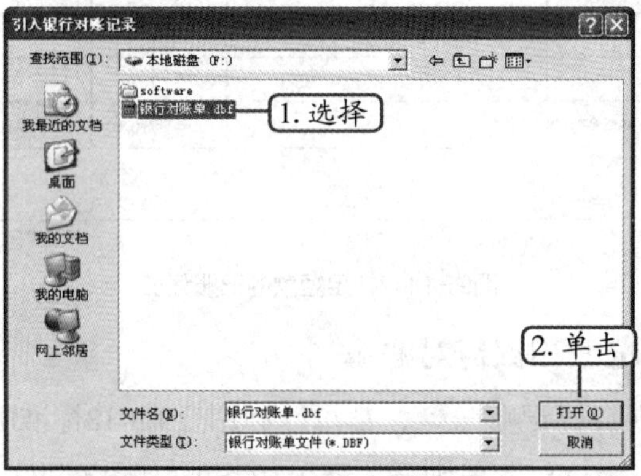

图9-13　选择对账单文件

STEP 6 系统自动引入银行对账单中的相关数据，并显示在“银行对账单”选项卡中。

> **操作提示**
>
> 银行对账单的后缀名为“.dbf”，也就是说，只有该类型的文件才能被引入到金蝶KIS标准版中。银行对账单一般通过企业银行账户的网上银行下载获取，获得的文件再将其引入到金蝶KIS标准版中，即可与银行存款日记账进行核对。这里的“银行对账单.dbf”文件为虚拟文件，所以对账时银行对账单处的内容为空。

（四）银行存款对账

银行存款对账是指银行日记账与银行对账单进行核对，在金蝶KIS标准版中也提供了两种账簿和账页核对的功能，用于查看银行日记账与银行对账单的记录及余额是否相等，其具体操作如下。（微课：光盘\微课视频\项目九\银行存款对账.swf）

STEP 1 以“刘六”的账户登录“欣宝月”账套，在左侧单击“出纳管理”选项卡，在中间功能区单击“银行存款对账”超链接。

STEP 2 打开“银行存款对账”对话框，同时打开“请输入本次对账日期：”对话框，在文本框中设置对账日期为“2014年12月07日”，然后单击确定按钮，如图9-14所示。

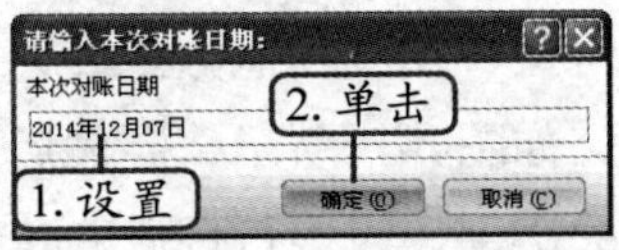

图9-14 “请输入本次对账日期：”对话框

STEP 3 返回“银行存款对账”对话框，在其中显示了本次对账日期、银行存款科目、银行日记账，以及银行对账单的相关信息，如图9-15所示。

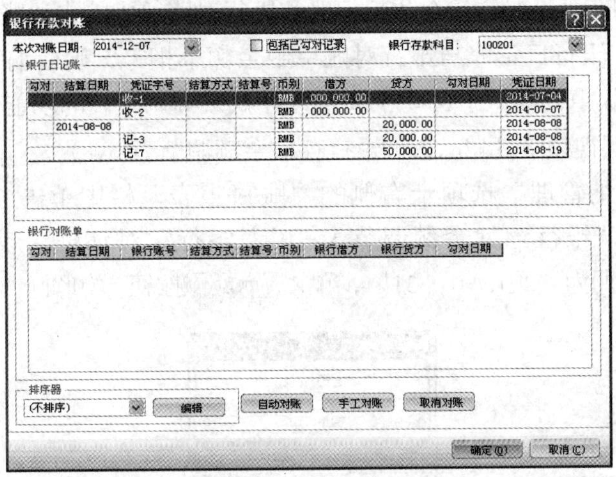

图9-15 银行存款对账

STEP 4 完成后，在“银行存款科目”下拉列表中选择“100202”选项，以核对银行存款科目中“农业银行”明细科目的银行日记账与银行对账单的相关信息，如图9-16所示。

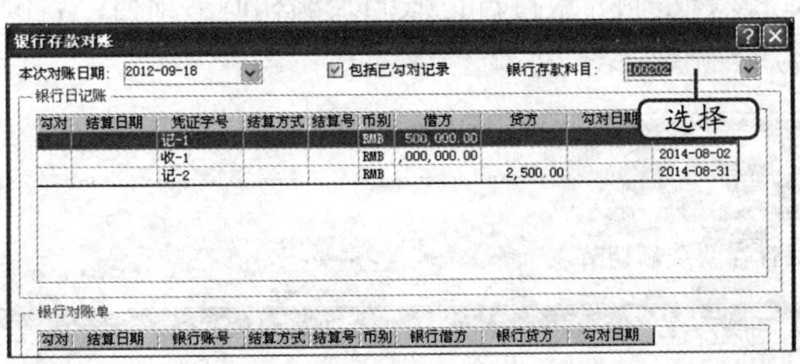

图9-16 核对其他明细科目

STEP 5 使用相同的方法，对会计科目“100203”的“建设银行”明细科目的银行日记账和银行对账单进行核对，完成核对后，单击确定按钮关闭对话框。

> **操作提示**
>
> 在金蝶KIS标准版中，银行存款对账分为自动对账和手动对账两种方法，分别在“银行存款对账”对话框下方单击“自动对账”按钮或“手工对账”按钮即可实现。除此之外，金蝶还提供了对存款信息的排序筛选功能，在“银行存款对账”对话框下方单击“编辑”按钮，将打开“银行存款排序器”对话框，在其中可按日期或其他方式设置主关键字、次关键字等，如图9-17所示，完成后系统将自动根据设置的关键字，对银行日记账和银行对账单重新进行排序。

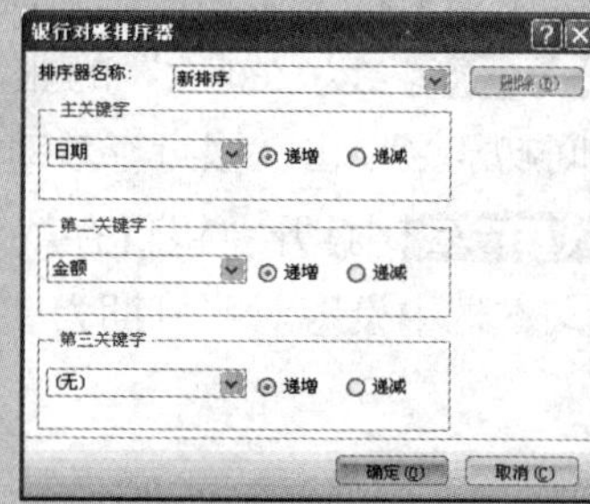

图9-17 “银行对账排序器”对话框

（五）查询银行存款余额调节表

银行存款余额调节表是对银行存款日记账和银行对账单中的未达账项进行调整的表格。若银行存款对账时，银行日记账与银行对账单中余额不相等，则应编制银行存款余额调节表。在金蝶KIS标准版中，提供了自动生成银行存款余额调节表的功能，其具体操作如下。（**微课**：光盘\微课视频\项目九\查询银行存款余额调节表.swf）

STEP 1 在“出纳管理”选项卡右侧的“账簿报表”栏中单击“银行存款余额调节表”超链接，打开“银行存款余额调节表-工商银行”对话框，设置银行存款科目为“100201”，截止日期为“2015-01-31”，单击“确定”按钮，如图9-18所示。

图9-18 “银行存款余额调节表-工商银行”对话框

STEP 2 打开“银行存款余额调节表”选项卡，表中将显示银行存款余额调节表的详细情况，如图9-19所示，该表左侧为银行日记账的余额和调节项目，右侧为银行对账单余额和调节项目，该银行存款余额调节表已平衡。

图9-19 银行存款余额调节表

任务二 期末过账和结账

会计实务中，会计人员在每一个会计期间的期末都应该进行过账和结账操作，在此之前，还应对每期的成本和费用进行结转。欣宝月实业有限公司会计人员在12月末对制造费用、主营业务成本、本年利润等进行结转，完成后通过查看各总账和明细分类账，确定企业各项资产、负债、所有者权益等项目的余额。

一、任务目标

本任务将介绍财务会计人员在会计期间的期末应进行的相关账务处理。通过本任务的学习，可了解会计账簿的种类，以及凭证、账簿的装订和保管方法；掌握期末结转生产成本、结转本年利润、结转损益、过账和结账等的操作方法，以及查看总账、明细分类账和科目余额表等相关账簿的方法。图9-20所示为在金蝶KIS标准版中查看“银行存款”的相关明细账。

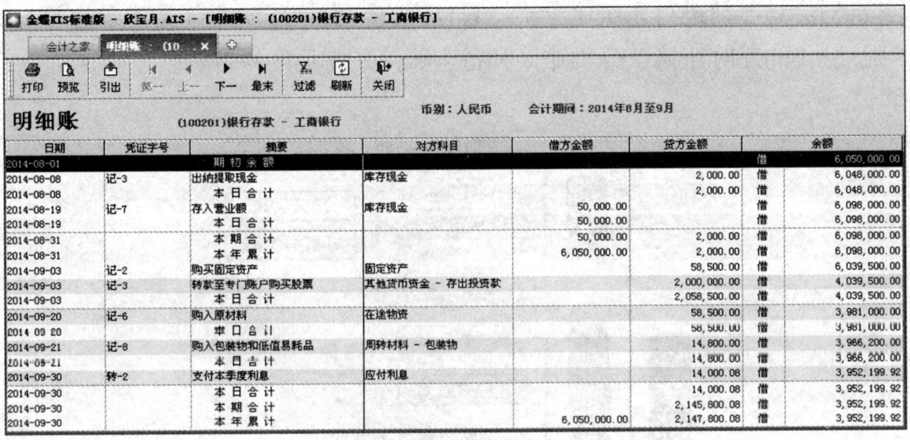

日期	凭证字号	摘要	对方科目	借方金额	贷方金额	余额	
2014-08-01		期初余额				借	6,050,000.00
2014-08-08	记-3	出纳提取现金	库存现金		2,000.00	借	6,048,000.00
2014-08-08		本日合计			2,000.00	借	6,048,000.00
2014-08-19	记-7	存入营业额	库存现金	50,000.00		借	6,098,000.00
2014-08-19		本日合计		50,000.00		借	6,098,000.00
2014-08-31		本期合计		50,000.00	2,000.00	借	6,098,000.00
2014-08-31		本年累计		6,050,000.00	2,000.00	借	6,098,000.00
2014-09-03	记-2	购买固定资产	固定资产		58,500.00	借	6,039,500.00
2014-09-03	记-3	转款至专门账户购买股票	其他货币资金 - 存出投资款		2,000,000.00	借	4,039,500.00
2014-09-03		本日合计			2,058,500.00	借	4,039,500.00
2014-09-20	记-6	购入原材料	在途物资		58,500.00	借	3,981,000.00
2014-09-20		本日合计			58,500.00	借	3,981,000.00
2014-09-21	记-8	购入包装物和低值易耗品	周转材料 - 包装物		14,800.00	借	3,966,200.00
2014-09-21		本日合计			14,800.00	借	3,966,200.00
2014-09-30	转-2	支付本季度利息	应付利息		14,000.08	借	3,952,199.92
2014-09-30		本日合计			14,000.08	借	3,952,199.92
2014-09-30		本期合计			2,145,800.08	借	3,952,199.92
2014-09-30		本年累计		6,050,000.00	2,147,800.08	借	3,952,199.92

图9-20　查看银行存款明细账

二、相关知识

（一）主营业务成本的结转

主营业务成本是指公司生产和销售与主营业务有关的产品或服务所必须投入的直接成本，其主要用于核算企业因销售商品、提供劳务或让渡资产使用权等日常活动而发生的实际成本。“主营业务成本”账户下应按照主营业务的种类设置明细账，进行明细核算。期末，应将本账户的余额结转入“本年利润”账户，结转后本账户应无余额。

生产型企业在生产产品、产品入库和销售产品的过程中，应分别结转成本，其具体内容如下。

- **生产**：生产商品时，原材料应计入该商品的生产成本，即借记“生产成本”，贷记“原材料”。
- **入库**：商品入库，应将生产成本转入库存商品的成本，即借记“库存商品”，贷记“生产成本”。
- **销售**：不管商品是否销售，其入库后，就应该将其作为应销售的商品来对待，同时应结转该商品的成本，即借记“主营业务成本”，贷记“库存商品”。

在金蝶KIS标准版中，期末应先结转主营业务成本，再将其结转至本年利润账户。

知识补充

每一个会计期间的期末都应该结转主营业务成本，在金蝶KIS标准版中，当月有入库和销售环节的，系统将自动生成结转凭证；当月没有该环节的，系统也将提示没有相关业务。由于本书每章中涉及业务在不同的会计期间，所以结转主营业务成本的操作应在10月份进行（即项目七），放在本项目讲解是便于知识点的归类。

（二）会计账簿的种类

会计账簿是指由一定格式账页组成的，以经过审核的会计凭证为依据，全面、系统、连续地记录各项经济业务的簿籍。会计账簿的种类和格式有多种，为了更好地使用和管理账簿，一般都会对会计账簿进行系统化分类。总体来讲，会计账簿的分类体系如图9-21所示。其中，按用途分类的序时账簿、分类账簿和备查账簿是常见的3种账簿。

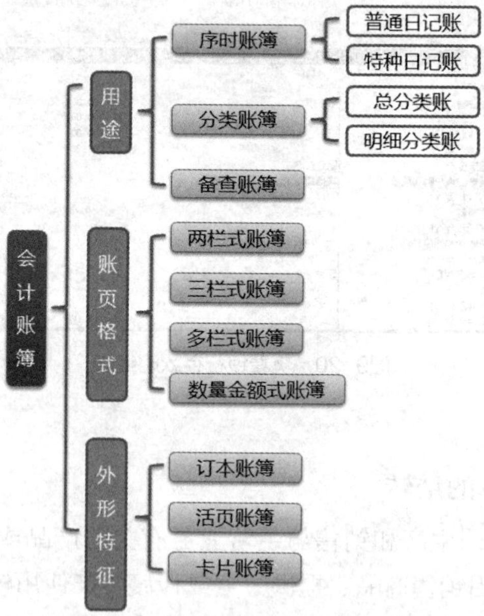

图9-21　会计账簿的分类体系

知识补充

订本账是启用之前就已将账页装订在一起，并对账页进行了连续编号的账簿。订本账一般适用于比较重要的、具有统驭性的账簿，如总分类账、现金日记账、银行存款日记账等。

1. 序时账簿

序时账簿又称日记账，是按照经济业务发生或完成时间的先后顺序（也称按照记账凭证编号的先后顺序）逐日逐笔进行登记的账簿。按照序时账簿登记对象的不同，可将序时账簿分为以下两种类型。

- **普通日记账**：主要用来登记全部经济业务的发生情况，如现金日记账、银行存款日记账等。
- **特种日记账**：主要用来登记某一类经济业务的发生情况。

2. 分类账簿

分类账簿是对全部经济业务事项按照会计要素的具体类别而设置的分类账户进行登记的账簿。分类账簿提供的核算信息是编制会计报表的主要依据。按照分类的概括程度不同，可将分类账簿分为总分类账和明细分类账两种。

- **总分类账**：简称总账，是指根据总账科目（一级科目）开设账户，分类登记全部经济业务事项，从而提供包括收入、费用、利润、资产和负债等各项会计要素的总括会计信息。
- **明细分类账**：简称"明细账"，是根据总账科目所属的二级或明细科目开设账户，分类登记某一类经济业务事项，从而提供比较详细的会计信息。明细分类账是对总分类账的补充和具体化，并受总分类账的控制和统驭。

3. 备查账簿

备查账簿简称"备查簿"，是对某些在序时账簿和分类账簿等主要账簿中都不予登记或登记不够详细的经济业务事项进行补充登记时使用的账簿，如租入固定资产登记簿等，备查账簿可以由各单位根据需要进行设置。

操作提示

在金蝶KIS标准版会计核算软件中，每个模块的右侧都提供了"账簿报表"栏，如通过"账务处理"选项卡右侧的"账簿报表"栏可查看总账、明细账等，通过"固定资产"选项卡右侧的"账簿报表"栏可查看固定资产增减表和固定资产明细账等，如图9-22所示。

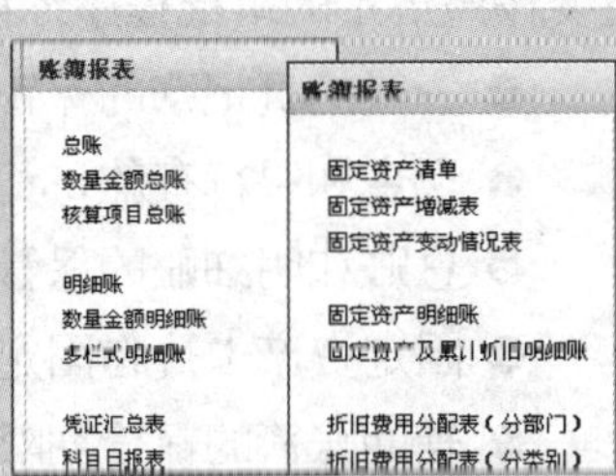

图9-22 账簿报表

（三）凭证、账簿的装订和保管

1. 凭证的装订和保管

在金蝶KIS标准版中，每一期的会计凭证都应打印出来，并装订成册，以便查阅和核对。图9-23所示为装订好的记账凭证。

不同的会计凭证，其保管期限也不相同。会计人员应严格遵守会计凭证的保管期限要求，期满前不得任意销毁。关于批准的保管规定如下。

- 对于一般的会计凭证，保管期限为15年，银行对账单为5年。
- 对于重要的会计凭证，应长期保管。
- 对于保管期满的会计凭证必须开列销毁清单，经本单位领导审核，报上级主管部门批准后，方可销毁。

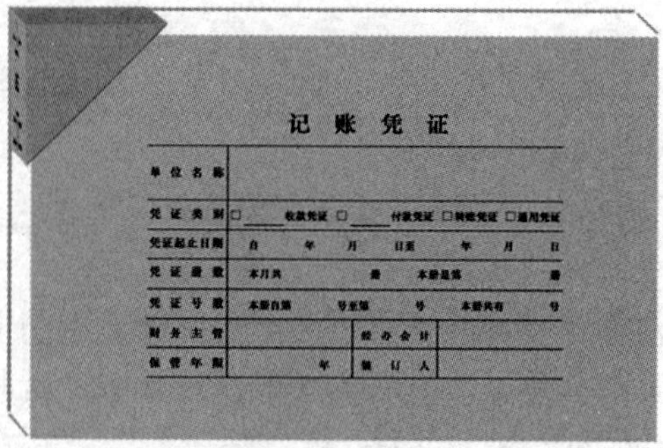

图9-23　装订好的记账凭证

2. 账簿的装订和保管

和会计凭证一样，会计账簿也应在期末将其打印出来，并装订成册。年度终了，各种账户在结转下年、建立新账户时，一般都要把旧账送交总账会计处集中统一管理，相关规定如下。

（1）会计账簿暂由本单位财务会计部门保管一年，期满之后，由财务会计部门编造清册移交本单位的档案部门保管。

（2）各种账簿应当按年度分类归档，编造目录，妥善保管。既要保证查阅迅速，又要保证账簿的安全和完整。

（3）会计账簿有一定的保管期限，根据其特点，分为永久和定期两类。保管期满后，还要按照规定的审批程序经批准后才能销毁。具体规定如下。

- 一般的日记账的保管期限为15年。
- 现金和银行存款日记账的保管期限为25年。
- 总账和明细账的保管期限为15年。
- 固定资产卡片在固定资产清理报废后的保管期限为5年。
- 辅助账簿的保管期限为15年。
- 涉及外事和重大事项的会计账簿为永久保管。

三、任务实施

【案例2】2014年11月30日，欣宝月实业有限公司财务部门决定使用金蝶KIS标准版会计核算软件，对企业的制造费用和主营业务成本等相关费用自动进行结转，并生成记账凭证。完成后再结转相关损益，为期末结账做好准备。

（一）结转制造费用

金蝶KIS标准版提供了自动结转制造费用的功能，下面自动结转欣宝月实业有限公司的制造费用，其具体操作如下。（**微课**：光盘\微课视频\项目九\结转制造费用.swf）

STEP 1 以“牟一”的账户登录“欣宝月”账套。

STEP 2 在左侧单击“账务处理”选项卡，在中间单击“自动转账”超链接，打开“自动转账凭证”对话框，如图9-24所示。

STEP 3 双击“结转本期制造费用”选项，其最左侧出现“*”标记后在右侧单击[结转成本]按钮，打开“信息提示”对话框，提示是否保存生成的转账凭证，单击[是(Y)]按钮保存凭证，如图9-25所示。

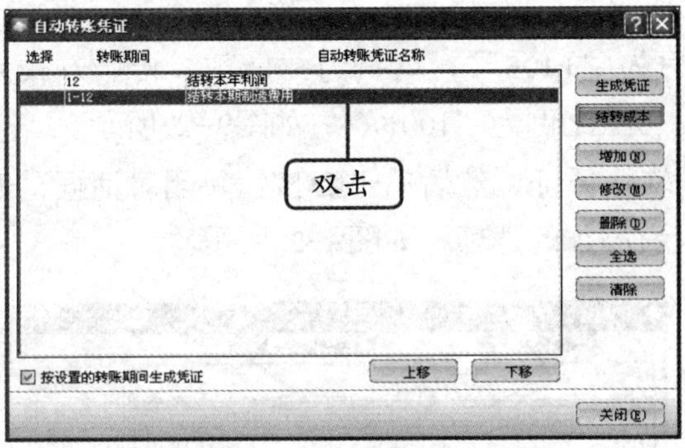

图9-24 “自动转账凭证”对话框

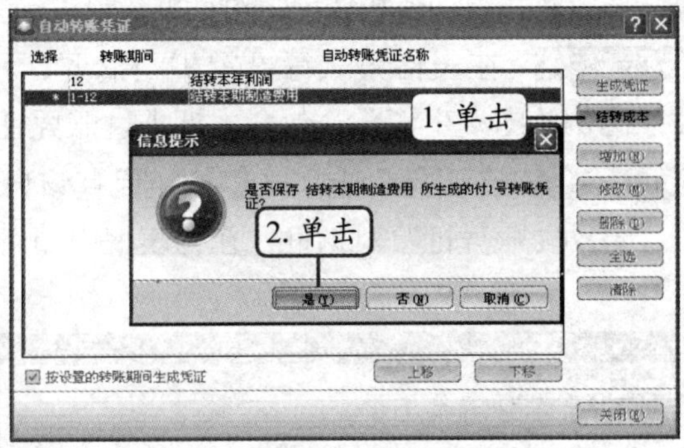

图9-25 自动生成转账凭证

STEP 4 打开提示对话框，提示生成了一张记账凭证，单击[确定(O)]按钮，返回“自动转账凭证”对话框，单击[关闭(C)]按钮关闭对话框。

STEP 5 返回系统主界面，选择【功能】/【账务处理】/【业务处理】/【凭证查询】菜单命令，在打开的对话框中单击[确定(O)]按钮，查找并打开生成的记账凭证即可，如图9-26所示。

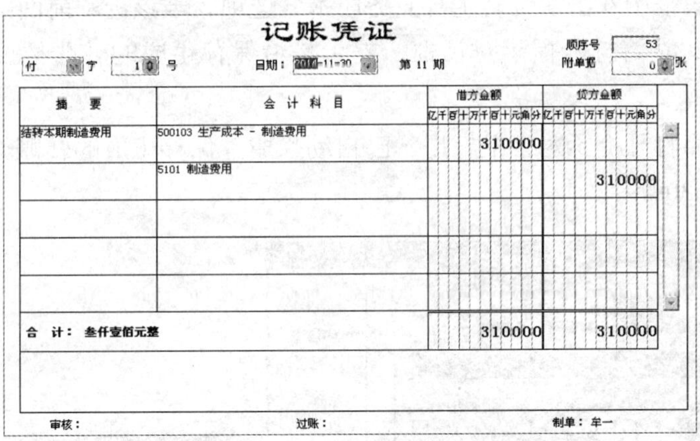

图9-26 自动生成的记账凭证

（二）结转主营业务成本

在金蝶KIS标准版中，结转主营业务成本并不是系统自动的，所以必须通过创建自动转账凭证来产生相关记载凭证，其具体操作如下。（**微课**：光盘\微课视频\项目九\结转主营业务成本.swf）

STEP 1 在金蝶KIS标准版主界面左侧单击“账务处理”选项卡，在中间单击“自动转账”超链接，打开“自动转账凭证”对话框。

STEP 2 单击[增加(N)]按钮，打开“自动转账凭证”对话框，在“自动转账凭证名称”文本框中输入“结转主营业务成本”文本，设置转账期间为“1-12”，凭证字为“转”。

STEP 3 在表格第一行中设置摘要为“结转主营业务成本”，在“科目”单元格中单击定位光标插入点，在工具栏上单击按钮，在打开的“会计科目”对话框中选择科目“6401”，确认后返回“自动转账凭证”对话框，设置借贷为“借”，转账方式为“转入”。

STEP 4 在表格第二行设置相同摘要，科目为“1405”，借贷为“贷”，转账方式为“按比例转出发生额”，包含本期未过账凭证，转账比例为“100%”，如图9-27所示。

STEP 5 在工具栏上单击按钮保存该自动转账凭证，然后单击按钮关闭对话框，返回“自动转账凭证”对话框，在列表框中即可查看添加的选项，如图9-28所示。

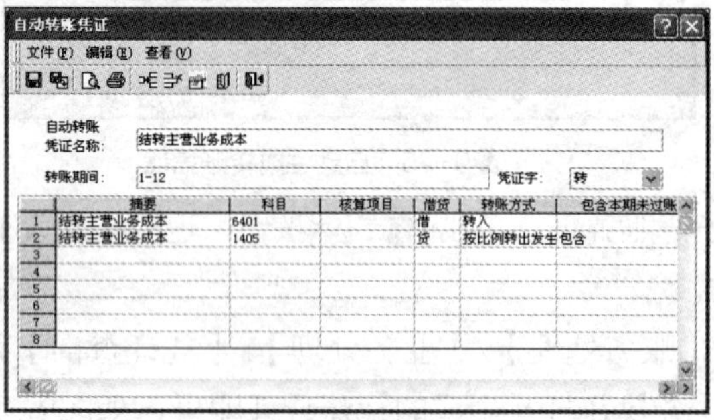

图9-27　设置自动转账参数

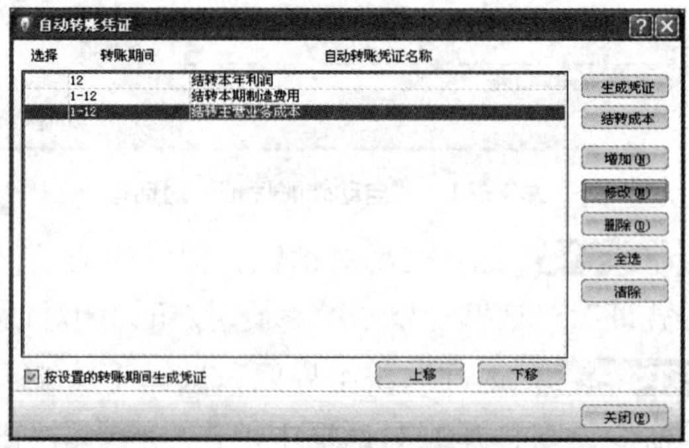

图9-28　新增的自动转账凭证

STEP 6 在列表框中双击“结转主营业务成本”选项，当该选项前面出现“*”标记时单击 生成凭证 按钮，此时将打开提示对话框，提示是否保存生成的转账凭证，单击 是(Y) 按钮，如图9-29所示。

STEP 7 此时将打开提示对话框，提示已自动生成并保存生成的转账凭证，单击 确定(O) 按钮即可，如图9-30所示。

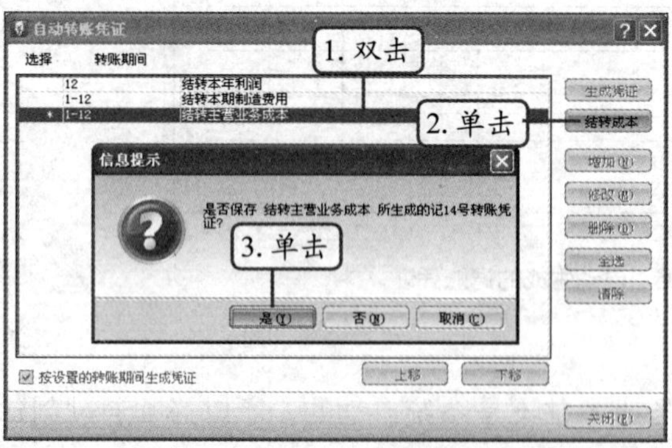

图9-29　是否自动生成凭证

图9-30　提示对话框

（三）期末结转损益

期末结转损益是指在会计期间的期末，应将所有的损益类账户下的金额转入“本年利润”账户中。下面结转欣宝月实业有限公司的期末损益，其具体操作如下。（**微课**：光盘\微课视频\项目九\期末结转损益.swf）

STEP 1 在“账务处理”选项卡中单击“结转损益”超链接，打开“结转本期损益”对话框，单击[前进 >]按钮。

STEP 2 打开“结转本期损益”对话框，设置凭证摘要为“结转本期损益”和凭证字为“记”，然后单击[前进 >]按钮，如图9-31所示。

STEP 3 打开“结转本期损益”对话框，此时保持默认设置，即对全部损益类科目进行结转，单击[前进 >]按钮，如图9-32所示。

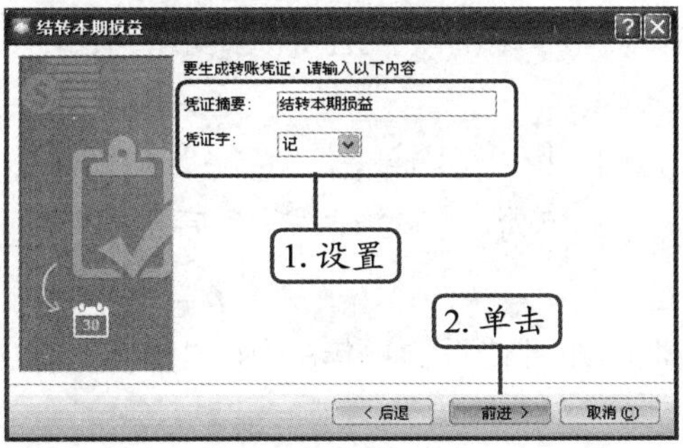

图9-31 结转本期损益

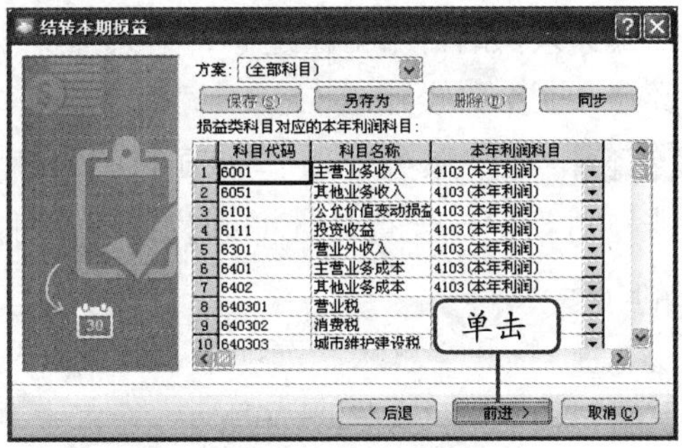

图9-32 选择损益科目

STEP 4 打开“结转本期损益”对话框，单击[完成]按钮，此时将打开提示对话框，提示已生成一张转账凭证，单击[确定(O)]按钮，如图9-33所示。

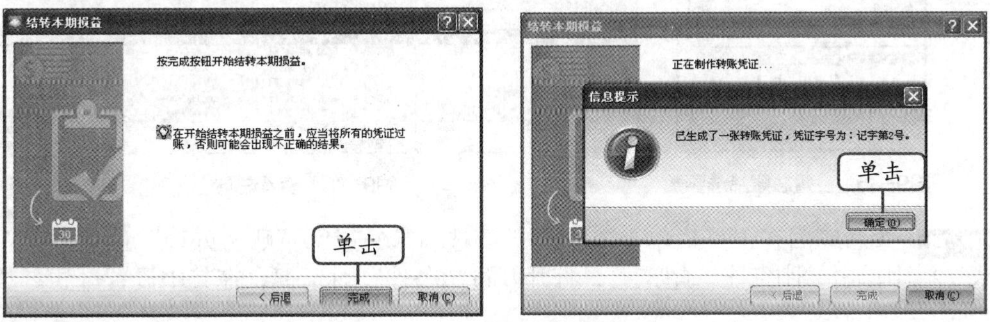

图9-33 生成转账凭证

STEP 5 通过查询生成的凭证字号为“记字第2号”的记账凭证，查看记账凭证的内容，效果如图9-34所示。

摘 要	会 计 科 目	借方金额	贷方金额
结转本期损益	6001 主营业务收入	27400000	
	6051 其他业务收入	475000	
	6111 投资收益	2500000	
	4103 本年利润		25375000
	4103 本年利润	19166828	
合 计：	肆拾肆万伍仟肆佰壹拾捌元贰角捌分	44541828	44541828

图9-34 结转本期损益生成的记账凭证

知识补充

账套进行年结后，系统将本年度的账套备份文件路径自动追加到账套管理数据库中。从此以后当需要查找以前的往来账时，系统将根据账套管理文件的有关路径自动打开往年账套文件并查找往来账务信息。

（四）查看总分类账和明细分类账

总分类账和明细分类账是会计账簿根据其概括程度不同进行的分类，查看总账和明细分类账，是会计人员的日常工作之一，其具体操作如下。（**微课**：光盘\微课视频\项目九\查看总分类账和明细分类账.swf）

STEP 1 在“账务处理”选项卡右侧的“账簿报表”栏中单击“总账”超链接，打开“总账”对话框，设置会计期间为第8-8期，会计科目为“100201”，然后单击确定按钮，如图9-35所示。

STEP 2 打开“总账”选项卡，此时在列表框中即可查看2014年8月中“银行存款-工商银行”科目的总账，如图9-36所示。

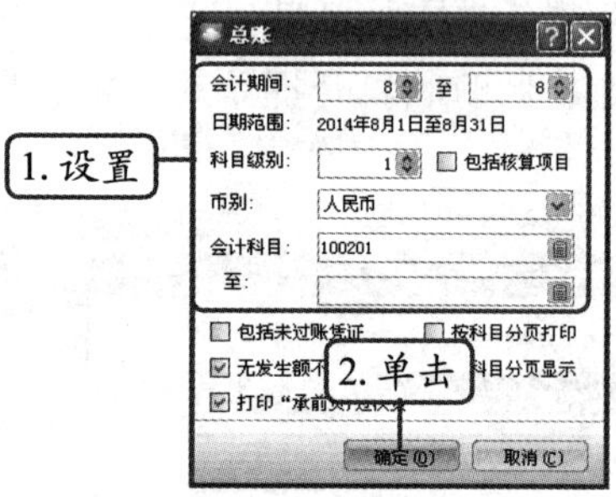

图9-35　设置总账筛选参数

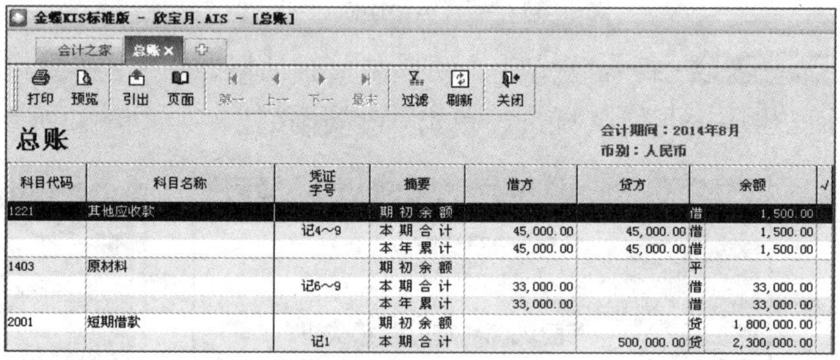

图9-36　查看总账

STEP 3 查看完后在工具栏单击关闭按钮关闭选项卡，返回“账务处理”选项卡，在“账薄报表”栏中单击“明细账”超链接，打开“过滤条件”对话框，在其中设置过滤参数，如图9-37所示。

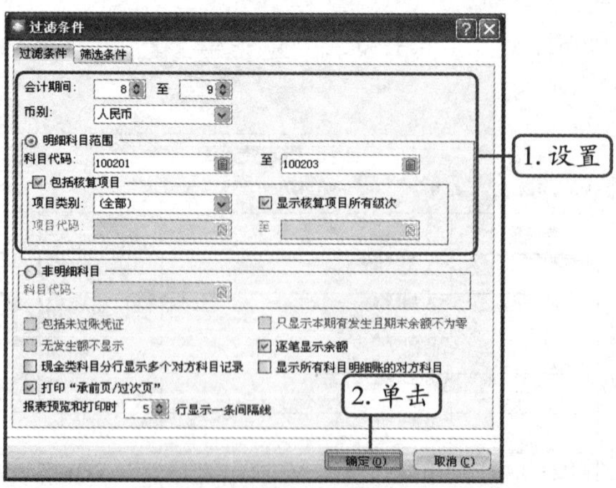

图9-37　设置过滤参数

STEP 4 单击[确定(O)]按钮打开“明细账”选项卡，即可查看相关会计科目的明细分类账及其详细记录，单击[下一]按钮可查看下一科目的明细分类账，完成后单击[关闭]按钮关闭该选项卡，如图9-38所示。

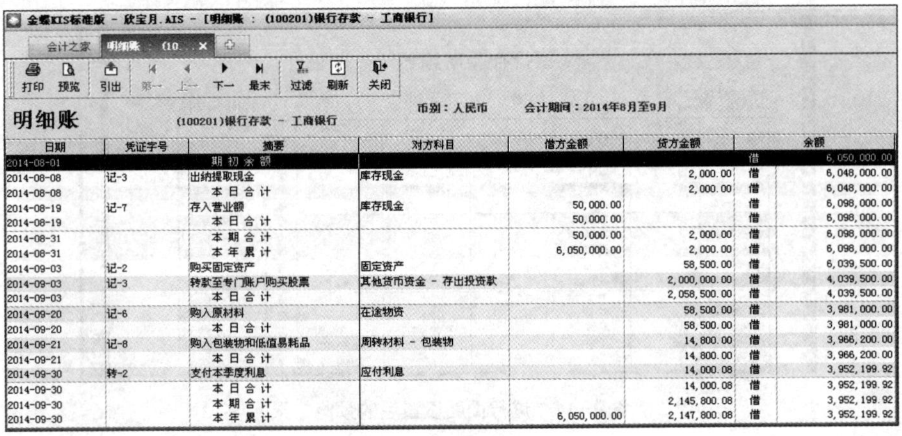

图9-38 查看明细分类账

STEP 5 在工具栏中单击[预览]按钮，打开“明细账——打印预览”窗口，在其中将显示明细账的打印预览效果，单击[关闭(C)]按钮关闭预览窗口，如图9-39所示。

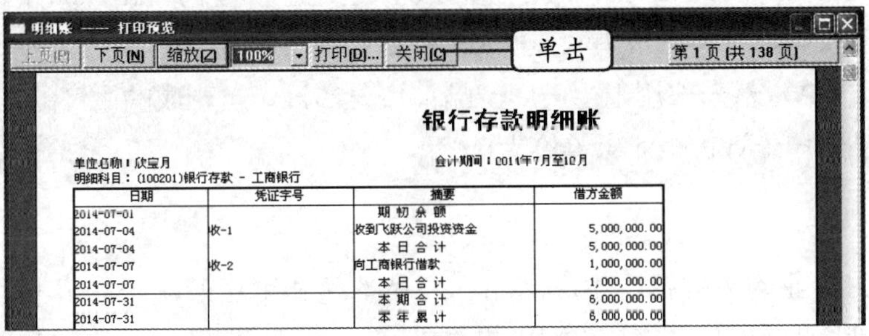

图9-39 打印明细分类账

STEP 6 返回明细账，选择【查看】/【页面设置】菜单命令，打开“页面设置”对话框，设置表格列宽和其他相关参数，使所有列的数据都能显示在同一页纸张中，单击[确定(O)]按钮确认设置，如图9-40所示。

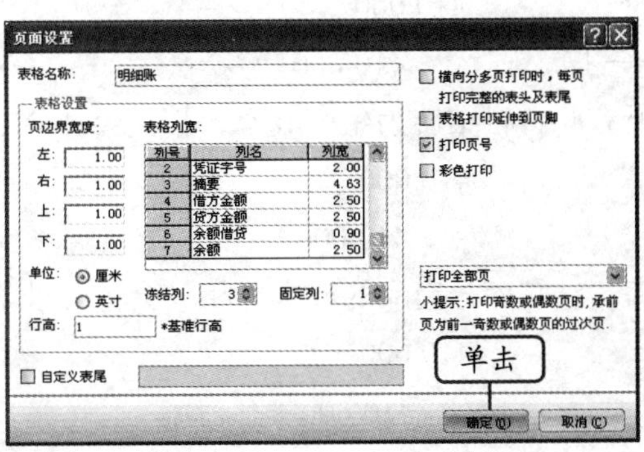

图9-40 进行页面设置

STEP 7 再次进入打印预览状态，查看打印效果后在工具栏中单击打印(D)...按钮打印明细账即可，如图9-41所示。

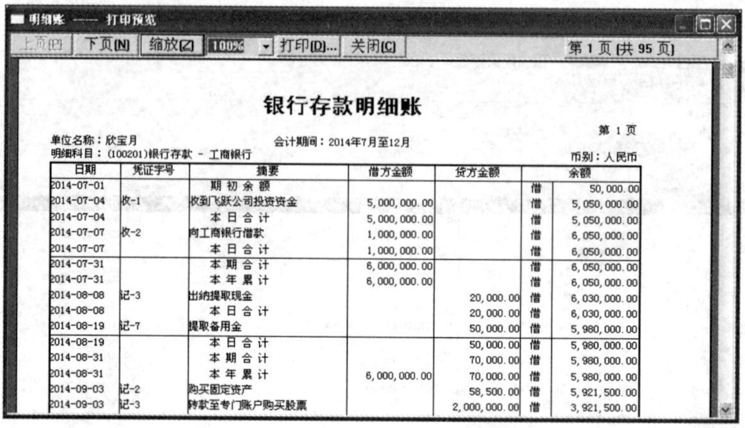

银行存款明细账

第 1 页

单位名称：欣宝月　　会计期间：2014年7月至12月

明细科目：(100201)银行存款 - 工商银行　　币别：人民币

日期	凭证字号	摘要	借方金额	贷方金额	余额	
2014-07-01		期初余额			借	50,000.00
2014-07-04	收-1	收到飞跃公司投资资金	5,000,000.00		借	5,050,000.00
2014-07-04		本日合计	5,000,000.00		借	5,050,000.00
2014-07-07	收-2	向工商银行借款	1,000,000.00		借	6,050,000.00
2014-07-07		本日合计	1,000,000.00		借	6,050,000.00
2014-07-31		本期合计	6,000,000.00		借	6,050,000.00
2014-07-31		本年累计	6,000,000.00		借	6,050,000.00
2014-08-08	记-3	出纳提取现金		20,000.00	借	6,030,000.00
2014-08-08		本日合计		20,000.00	借	6,030,000.00
2014-08-19	记-7	提取备用金		50,000.00	借	5,980,000.00
2014-08-19		本日合计		50,000.00	借	5,980,000.00
2014-08-31		本期合计		70,000.00	借	5,980,000.00
2014-08-31		本年累计	6,000,000.00	70,000.00	借	5,980,000.00
2014-09-03	记-2	购买固定资产		58,500.00	借	5,921,500.00
2014-09-03	记-3	转款至专门账户购买股票		2,000,000.00	借	3,921,500.00

图9-41　进行页面设置后的预览效果

实训一　结转企业生产成本

【案例3】 2014年12月20日，某企业向欣宝月实业订购甲产品7 000件。欣宝月实业为了生产需要于当日购买单价为82元的A材料5 000件，款项由工商银行账户转账支付；12月21日，所购A材料全部用于生产甲产品；12月25日，已产成的甲产品7 000件入库；26日，甲产品出售给订货企业，单价为110元。

【实训要求】

根据欣宝月实业购买材料、生产产品、产品入库和销售产品等经济业务事项，在金蝶KIS标准版中填制记账凭证，并结转费用和成本。

【实训思路】

欣宝月实业从接受订单到交货期间，应对以下经济业务事项进行核算。

（1）购买A材料。原材料=5 000×82=410 000（元），相关会计分录如下。

借：原材料　　410 000

　　贷：银行存款——工商银行　　410 000

（2）生产甲产品。所有原材料结转为生产成本，相关会计分录如下。

借：生产成本　　410 000

　　贷：原材料　　410 000

（3）产成甲产品入库。结转库存商品的成本，相关会计分录如下。

借：库存商品　　410 000

　　贷：生产成本　　410 000

（4）销售甲产品。此时涉及两个核算环节：确认销售收入，销售所得=110×7 000=

770 000（元），应交增值税=770 000×17%=130900（元）；结转库存商品的主营业务成本。相关会计分录如下。

借：银行存款——工商银行　　　　　　　　900 900

　　贷：主营业务收入　　　　　　　　　　　770 000

　　　　应交税费——应交增值税（销项税额）　130 900

借：主营业务成本　　　　　410 000

　　贷：库存商品　　　　　　　410 000

其中主营业务成本的结转，可通过金蝶KIS标准版的自动转账凭证功能进行核算，如图9-42所示。

图9-42　自动生成的结转主营业务成本的记账凭证

【步骤提示】

STEP 1 启动金蝶KIS标准版，以"张二"的账户登录系统并打开"欣宝月"账套。

STEP 2 选择【功能】/【账务处理】/【业务处理】/【凭证录入】菜单命令，打开"记账凭证-新增"对话框。

STEP 3 对购买原材料、领用A材料生产甲产品、甲产品入库和销售甲产品的经济业务事项进行核算，填制相关记账凭证。

STEP 4 使用"牟一"账户登录账套，在左侧单击"账务处理"选项卡，在中间功能区单击"自动转账"超链接，打开"自动转账凭证"对话框。

STEP 5 在"结转主营业务成本"选项上双击，然后单击生成凭证按钮，根据提示信息依次进行操作，使其生成一张结转主营业务成本的记账凭证即可。

实训二　结转损益并查看"本年利润"账户

【案例4】2014年12月20日，欣宝月实业财务部门根据企业新增业务填制了记账凭证，因为已对当月损益进行了结转，所以财务人员决定重新结转当期损益。

【实训要求】

由于新增了生产和销售业务，欣宝月实业要求财务部相关人员重新结转本月损益，查看并分析该业务对“本年利润”总账账户的影响。

【实训思路】

由于“实训一”在当前会计期间中新增了生产产品和销售产品的业务核算，所以原来结转的损益数据可能会受到影响，需要重新结转。此时必须将原来结转损益时生成的记账凭证删除后，再过账，才能进行损益结转。结转完成后查看“本年利润”总账账户的相关数据，如图9-43所示。

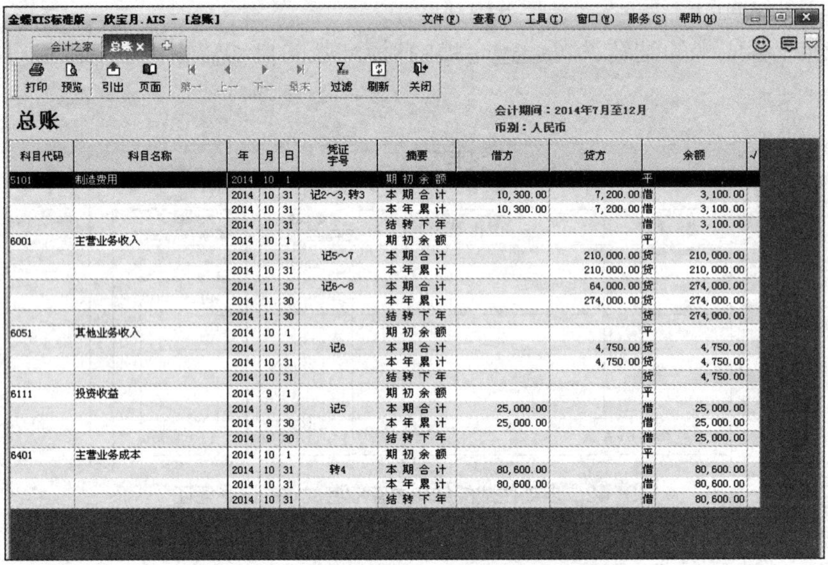

科目代码	科目名称	年	月	日	凭证字号	摘要	借方	贷方		余额
5101	制造费用	2014	10	1		期初余额			平	
		2014	10	31	记2~3，转3	本期合计	10,300.00	7,200.00	借	3,100.00
		2014	10	31		本年累计	10,300.00	7,200.00	借	3,100.00
		2014	10	31		结转下年			借	3,100.00
6001	主营业务收入	2014	10	1		期初余额			平	
		2014	10	31	记5~7	本期合计		210,000.00	贷	210,000.00
		2014	10	31		本年累计		210,000.00	贷	210,000.00
		2014	11	30	记6~8	本期合计		64,000.00	贷	274,000.00
		2014	11	30		本年累计		274,000.00	贷	274,000.00
		2014	11	30		结转下年			贷	274,000.00
6051	其他业务收入	2014	10	1		期初余额			平	
		2014	10	31	记6	本期合计		4,750.00	贷	4,750.00
		2014	10	31		本年累计		4,750.00	贷	4,750.00
		2014	10	31		结转下年			贷	4,750.00
6111	投资收益	2014	9	1		期初余额			平	
		2014	9	30	记5	本期合计	25,000.00		借	25,000.00
		2014	9	30		本年累计	25,000.00		借	25,000.00
		2014	9	30		结转下年			借	25,000.00
6401	主营业务成本	2014	10	1		期初余额			平	
		2014	10	31	转4	本期合计	80,600.00		借	80,600.00
		2014	10	31		本年累计	80,600.00		借	80,600.00
		2014	10	31		结转下年			借	80,600.00

图9-43 查看“本年利润”账户总账

【步骤提示】

STEP 1 以“牟一”的账户登录后打开“欣宝月”账套。查找本月的所有记账凭证，将最开始结转损益生成的凭证删除，然后返回金蝶KIS标准版主界面。

STEP 2 在“账务处理”选项卡中间功能区中单击“凭证过账”超链接，根据系统提示，依次将12月份的相关记账凭证过账。

STEP 3 单击“结转损益”超链接，在打开的对话框中设置凭证摘要和凭证字，然后单击[前进 >]按钮。

STEP 4 打开“结转本期损益”对话框，此时保持默认设置，即对全部损益类科目进行结转，单击[前进 >]按钮。

STEP 5 在打开的对话框中单击[完成]按钮，此时将打开提示对话框，提示已生成一张转账凭证，单击[确定(O)]按钮。

STEP 6 在“账务处理”选项卡右侧单击“总账”超链接，在打开的对话框中设置会计期间为“第7期”到“第12期”，设置会计科目为“本年利润”，完成后单击[确定(O)]按钮。

STEP 7 打开“本年利润”总账账户，在其中即可查看与该账户相关的经济业务事项的记录（效果参见：光盘/效果/项目九/欣宝月.AIS）。

常见疑难解析

问：什么是“白条抵库”，若出现该现象应如何处理？

答：白条抵库是指支出现金时没有发票或收据等正规付款凭证，只是用白纸写了一个收条或欠条作为现金库存的行为。“白条抵库”是一种财务用语，它是单位库存现金管理工作中的一种典型违法行为。对白条现象，会计人员应及时向单位领导说明情况，陈述利害，严格纪律。对已经发生的白条行为，应极力追回，不能追回的应向领导请示及处理。

问：结账后，当期凭证和账簿是否还能进行修改？

答：在日常账务处理中，会计期间经过轧账、过账、结账后，该期间内的所有账套资料都不能更改，若此时数据出现错误，只能通过规定的方法填制新的记账凭证进行冲销。但一般的会计核算软件都提供了反过账、反结账，以及出纳反轧账的功能，通过这些相反的操作，使账套恢复到过账、结账和轧账前，以便修改数据。在金蝶KIS标准版中，反轧账的快捷键为【Ctrl+F9】，反过账的快捷键为【Ctrl+F11】，反结账的快捷键为【Ctrl+F12】。尽管会计核算软件提供相反操作，但在实际核算时，会计人员一定要遵循会计核算的规则，尽量通过编制记账凭证冲销的方法来处理数据错误的问题，保证会计秩序。

拓展知识

（一）期末调汇

当企业涉及外币核算时，在会计期末还需进行期末调汇。期末调汇是指期末终了时，将外币账户的期末余额以期末汇率进行折算，并将折算金额与账面金额之间的差额计入汇兑损益的行为。

在金蝶KIS标准版“账务处理”选项卡中单击“期末调汇”超链接，打开“期末调汇”对话框，依次单击 前进 > 按钮，根据对话框中信息的提示，依次进行操作。图9-44所示为期末调汇过程中设置期末汇率和生成凭证等操作对应的对话框。期末调汇后，系统将自动生成一张记账凭证，用于调整账套中库存现金的汇率。

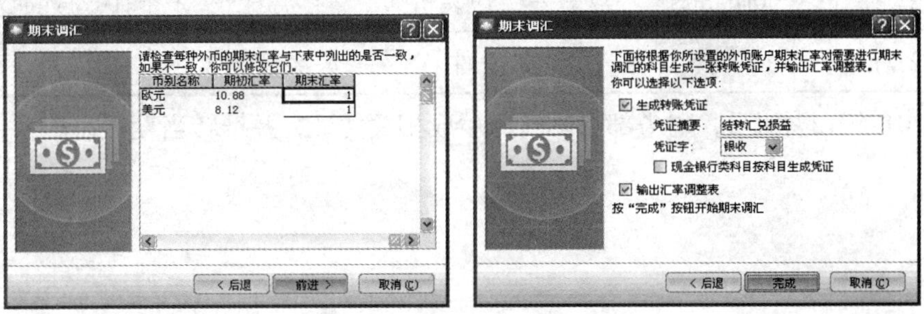

图9-44 期末调汇

（二）查看科目余额表

科目余额表是科目余额汇总表的总称，亦称为总账余额汇总表，它是按照总账科目余额编制的，反映各科目的期初余额、本期发生额、本年累计发生额和期末余额等信息。表9-45所示为在金蝶KIS标准版中查看的欣宝月账套当前期间的科目余额表。

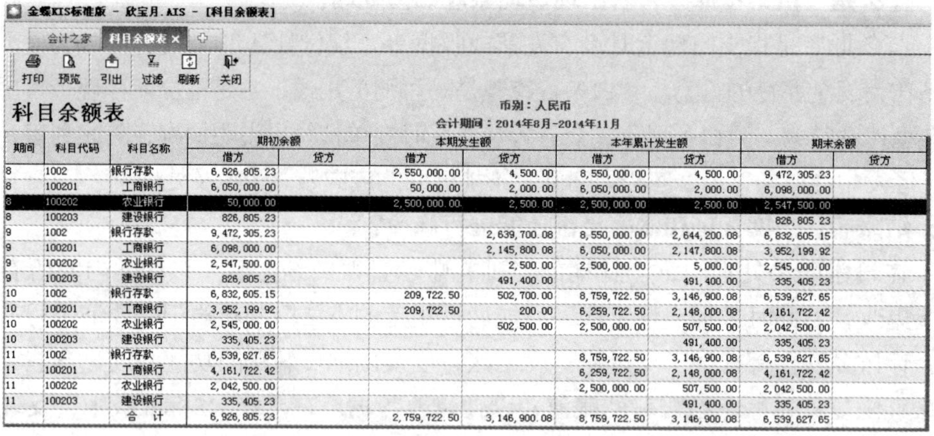

期间	科目代码	科目名称	期初余额		本期发生额		本年累计发生额		期末余额	
			借方	贷方	借方	贷方	借方	贷方	借方	贷方
8	1002	银行存款	6,926,805.23		2,550,000.00	4,500.00	8,550,000.00	4,500.00	9,472,305.23	
8	100201	工商银行	6,050,000.00		50,000.00	2,000.00	6,050,000.00	2,000.00	6,098,000.00	
8	100202	农业银行	50,000.00		2,500,000.00	2,500.00	2,500,000.00	2,500.00	2,547,500.00	
8	100203	建设银行	826,805.23						826,805.23	
9	1002	银行存款	9,472,305.23			2,639,700.08	8,550,000.00	2,644,200.08	6,832,605.15	
9	100201	工商银行	6,098,000.00			2,145,800.08	6,050,000.00	2,147,800.08	3,952,199.92	
9	100202	农业银行	2,547,500.00			2,500.00	2,500,000.00	5,000.00	2,545,000.00	
9	100203	建设银行	826,805.23			491,400.00		491,400.00	335,405.23	
10	1002	银行存款	6,832,605.15		209,722.50	502,700.00	8,759,722.50	3,146,900.08	6,539,627.65	
10	100201	工商银行	3,952,199.92		209,722.50	200.00	6,259,722.50	2,148,000.08	4,161,722.42	
10	100202	农业银行	2,545,000.00			502,500.00	2,500,000.00	507,500.00	2,042,500.00	
10	100203	建设银行	335,405.23					491,400.00	335,405.23	
11	1002	银行存款	6,539,627.65				8,759,722.50	3,146,900.08	6,539,627.65	
11	100201	工商银行	4,161,722.42				6,259,722.50	2,148,000.08	4,161,722.42	
11	100202	农业银行	2,042,500.00				2,500,000.00	507,500.00	2,042,500.00	
11	100203	建设银行	335,405.23					491,400.00	335,405.23	
		合　计	6,926,805.23		2,759,722.50	3,146,900.08	8,759,722.50	3,146,900.08	6,539,627.65	

图9-45　查看科目余额表

课后练习

在大顺粮油公司的账套中使用会计账户完成以下业务的账务核算。

（1）2014年12月7日，企业决定对所有财产物资进行一次比较全面的清查，财务部根据上级指示，决定于12月8日进行库存现金的清查，并于12月9日协助其他部门进行固定资产和库存商品、原材料等物资的清查。完成清查后，财务部和各部门将清查结果移交上级，经上级批准指示后，再交由财务部汇总。本次财产清查的相关数据如表9-3所示，根据相关业务进行会计核算。

表 9-3　财产清查数据

清查日期	项目	清查结果	上级指示	处理
2014 年 12 月 8 日	库存现金	盘亏 30 元	由出纳补足	当日出纳补足
2014 年 12 月 9 日	固定资产	盘赢一台包装机	转为资产	确认为其他业务收入
2014 年 12 月 9 日	库存商品	盘亏 10 件	一般经营损失	确认为管理费用

（2）2014年12月31日，财务部自动转账生成相关凭证，并结转当期损益。

PART 10

项目十 编制财务会计报表

情景导入

阿秀：小白，你知道财务会计报表吗?

小白：当然知道了，财务会计报表一般包括资产负债表、利润表和现金流量表。

阿秀：回答正确，那你知道财务报表分析吗?

小白：财务报表分析？难道不是对资产负债表、利润表和现金流量表进行分析?

阿秀：财务报表分析其实是对财务数据进行分析，这些财务数据包括了资产负债表分析和利润表分析，不过还有一项是财务指标分析，除此之外，还可以根据需要，选择指定的账户进行分析。

小白：财务报表分析有什么作用呢?

阿秀：财务报表分析对企业来说非常重要，我们一起来学习吧。

学习目标

- 掌握财务会计报表的构成
- 熟悉资产负债表、利润表和现金流量表项目的构成与计算
- 了解财务数据分析及其意义

技能目标

- 掌握编制资产负债表、利润表和现金流量表的方法
- 掌握设置和打印会计报表的方法
- 掌握资产负债分析、利润分析和财务指标分析的方法
- 掌握自定义报表分析的方法

任务一　编制财务会计报表

编制财务会计报表是企业期末必须进行的会计工作，但不同的企业编制财务会计报表的时间也有所差别，如月末、季末、半年末或年末编制。欣宝月实业有限公司于2014年12月31日编制2014年下半年的财务会计报表。

一、任务目标

本任务将使用金蝶财务软件自动生成欣宝月实业有限公司2014年下半年的相关财务报表，包括资产负债表、利润表和简易现金流量表。通过本任务的学习，可了解财务会计报表的构成和各报表项目的计算和填列方法，掌握自动生成三大报表的操作步骤，以及设置和打印会计报表的方法等。图10-1所示为资产负债表的效果图。

资产负债表

单位名称：　　2014年11月30日　　会企01表　单位：元

资　产	期末余额	年初余额	负债和所有者权益（或股东权益）	期末余额	年初余额
流动资产：			流动负债：		
货币资金	7,487,700.65	984,378.23	短期借款	1,800,000.00	800,000.00
交易性金融资产	1,285,000.00	285,000.00	交易性金融负债		
应收票据	120,000.00	120,000.00	应付票据		
应收账款	182,861.47	77,408.47	应付账款	20,124.00	20,124.00
预付款项	50,000.00	50,000.00	预收款项	60,000.00	60,000.00
应收利息			应付职工薪酬	88,918.20	63,250.00
应收股利			应交税费	30,643.20	73,117.70
其他应收款	1,500.00	1,500.00	应付利息	58,848.00	53,848.00
存货	188,570.00	83,770.00	应付股利		
一年内到期的非流动资产			其他应付款	1,530.00	1,530.00
其他流动资产			一年内到期的非流动负债		
流动资产合计	9,315,632.12	1,602,056.70	其他流动负债		
非流动资产：			流动负债合计	2,060,063.40	1,071,869.70
可供出售金融资产			非流动负债：		
持有至到期投资			长期借款	700,000.00	700,000.00
长期应收款			应付债券		
长期股权投资	300,000.00	300,000.00	长期应付款		
投资性房地产			专项应付款		
固定资产	364,000.00		预计负债		
在建工程	6,021,000.00	6,021,000.00	递延所得税负债		
工程物资			其他非流动负债		
固定资产清理	-8,800.00		非流动负债合计	700,000.00	700,000.00
生产性生物资产			负债合计	2,760,063.40	1,771,869.70
油气资产			所有者权益（或股东权益）：		
无形资产	160,157.00	160,157.00	实收资本（或股本）	12,000,000.00	5,000,000.00
开发支出			资本公积	613,600.00	613,600.00
商誉			减:库存股		
长期待摊费用	83,600.00	83,600.00	盈余公积	760,544.00	760,544.00
递延所得税资产			未分配利润	20,800.00	20,800.00
其他非流动资产			所有者权益（或股东权益）合计	13,394,944.00	6,394,944.00

图10-1　资产负债表

二、相关知识

（一）财务会计报表的构成

我国《会计法》规定，财务会计报告由会计报表、会计报表附注和财务情况说明书组成。其中会计报表是财务会计报告的主体和核心，它包括资产负债表、利润表、现金流量表、所有者权益变动表和附注等内容。

1. 资产负债表

资产负债表也称财务状况表，是反映企业在一定时期内的财务状况（即资产、负债和所有者权益的状况）的主要会计报表。资产负债表利用会计平衡原则，将“资产”、“负债”和“所有者权益”3类科目分为“资产”和“负债及所有者权益”两个部分，在经过分录、转账、分类账、试算和调整等各种会计程序后，以特定日期的企业情况为基准，浓缩成一张报表。资产负债表的功能除了用于企业内部进行纠正错误、决定经营方向和防止弊端外，也可让报表使用者在最短的时间内了解企业的经营状况。

资产负债表反映的是企业一定时期内关于财务状况的静态信息，是一种静态报表。

知识补充

资产负债表是反映企业在某一特定日期的财务状况的财务报表，它可以反映所有者所拥有的权益，据以判断资本保值、增值的情况以及对负债的保障程度。

2. **利润表**

利润表也称损益表或收益表，它主要提供有关企业经营成果方面的信息，是反映企业在一定会计期间经营成果的报表。

利润表反映的是企业一定时期内关于经营成果的动态信息，是一种动态报表。

3. **现金流量表**

现金流量表是反映企业在一定时期内现金流入和现金流出状况的动态报表，其组成内容与资产负债表和利润表一致。

通过现金流量表，可以概括反映经营活动、投资活动和筹资活动对企业现金流入流出的影响。对于评价企业的利润实现、财务状况及财务管理，相对于利润表而言，可以提供更好的数据基础。

4. **附注**

会计报表附注是为便于会计报表使用者理解会计报表的内容，对会计报表的编制基础、编制依据、编制原则和方法及主要项目等所作的解释。会计报表附注是财务会计报告的一个重要组成部分，它有利于增进会计信息的可理解性，提高会计信息可比性和突出重要的会计信息。

（二）资产负债表项目的计算和填列

我国企业的资产负债表一般采用账户式结构，这种结构的资产负债表分为左、右两方：左方为资产项目，按资产的流动性大小进行排列，流动性大的资产排在前面，流动性小的资产排在后面；右方为负债及所有者权益项目，一般按求偿权先后顺序排列。

资产负债表中的数据根据“资产＝负债＋所有者权益”这一会计等式计算而来，其项目的计算和填列方法如下。

- **根据总账账户的余额直接填列：**如“应收票据”“短期借款”“应交税费”“实收资本”等项目。
- **根据总账账户的余额计算填列：**即根据几个总账科目的期末余额进行计算填列，如“货币资金”项目需要根据“库存现金”“银行存款”和“其他货币资金”3个总账科目的期末余额的合计数填列。
- **根据明细账户的余额计算填列：**即根据有关科目所属的相关明细账科目的期末余额

来计算填列，如“应收账款”项目，需要根据“应收账款”和“预收账款”两个科目分别所属的明细科目期末借方余额计算填列。

- **根据总账余额和明细账余额计算填列**：即依据总账科目和明细账科目两者的余额分析计算后进行填列，如“长期借款”项目，需要根据“长期借款”总账科目余额扣除其所属明细科目中将在一年内到期的长期借款部分分析计算填列。
- **综合运用上述填列方法分析填列**：综合计算性最高，如“存货”项目，需要根据“在途物资”“材料采购”“材料成本差异”“原材料”“生产成本”和“库存商品”等总账科目期末余额的分析汇总数，再减去“存货跌价准备”科目余额后的净额进行填列。
- **资产负债表附注的内容，根据实际需要和有关备查账簿等的记录分析填列**：主要针对资产负债表的附注内容，如或有负债披露方面，按照备查账簿中记录的商业承兑汇票贴现情况，填列“已贴现的商业承兑汇票”项目。

（三）利润表项目的计算和填列

我国企业的利润表采用多步式方式计算和填列。多步式利润表是通过对当期的收入和费用按性质加以归类，按利润形成的主要环节列示一些中间性利润指标，分步计算当期净利润。

利润表中各项目的数据来源主要是根据各损益类科目的发生额分析填列，如“营业收入”项目根据“主营业务收入”和“其他业务收入”科目的发生额分析填列，“营业成本”项目根据“主营业务成本”和“其他业务成本”科目的发生额分析填列。图10-2所示为利润表的效果图。

利润表

单位名称：　　2014月11月　　会企02表　单位：元

项　　目	本月数	本期金额	上期金额
一、营业收入		214,750.00	
减：营业成本			
营业税金及附加			
销售费用		9,800.00	
管理费用		69,768.20	
财务费用		26,500.08	
资产减值损失			
加：公允价值变动收益（损失以“-”号填列）			
投资收益（损失以“-”号填列）		-25,000.00	
其中：对联营企业和合营企业的投资收益			
二、营业利润（亏损以“-”号填列）		83,681.72	
加：营业外收入			
减：营业外支出			
其中：非流动资产处置损失			
三、利润总额（亏损总额以“-”号填列）		83,681.72	
减：所得税费用			
四、净利润（净亏损以“-”号填列）		83,681.72	
五、每股收益：			
（一）基本每股收益			
（二）稀释每股收益			

图10-2　利润表

多步式利润表主要的编制步骤和内容介绍如下。

1. 计算营业利润

营业利润＝营业收入－营业成本－营业税金及附加－销售费用－管理费用－财务费用－

资产减值损失+公允价值变动收益（-公允价值变动损失）+投资收益（-投资损失）

其中，营业收入由主营业务收入和其他业务收入组成。

2. 计算利润总额

利润总额=营业利润+营业外收入-营业外支出。

3. 计算净利润

净利润=利润总额-所得税费用。

利润表中各项目的数据来源主要是根据各损益类科目的发生额分析填列。

知识补充

利润表中包含“本期金额”和“上期金额”两栏，“本期金额”栏内各项数字一般应根据损益类科目的发生额分析填列，“上期金额”栏应根据上年利润表中“本期金额”栏内所列数字填列。

（四）现金流量表项目的计算

现金流量表反映某一特定期间内企业现金的增减变动情形，具体包括库存现金和银行存款等流动资金。现金流量表分为主表和附表（即补充资料）两大部分，主表的各项目金额实际上就是每笔现金流入、流出的归属，而附表的各项目金额则是相应会计账户的当期发生额或期末与期初余额的差额。一般情况下，附表项目可以直接取相应会计账户的发生额或余额填列，具体介绍如下。

- **净利润：**利润分配表“净利润”项目的金额。
- **计提的资产减值准备：**“坏账准备”“存货跌价准备”“短期投资跌价准备”“长期投资减值准备”等明细账户的借方发生额。
- **固定资产折旧：**“制造费用”“管理费用”“营业费用”“其他业务支出”等账户所属的“折旧费”明细账户借方发生额。
- **无形资产摊销：**“管理费用”等账户所属“无形资产摊销”明细账户借方发生额。
- **长期待摊费用摊销：**“制造费用”“营业费用”“管理费用”等账户所属“长期待摊费用摊销”明细账户借方发生额。
- **待摊费用减少：**“待摊费用”账户的期初、期末余额的差额。
- **预提费用增加：**“预提费用”账户的期末、期初余额的差额。
- **处置固定资产、无形资产和其他长期资产的损失：**“处置固定资产净收益”“处置固定资产净损失”“出售无形资产收益”“出售无形资产损失”等明细账户的借方发生额与贷方发生额的差额。
- **固定资产报废损失：**“营业外支出”账户所属“固定资产盘亏”明细账户借方发生额与“营业外收入”账户所属“固定资产盘盈”贷方发生额的差额。
- **财务费用：**“财务费用”账户所属“利息支出”明细账户借方发生额，不包括“利息收入”等其他明细账户发生额。
- **投资损失：**“投资收益”账户借方发生额，但不包括“计提的短期投资跌价准备”“计提的长期投资减值准备”明细账户发生额。

- **递延税贷项：**“递延税款”账户期末、期初余额的差额。
- **存货的减少：**与经营活动有关的“原材料”“库存商品”“生产成本”等所有存货账户的期初、期末余额的差额。
- **经营性应收项目的减少：**与经营活动有关的“应收账款”“其他应收款”“预付账款”等账户的期初、期末余额的差额。
- **经营性应付项目的增加：**与经营活动有关的“应付账款”“预收账款”“应付工资”“应付福利费”“应交税金”“其他应交款”“其他应付款”等账户的期末、期初余额的差额。

知识补充

在金蝶KIS标准版中，所有的报表数据都是通过每期填制的记账凭证、结账后的科目和账户余额等数据自动获取并生成的，不需要会计人员手动计算各项目应填制的金额数据，但对于资产负债表、利润表、现金流量表中各项目的计算和填列方法，是每一个会计人员应具备的专业知识，需要掌握。

三、任务实施

【案例1】2014年12月31日，欣宝月实业有限公司财务部对企业12月份的经济业务事项进行过账，并通过生成、查看、打印资产负责表、利润表和现金流量表来分析年末各资产和损益类账户的增减变动情况，费用和利润的分配情况，以及企业现金的增减变动情况。

（一）自动生成资产负债表

欣宝月实业有限公司财务部会计“牟一”对12月份的业务进行过账，完成后自动生成资产负债表，并保存报表数据，其具体操作如下。（**微课：**光盘\微课视频\项目十\自动生成资产负债表.swf）

STEP 1 以“牟一”的账户登录后打开“欣宝月”账套（素材参见：光盘/素材/项目十/欣宝月.AIS），在主界面左侧单击“账务处理”选项卡，在右侧功能区单击“凭证过账”超链接。

STEP 2 打开“凭证过账”对话框，通过单击 前进 > 按钮依次根据系统提示进行操作，对12月所有记账凭证的过账，完成后单击 完成 按钮返回主界面，如图10-3所示。

知识补充

12月为一个年度的最后一月，所以当月结账相当于是对当前年度的一个总结。结账后，当前的所有凭证都将自动删除，各账户余额自动结转到下一年度，生成的资产负债表也是当前年度所有数据综合的结果。为了保证数据准确无误，建议结账前对账套进行备份。这里为了确保生成的各种报表为当前年度的报表，所以只对12月的数据进行了过账，而未进行结账。

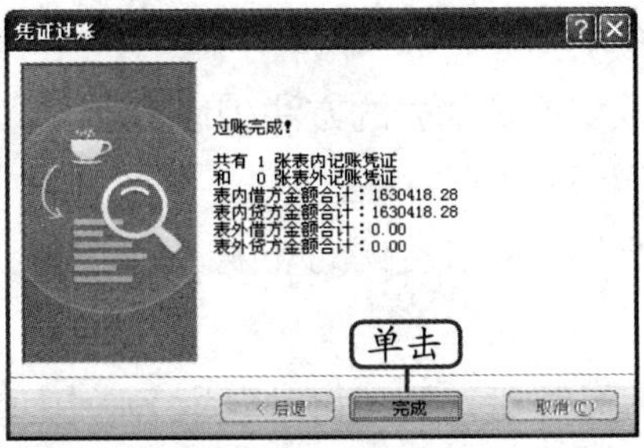

图10-3　过账

STEP 3　单击“报表与分析”选项卡，在右侧功能区中单击“资产负债表”超链接，打开“会计报表-资产负债表”选项卡，并在其下显示资产负债表的格式（无数据）。

STEP 4　在工具栏中单击计算按钮，系统自动获取资产负债表中各项目的期末余额和年初余额对应的数据，如图10-4所示。

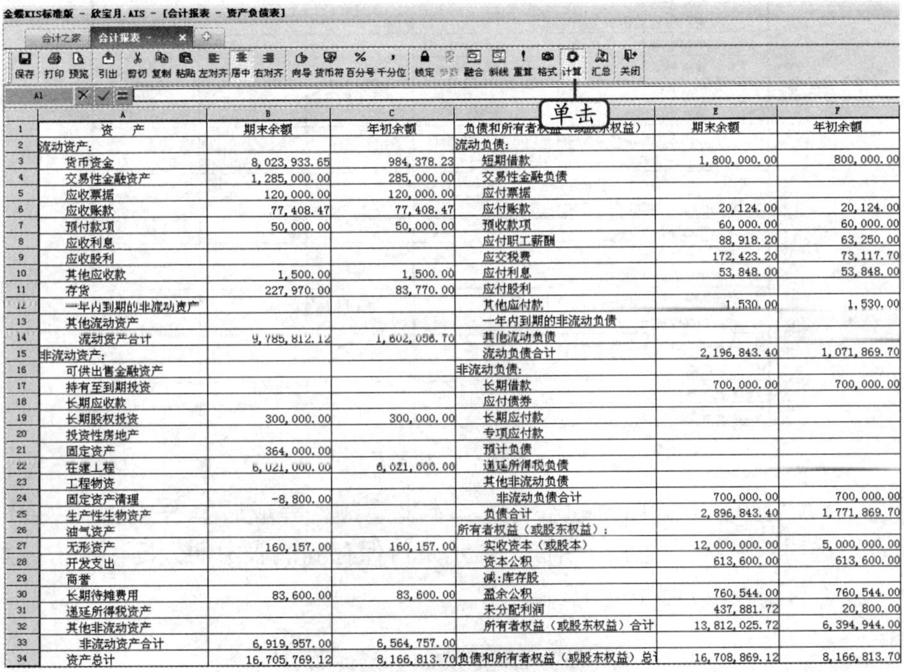

	A	B	C	D	E	F
1	资　产	期末余额	年初余额	负债和所有者权益（或股东权益）	期末余额	年初余额
2	流动资产:			流动负债:		
3	货币资金	8,023,933.65	984,378.23	短期借款	1,800,000.00	800,000.00
4	交易性金融资产	1,285,000.00	285,000.00	交易性金融负债		
5	应收票据	120,000.00	120,000.00	应付票据		
6	应收账款	77,408.47	77,408.47	应付账款	20,124.00	20,124.00
7	预付款项	50,000.00	50,000.00	预收款项	60,000.00	60,000.00
8	应收利息			应付职工薪酬	88,918.20	63,250.00
9	应收股利			应交税费	172,423.20	73,117.70
10	其他应收款	1,500.00	1,500.00	应付利息	53,848.00	53,848.00
11	存货	227,970.00	83,770.00	应付股利		
12	一年内到期的非流动资产			其他应付款	1,530.00	1,530.00
13	其他流动资产			一年内到期的非流动负债		
14	流动资产合计	9,785,812.12	1,602,056.70	其他流动负债		
15	非流动资产:			流动负债合计	2,196,843.40	1,071,869.70
16	可供出售金融资产			非流动负债:		
17	持有至到期投资			长期借款	700,000.00	700,000.00
18	长期应收款			应付债券		
19	长期股权投资	300,000.00	300,000.00	长期应付款		
20	投资性房地产			专项应付款		
21	固定资产	364,000.00		预计负债		
22	在建工程	6,021,000.00	6,021,000.00	递延所得税负债		
23	工程物资			其他非流动负债		
24	固定资产清理	-8,800.00		非流动负债合计	700,000.00	700,000.00
25	生产性生物资产			负债合计	2,896,843.40	1,771,869.70
26	油气资产			所有者权益（或股东权益）:		
27	无形资产	160,157.00	160,157.00	实收资本（或股本）	12,000,000.00	5,000,000.00
28	开发支出			资本公积	613,600.00	613,600.00
29	商誉			减:库存股		
30	长期待摊费用	83,600.00	83,600.00	盈余公积	760,544.00	760,544.00
31	递延所得税资产			未分配利润	437,881.72	20,800.00
32	其他非流动资产			所有者权益（或股东权益）合计	13,812,025.72	6,394,944.00
33	非流动资产合计	6,919,957.00	6,564,757.00			
34	资产总计	16,705,769.12	8,166,813.70	负债和所有者权益（或股东权益）总	16,708,869.12	8,166,813.70

图10-4 生成的资产负债表

STEP 5　查看资产负债表中各项目的数据，完成后单击关闭按钮关闭“会计报表-资产负债表”选项卡，此时将打开提示对话框，提示是否保存资产负债表，单击是(Y)按钮即可保存，如图10-5所示。

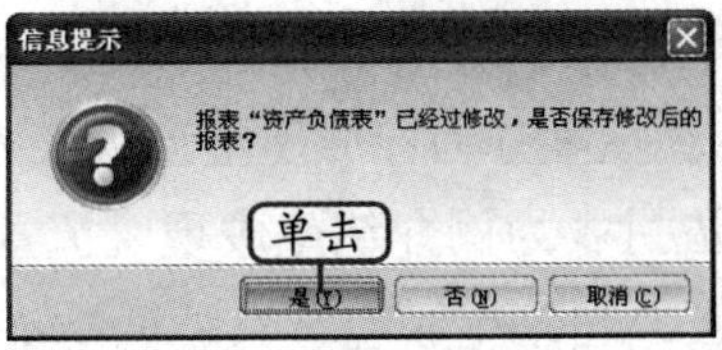

图10-5　确认保存资产负债表

项目十　编制财务会计报表

（二）自动生成利润表

生成利润表的方法和生成资产负债表的方法相似，其具体操作如下。（**微课**：光盘\微课视频\项目十\自动生成利润表.swf）

STEP 1 在“报表与分析”选项卡右侧的功能区中单击“利润表”超链接，打开“会计报表–利润表”选项卡。

STEP 2 在工具栏中单击“计算”按钮，系统自动获取各关键项目的金额，并通过计算填列在当前表格中，如图10–6所示。

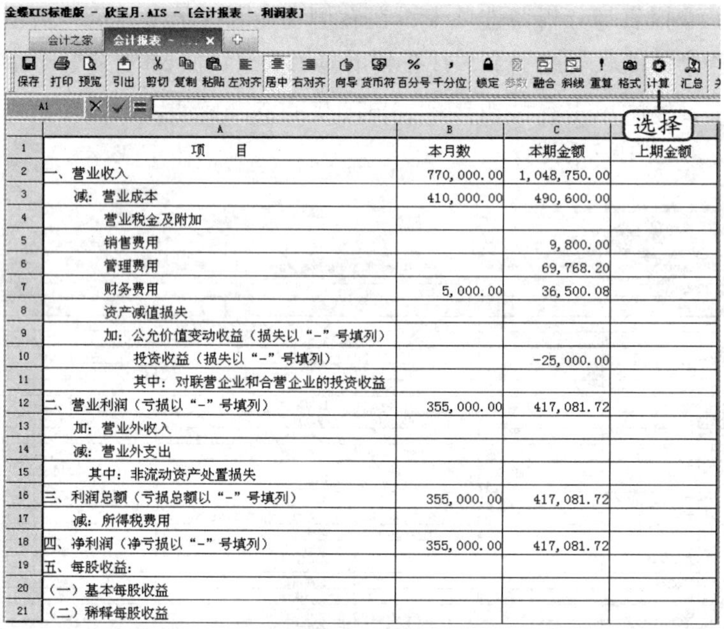

项　　目	本月数	本期金额	上期金额
一、营业收入	770,000.00	1,048,750.00	
减：营业成本	410,000.00	490,600.00	
营业税金及附加			
销售费用		9,800.00	
管理费用		69,768.20	
财务费用	5,000.00	36,500.08	
资产减值损失			
加：公允价值变动收益（损失以“-”号填列）			
投资收益（损失以“-”号填列）		-25,000.00	
其中：对联营企业和合营企业的投资收益			
二、营业利润（亏损以“-”号填列）	355,000.00	417,081.72	
加：营业外收入			
减：营业外支出			
其中：非流动资产处置损失			
三、利润总额（亏损总额以“-”号填列）	355,000.00	417,081.72	
减：所得税费用			
四、净利润（净亏损以“-”号填列）	355,000.00	417,081.72	
五、每股收益:			
（一）基本每股收益			
（二）稀释每股收益			

图10–6　利润表

STEP 3 查看利润表中各项目的本月数和本期金额，完成后单击“关闭”按钮关闭“会计报表—利润表”选项卡，打开提示对话框，提示是否保存利润表中的数据，单击“是(Y)”按钮即可保存生成的利润表，如图10–7所示。

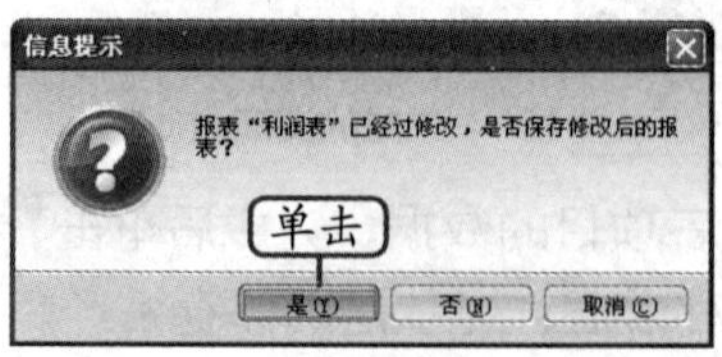

图10–7　确认保存利润表

（三）自动生成现金流量表（简）

在金蝶KIS标准版中，现金流量表分为标准现金流量表和简易现金流量表两种不同繁简程度的表格，这里以简易现金流量表为例介绍生成现金流量表的方法，其具体操作如下。（**微课**：光盘\微课视频\项目十\自动生成现金流量表（简）.swf）

STEP 1 在“报表与分析”选项卡右侧功能区中单击“简易现金流量表”超链接，打开“过滤”对话框。

STEP 2 在对话框中设置会计期间为“第1期”至“第12期”，单击 确定(O) 按钮，如图10-8所示。

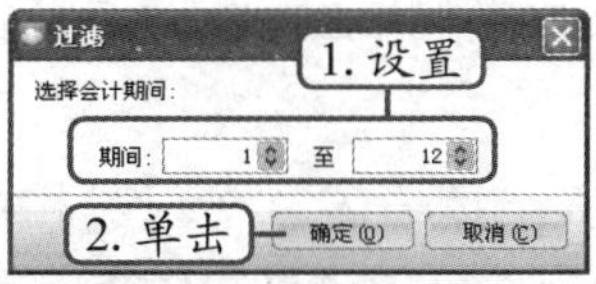

图10-8 设置会计期间

知识补充 在金蝶KIS标准版中，标准现金流量表是通过现金流量分析工具生成的，它需要在现金流量表系统中通过复杂的设置才能形成，当然其功能也非常完善，如凭证、提取等。企业应根据自身需要选择合适的功能进行设置，一般情况下，简易的现金流量表已经能够满足小型企业的需要。

STEP 3 打开“简易现金流量表”选项卡，在其中即可查看现金流量表中的信息，如图10-9所示。

项目	行次	金额
一、经营活动产生的现金流量:	1	
销售商品、提供劳务收到的现金	2	1236455.50
收到的税费返还	3	
收到的其他与经营活动有关的现金	4	91705.50
现金流入小计	5	1328161.00
购买商品、接受劳务支付的现金	6	723200.00
支付给职工以及为职工支付的现金	7	
支付的各项税费	8	99305.50
支付的其他与经营活动有关的现金	9	49900.08
现金流出小计	10	872405.58
经营活动产生的现金流量净额	11	455755.42
二、投资活动产生的现金流量：	12	
收回投资所收到的现金	13	
取得投资收益所收到的现金	14	-25000.00
处置固定资产、无形资产和其他长期资产所收回的现金净额	15	
收到的其他与投资活动有关的现金	16	
现金流入小计	17	-25000.00
购建固定资产、无形资产和其他长期资产所支付的现金	18	391200.00
投资所支付的现金	19	1000000.00
支付的其他与投资活动有关的现金	20	
现金流出小计	21	1391200.00
投资活动产生的现金流量净额	22	-1416200.00
三、筹资活动产生的现金流量：	23	
吸收投资所收到的现金	24	7000000.00

图10-9 简易现金流量表

知识补充 在金蝶KIS标准版中，不同的会计制度下，简易现金流量表的格式会有所变化，目前其只支持企业会计制度、新会计准则和2013新小企业会计准则。

（四）设置和打印会计报表

各种报表都是以电子形式存放在会计核算软件中的，会计期末需将其打印出来，以便于阅读和使用。下面将打印资产负债表，其具体操作如下。（**微课**：光盘\微课视频\项目十\设置和打印会计报表.swf）

STEP 1 在金蝶KIS标准版主界面左侧单击“报表与分析”选项卡，在中间的功能区中单击“资产负债表”超链接。

STEP 2 打开已经计算好的资产负债表，在工具栏中单击预览按钮，打开“资产负债表——打印预览”窗口，在其中可以查看该资产负债表的打印预览效果，如图10-10所示。

图10-10　资产负债表打印效果预览

STEP 3 由于资产负债表横向内容多于纵向，所以需要重新设置页面，在工具栏中单击关闭按钮，关闭预览状态，返回资产负债表，选择【文件】/【页面设置】菜单命令。

STEP 4 打开“页面设置”对话框，在“方向”栏单击选中“横向”单选项，在“页边距（毫米）”栏设置左右间距为“5”，上下间距为“2”，完成后单击确定按钮，如图10-11所示。

STEP 5 返回资产负债表，选择【文件】/【打印设置】菜单命令，打开“打印设置”对话框，在“打印机”栏的“名称”下拉列表中选择打印机，然后单击确定按钮，如图10-12所示。

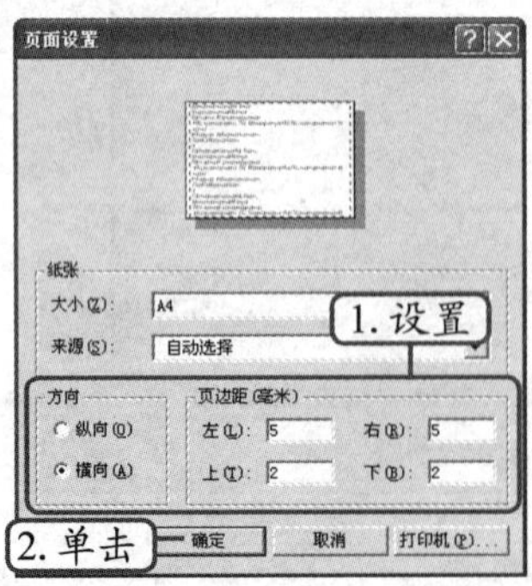

图10-11　页面设置

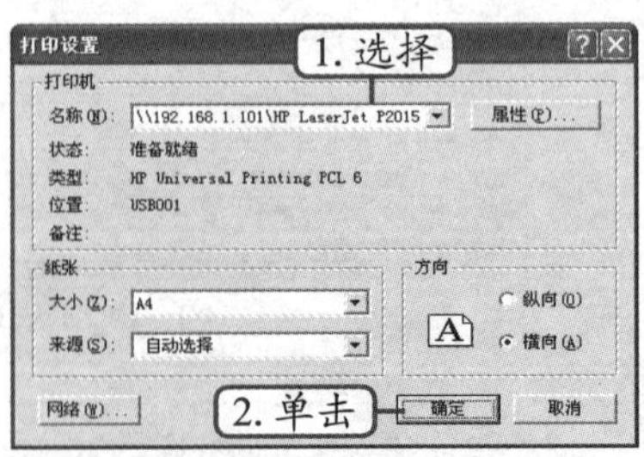

图10-12　打印设置

STEP 6 返回资产负债表，在工具栏中单击预览按钮，重新打开“资产负债表——打印预览”窗口，在比例下拉列表中选择“100%”选项，然后预览打印效果，如图10-13所示。

资产负债表

单位名称： 2014年12月31日 会企01表 单位：元

资　产	期末余额	年初余额	负债和所有者权益（或股东权益）	期末余额	年初余额
流动资产：			流动负债：		
货币资金	8,023,933.65	984,378.23	短期借款	1,800,000.00	800,000.00
交易性金融资产	1,285,000.00	285,000.00	交易性金融负债		
应收票据	120,000.00	120,000.00	应付票据		
应收账款	77,408.47	77,408.47	应付账款	20,124.00	20,124.00
预付款项	50,000.00	50,000.00	预收款项	60,000.00	60,000.00
应收利息			应付职工薪酬	88,918.20	63,250.00
应收股利			应交税费	172,423.20	73,117.70
其他应收款	1,500.00	1,500.00	应付利息	53,848.00	53,848.00
存货	227,970.00	83,770.00	应付股利		
一年内到期的非流动资产			其他应付款	1,530.00	1,530.00
其他流动资产			一年内到期的非流动负债		
流动资产合计	9,785,812.12	1,602,056.70	其他流动负债		
非流动资产：			流动负债合计	2,196,843.40	1,071,869.70
可供出售金融资产			非流动负债：		
持有至到期投资			长期借款	700,000.00	700,000.00
长期应收款			应付债券		
长期股权投资	300,000.00	300,000.00	长期应付款		
投资性房地产			专项应付款		
固定资产	364,000.00		预计负债		
在建工程	6,021,000.00	6,021,000.00	递延所得税负债		
工程物资			其他非流动负债		
固定资产清理	-8,800.00		非流动负债合计	700,000.00	700,000.00
生产性生物资产			负债合计	2,896,843.40	1,771,869.70
油气资产			所有者权益（或股东权益）：		
无形资产	160,157.00	160,157.00	实收资本（或股本）	12,000,000.00	5,000,000.00
开发支出			资本公积	613,600.00	613,600.00
商誉			减:库存股		
长期待摊费用	83,600.00	83,600.00	盈余公积	760,544.00	760,544.00
递延所得税资产			未分配利润	437,881.72	20,800.00
其他非流动资产			所有者权益（或股东权益）合计	13,812,025.72	6,394,944.00
非流动资产合计	6,919,957.00	6,564,757.00			
资产总计	16,705,769.12	8,166,813.70	负债和所有者权益（或股东权益）总计	16,708,869.12	8,166,813.70

图10-13　资产负债表打印效果

STEP 7 确认无误后，在“资产负债表——打印预览”窗口的工具栏中单击打印(D)...按钮即可打印当前资产负债表。

操作提示

利润表和现金流量表的打印方法与资产负债表相同，打印前都应先预览打印效果，设置页面和打印参数并确认无误后，再依次打印报表，以确保数据的正常阅读。一般情况下，应将资产负债表和利润表打印在一页纸上。

任务二　分析财务会计报表

财务会计报表是反映企业负债偿还能力和盈利情况的报表，而财务会计报表分析则是根据企业当前财务报表反映的情况，总结企业在生产和经营过程中应注意的问题，最终达到提高净利润的目的。

一、任务目标

本任务将对财务会计报表的分析进行简单介绍。通过本任务的学习，可了解财务数据分析及其意义，掌握使用不同的方法进行资产负债表分析和利润表分析，以及财务指标分析，了解自定义报表分析的相关知识。

二、相关知识

（一）什么是财务数据分析

财务数据分析的实质是财务报表分析，其主要是通过收集、整理企业财务会计报告中的有关数据，并结合其他有关补充信息，对企业的财务状况、经营成果和现金流量情况进行综合比较和评价，为财务会计报告使用者提供管理决策和控制依据的一项管理工作。

财务数据分析的对象是企业的各项基本活动。简而言之，财务数据分析就是从报表中获取符合报表使用人分析目的的信息，认识企业活动的特点，评价其业绩，发现其问题。

我国《企业财务通则》中为企业规定的3种财务指标为：偿债能力指标，包括资产负债率、流动比率、速动比率；营运能力指标，包括应收账款周转率、存货周转率；盈利能力指标，包括资本金利润率、销售利润率（营业收入利润率）、成本费用利润率等。

（二）财务数据分析的意义

1. 资产负债表分析

资产负债表分析是对企业截止报告期的资产、负债及所有者权益的结构、比例及变化趋势等情况进行分析。对企业的资产负债分析又可分为结构分析、比较分析、趋势分析和比率分析4种分析方法。

- **结构分析**：对企业资产、负债及所有者权益中每一具体项目占该类项目以及与总体项目的结构、比重进行分析，从而揭示该类财务指标的结构是否合理。
- **比较分析**：能对企业同口径（指标名称相同、计算方法相同）指标在任意两个会计期间（或一个会计期间与它的预算值之间）进行比较，借以反映其增减变动情况。
- **趋势分析**：反映企业某一财务指标，如资产总计、流动资产合计、银行存款等在年度内月份之间、季度之间和年度之间变化的趋势。
- **比率分析**：反映企业资金运作和财务状况的主要指标，如流动资金周转率等。

2. 财务指标分析

财务指标包括反映企业财务状况、资金运作情况、偿债能力、盈利能力等方面的20个常用财务指标。通过对这些指标的分析，可对企业的财务状况和经营成果进行总结，并为生产经营活动提供宝贵的经验和指导意义。

3. 利润分析

利润情况分析是对企业本期、本年累计及任一会计期间的盈利状况和盈利能力进行分析。对企业的利润分析可分为结构分析、比较分析、趋势分析和比率分析4种分析方法。

- **结构分析**：能揭示企业本期或本年累计利润结构和盈利状况。
- **比较分析**：对企业同口径指标在任意两个会计期间（或一个会计期间与它的预算值之间）进行比较，说明其增减变动情况。
- **趋势分析**：对任何一个利润指标如营业收入、毛利、利润总额以及净利润在年度内、年度间的变化趋势进行分析。
- **比率分析**：对反映企业盈利能力的主要指标如销售利润率、流动资金利用率、全部资金利用率、资本利用率进行分析。

三、任务实施

【案例2】2014年12月31日，欣宝月实业有限公司对各期间和本年度生成的资产负债表、利润表等财务会计报表进行分析。

（一）资产负债分析

在金蝶KIS标准版中，对资产负债进行分析时，可依次对资产、负债和所有者权益3栏数据进行分析，其具体操作如下。（微课：光盘\微课视频\项目十\资产负债分析.swf）

STEP 1 以“牟一”的账户登录“欣宝月”账套，在左侧单击“报表与分析”选项卡，在右侧“报表分析”栏单击“资产负债分析”超链接。

STEP 2 打开“资产负债分析”选项卡，在其中显示了各项目2013年12月31日和2014年12月31日的金额及所占结构比例，如图10-14所示。

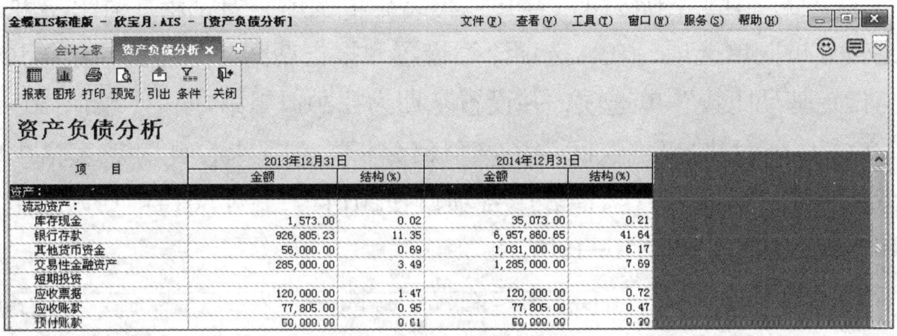

图10-14 资产负债分析

STEP 3 浏览表格中的数据，在工具栏中单击“图形”按钮，即可以饼图的形式显示资产负债表中银行存款、其他货币资金、交易性金融资产等各项目所占结构比率，如图10-15所示。

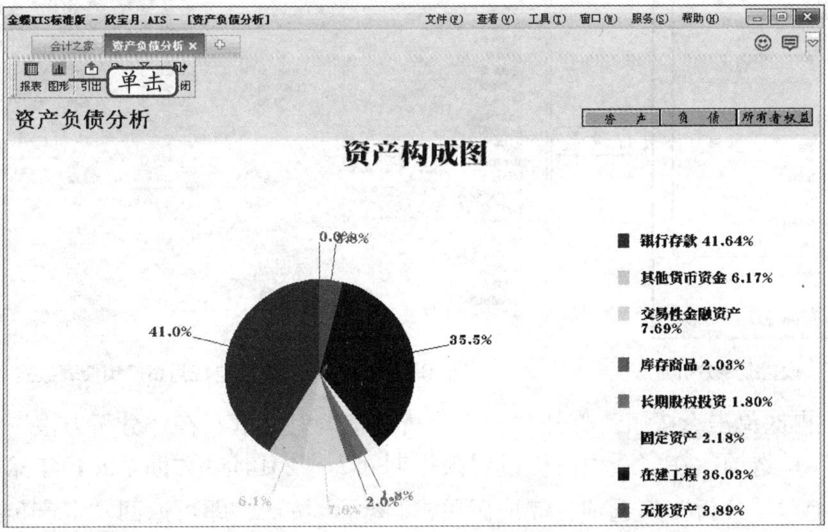

图10-15 饼图分析资产构成

STEP 4 查看资产构成图后，在窗口右上角单击“负　债”按钮或“所有者权益”按钮，可依次查看负债构成图和所有者权益构成图对应的饼图及结构，如图10-16所示。

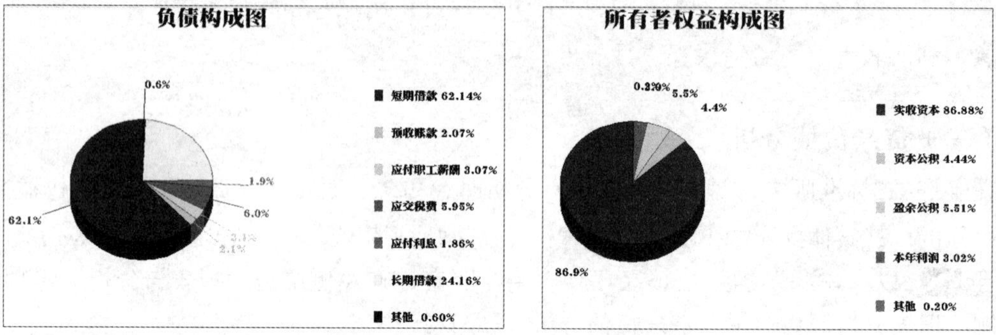

图10-16　负债构成图和所有者权益构成图

STEP 5 完成后在工具栏中单击“报表”按钮返回“报表”模式。

STEP 6 在工具栏中单击“条件”按钮，打开“报表分析选项”对话框，在“分析方法”栏中单击选中“比较分析”单选项，在“选项”栏设置“报告期间”为“2014年第12期”，然后单击选中“与指定基期比较”单选项，并设置基期为“2014年第7期”，如图10-17所示。

STEP 7 单击“确定(O)”按钮，返回“资产负债分析”选项卡，此时该表格中的数据将以设置的比较分析方法，分析资产负债表中各项目在2014年7月和2014年12月的金额、涨幅趋势、增减额和增减百分比，如图10-18所示。

图10-17　设置报表分析方法

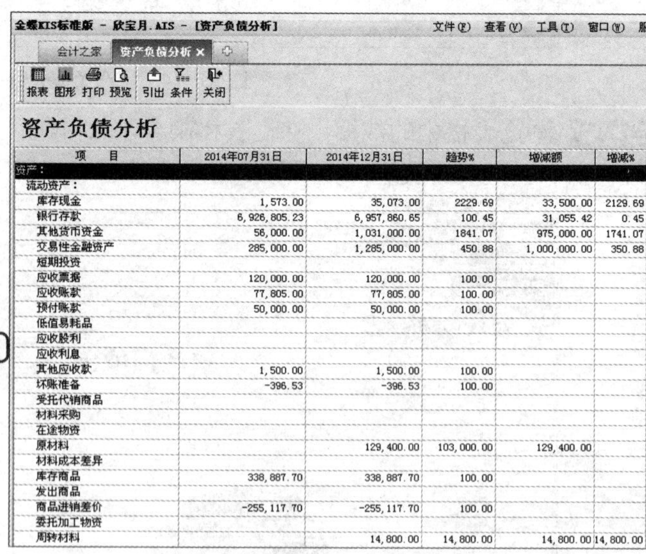

项　目	2014年07月31日	2014年12月31日	趋势%	增减额	增减%
资产：					
流动资产：					
库存现金	1,573.00	35,073.00	2229.69	33,500.00	2129.69
银行存款	6,926,805.23	6,957,860.65	100.45	31,055.42	0.45
其他货币资金	56,000.00	1,031,000.00	1841.07	975,000.00	1741.07
交易性金融资产	285,000.00	1,285,000.00	450.88	1,000,000.00	350.88
短期投资					
应收票据	120,000.00	120,000.00	100.00		
应收账款	77,805.00	77,805.00	100.00		
预付账款	50,000.00	50,000.00	100.00		
低值易耗品					
应收股利					
应收利息					
其他应收款	1,500.00	1,500.00	100.00		
坏账准备	-396.53	-396.53	100.00		
受托代销商品					
材料采购					
在途物资					
原材料		129,400.00	103,000.00	129,400.00	
材料成本差异					
库存商品	338,887.70	338,887.70	100.00		
发出商品					
商品进销差价	-255,117.70	-255,117.70	100.00		
委托加工物资					
周转材料		14,800.00	14,800.00	14,800.00	14,800.00

图10-18　比较分析7月与12月资产负债表数据

STEP 8 再次单击“条件”按钮，打开“报表分析选项”对话框，在“分析方法”栏单击选中“趋势分析”单选项，在“选项”栏设置报告期间为“2014年第7期至2014年第12期”，并单击选中“绝对数分析”单选项，完成后单击“确定(O)”按钮，即可返回“资产负债分析”选项卡查看对应数据，如图10-19所示。

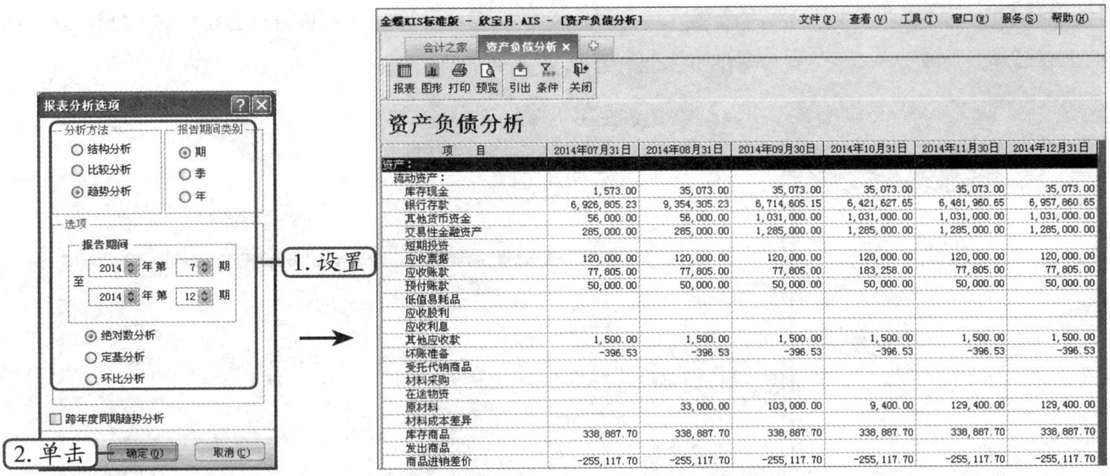

项　目	2014年07月31日	2014年08月31日	2014年09月30日	2014年10月31日	2014年11月30日	2014年12月31日
资产：						
流动资产：						
库存现金	1,573.00	35,073.00	35,073.00	35,073.00	35,073.00	35,073.00
银行存款	6,926,805.23	9,354,305.23	6,714,605.15	6,421,627.65	6,481,960.65	6,957,860.65
其他货币资金	56,000.00	56,000.00	1,031,000.00	1,031,000.00	1,031,000.00	1,031,000.00
交易性金融资产	285,000.00	285,000.00	1,285,000.00	1,285,000.00	1,285,000.00	1,285,000.00
短期投资						
应收票据	120,000.00	120,000.00	120,000.00	120,000.00	120,000.00	120,000.00
应收账款	77,805.00	77,805.00	77,805.00	183,258.00	77,805.00	77,805.00
预付账款	50,000.00	50,000.00	50,000.00	50,000.00	50,000.00	50,000.00
低值易耗品						
应收股利						
应收利息						
其他应收款	1,500.00	1,500.00	1,500.00	1,500.00	1,500.00	1,500.00
坏账准备	-396.53	-396.53	-396.53	-396.53	-396.53	-396.53
受托代销商品						
材料采购						
在途物资						
原材料		33,000.00	103,000.00	9,400.00	129,400.00	129,400.00
材料成本差异						
库存商品	338,887.70	338,887.70	338,887.70	338,887.70	338,887.70	338,887.70
发出商品						
商品进销差价	-255,117.70	-255,117.70	-255,117.70	-255,117.70	-255,117.70	-255,117.70

图10-19　使用趋势分析法分析资产负债数据

STEP 9 数据查看完成后，单击“关闭”按钮关闭该选项卡即可。

（二）利润分析

同资产负债分析一样，利润分析也有报表和图形两种分析方式，以及结构分析、比较分析和趋势分析3种分析方法，可根据需要选择不同的分析方式和分析方法，其具体操作如下。（**微课：**光盘\微课视频\项目十\利润分析.swf）

STEP 1 在“报表与分析”选项卡右侧的“报表分析”栏中单击“利润分析”超链接，打开“利润分析”选项卡。

STEP 2 在“利润分析”选项卡下的表格中显示了表各项目2014年12月的金额和所占结构，以及各项目本年累计数和结构比率，如图10-20所示。

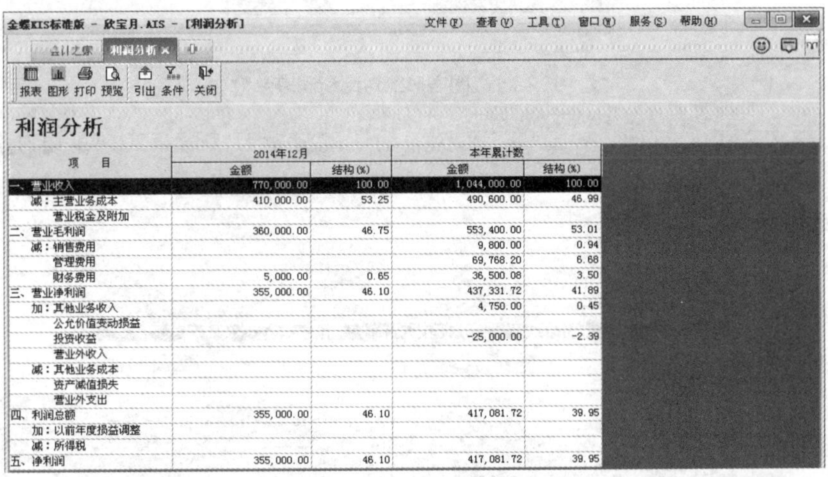

项　目	2014年12月		本年累计数	
	金额	结构(%)	金额	结构(%)
一、营业收入	770,000.00	100.00	1,044,000.00	100.00
减：主营业务成本	410,000.00	53.25	490,600.00	46.99
营业税金及附加				
二、营业毛利润	360,000.00	46.75	553,400.00	53.01
减：销售费用			9,800.00	0.94
管理费用			69,768.20	6.68
财务费用	5,000.00	0.65	36,500.08	3.50
三、营业净利润	355,000.00	46.10	437,331.72	41.89
加：其他业务收入			4,750.00	0.45
公允价值变动损益				
投资收益			-25,000.00	-2.39
营业外收入				
减：其他业务成本				
资产减值损失				
营业外支出				
四、利润总额	355,000.00	46.10	417,081.72	39.95
加：以前年度损益调整				
减：所得税				
五、净利润	355,000.00	46.10	417,081.72	39.95

图10-20　利润分析表

STEP 3 在工具栏中单击“条件”按钮，打开“报表分析选项”对话框，在“分析方法”栏单击选中“比较分析”单选项，设置报告期间为“2014年第11期”，在下面单击选中“与指定基期比较”单选项，设置基期为“2014年第10期”，如图10-21所示。

STEP 4 返回“利润分析”选项卡，在其中可查看利润表中各项目在2014年10月和2014年11月的金额、趋势、增减额和增减百分比等参数，如图10-22所示。

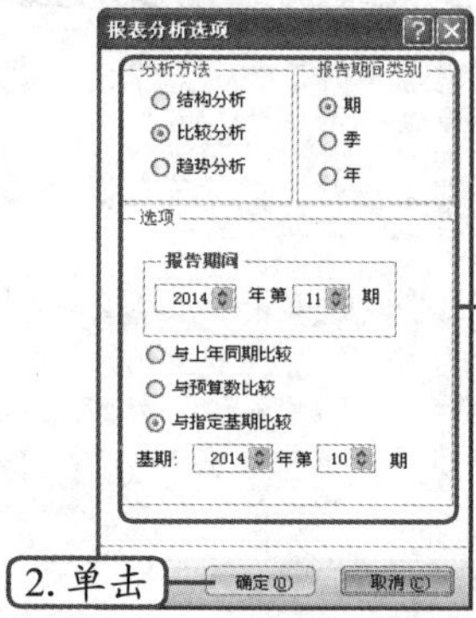

图10-21 设置报表分析选项

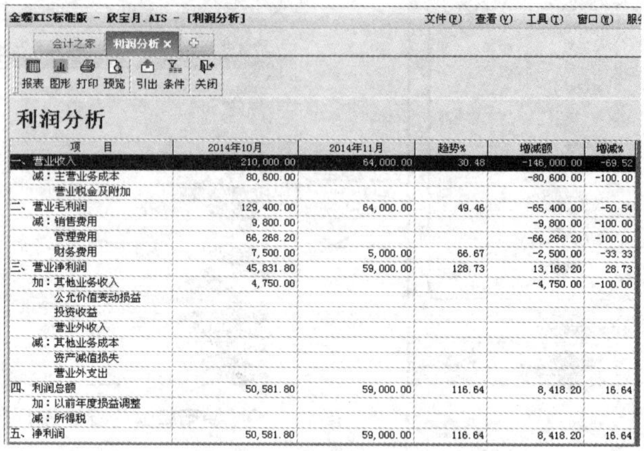

金蝶KIS标准版 - 欣宝月.AIS - [利润分析]

利润分析

项目	2014年10月	2014年11月	趋势%	增减额	增减%
一、营业收入	210,000.00	64,000.00	30.48	-146,000.00	-69.52
减：主营业务成本	80,600.00			-80,600.00	-100.00
营业税金及附加					
二、营业毛利润	129,400.00	64,000.00	49.46	-65,400.00	-50.54
减：销售费用	9,800.00			-9,800.00	-100.00
管理费用	66,268.20			-66,268.20	-100.00
财务费用	7,500.00	5,000.00	66.67	-2,500.00	-33.33
三、营业净利润	45,831.80	59,000.00	128.73	13,168.20	28.73
加：其他业务收入	4,750.00			-4,750.00	-100.00
公允价值变动损益					
投资收益					
营业外收入					
减：其他业务成本					
资产减值损失					
营业外支出					
四、利润总额	50,581.80	59,000.00	116.64	8,418.20	16.64
加：以前年度损益调整					
减：所得税					
五、净利润	50,581.80	59,000.00	116.64	8,418.20	16.64

图10-22 查看11月与10月的利润对比

STEP 5 在工具栏中单击“图形”按钮，即可以柱形图的形式对比2014年10月与2014年11月利润表中关于营业收入的对比情况，如图10-23所示。

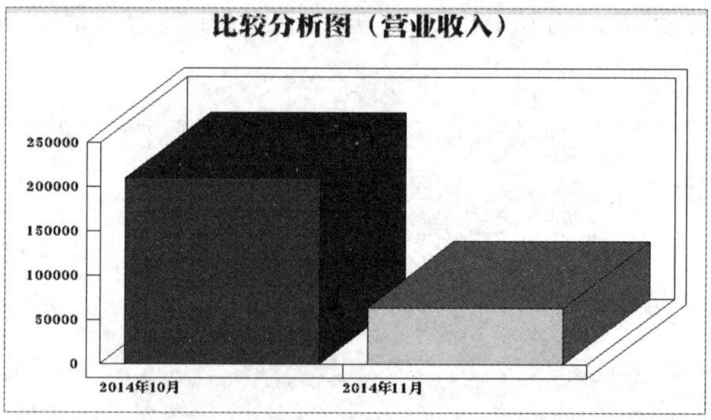

图10-23 以图表形式对比利润表参数

STEP 6 再次单击“条件”按钮，设置以“趋势分析”的分析方法查看2014年第7期至2014年第12期的利润表项目的增减变动情况，如图10-24所示，完成数据查阅后单击“关闭”按钮关闭“利润与分析”选项卡即可。

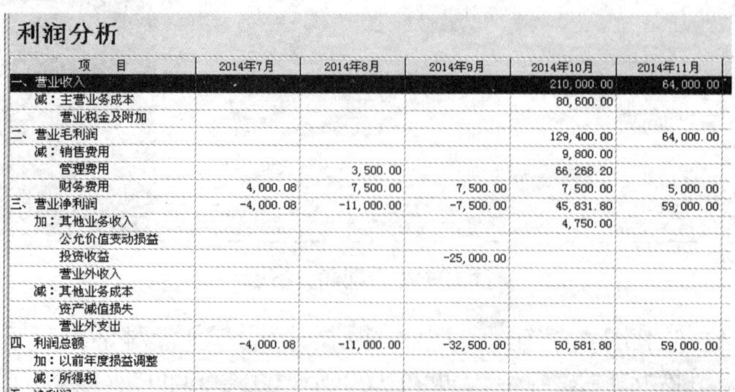

利润分析

项目	2014年7月	2014年8月	2014年9月	2014年10月	2014年11月
一、营业收入				210,000.00	64,000.00
减：主营业务成本				80,600.00	
营业税金及附加					
二、营业毛利润				129,400.00	64,000.00
减：销售费用				9,800.00	
管理费用		3,500.00		66,268.20	
财务费用	4,000.08	7,500.00	7,500.00	7,500.00	5,000.00
三、营业净利润	-4,000.08	-11,000.00	-7,500.00	45,831.80	59,000.00
加：其他业务收入				4,750.00	
公允价值变动损益					
投资收益			-25,000.00		
营业外收入					
减：其他业务成本					
资产减值损失					
营业外支出					
四、利润总额	-4,000.08	-11,000.00	-32,500.00	50,581.80	59,000.00
加：以前年度损益调整					
减：所得税					
五、净利润	-4,000.08	-11,000.00	-32,500.00	50,581.80	59,000.00

图10-24 分析2014年第7期至第12期的利润表数据

（三）财务指标分析

财务指标分析是对企业财务状况、资金运作情况、偿债能力、盈利能力等方面进行的分析。下面在金蝶KIS标准版中对欣宝月实业有限公司的财务指标进行分析，其具体操作如下。（微课：光盘\微课视频\项目十\财务指标分析.swf）

STEP 1 在“报表与分析”选项卡右侧的“报表分析”栏中单击“财务指标分析”超链接，打开“财务指标分析”选项卡。

STEP 2 此时中间的表格中将分别对本年利润增长额、净利润率、营业利润率等参数的制表值进行计算分析，查看数据后，单击关闭按钮关闭该选项卡即可，如图10-25所示。

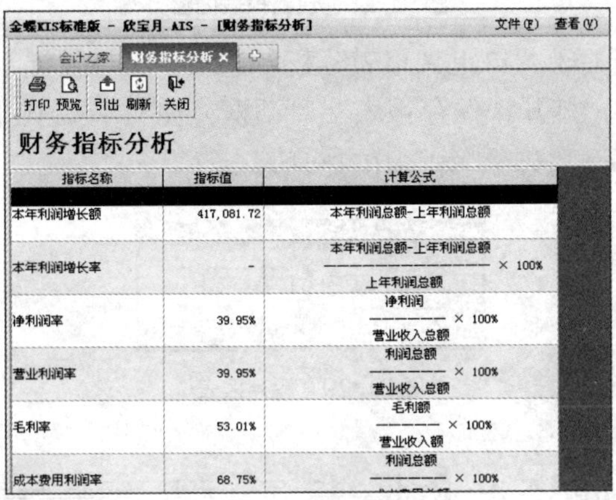

图10-25 财务指标分析

（四）自定义报表分析

除了直接使用金蝶KIS标准版默认的分析方法外，还可对制定科目对应的公式进行计算和分析。下面对“欣宝月”账套中的“银行存款”总科目进行分析，其具体操作如下。（微课：光盘\微课视频\项目十\自定义报表分析.swf）

STEP 1 在“报表与分析”选项卡右侧的“报表分析”栏中单击“自定义报表分析”超链接，打开“自定义报表分析”对话框，单击 新建 按钮，如图10-26所示。

STEP 2 打开“自定义报表分析”选项卡，在工具栏中单击结构按钮，此时表格中第一行单元格底纹变为黄色，单击分析按钮，打开“会计科目”对话框。

STEP 3 在“资产”选项卡中选择“银行存款”总科目，然后单击 确认 按钮，此时表格中将显示“银行存款”会计科目下的3个明细科目，如图10-27所示。

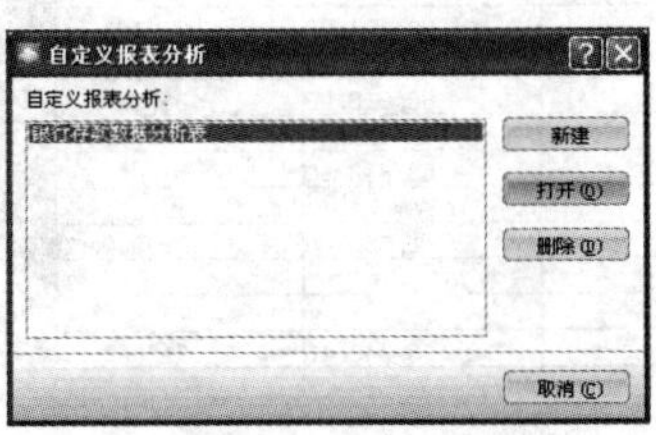

图10-26 自定义报表分析

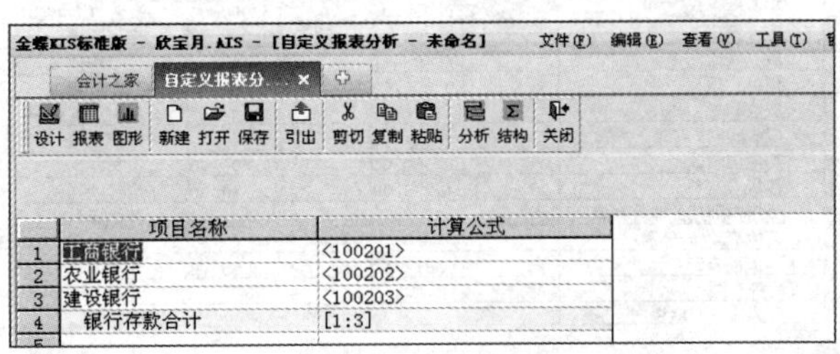

图10-27 新增分析

STEP 4 在工具栏中单击报表按钮，即可查看当前自定义的分析数据的报表内容，如图10-28所示。

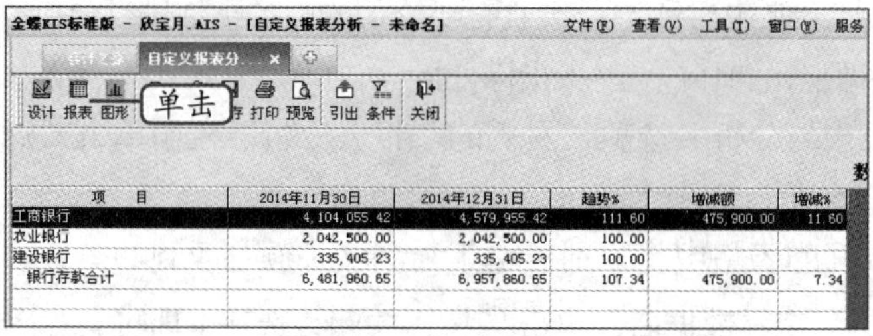

图10-28　查看报表内容

STEP 5 单击关闭按钮关闭“自定义报表分析”选项卡，打开提示对话框，提示是否保存数据，单击 是(Y) 按钮，打开“保存报表”对话框，在文本框中输入“银行存款数据分析表”文本，然后单击 确定(O) 按钮，如图10-29所示。

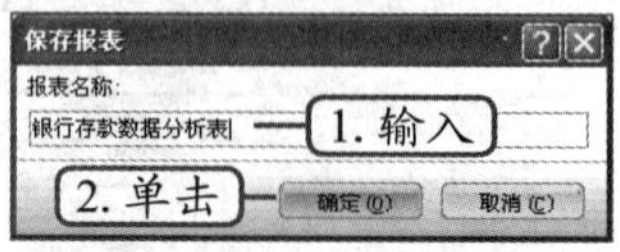

图10-29　保存报表

实训一　重新生成资产负债表

【案例3】2014年12月31日，欣宝月实业有限公司发现某一会计凭证出错，管理阶层要求财务部重新生成资产负债表。

【实训要求】

要求在金蝶KIS会计核算软件中对欣宝月实业有限公司12月份生成的资产负债表进行重算，刷新资产负债表数据，如图10-30所示。

图10-30　重算资产负债表

【实训思路】

资产负债表中的数据是根据资产负债表中各科目对应的总账账户的期末余额自动获取的，任何一笔经济业务的发生，都会影响对应账户的当期发生额和期末余额，同样也会影响相应会计报表的数据。所以，重算资产负债表是更正资产负债表数据的有效方法。

【步骤提示】

STEP 1 启动金蝶KIS标准版，使用会计员的账户登录系统。

STEP 2 选择【功能】/【报表与分析】/【资产负债表】菜单命令，打开“资产负债表”选项卡。

STEP 3 单击重算按钮，系统自动对报表数据进行重算。

STEP 4 单击关闭按钮关闭选项卡，此时将打开提示对话框，单击是(Y)按钮保存新数据即可。

操作提示

若与现金流量表相关的数据发生变化，在“过滤”对话框中设置好期间后单击是(Y)按钮后，系统将自动打开提示对话框，提示数据已发生变化，是否重算数据，单击是(Y)按钮即可。

实训二 重算并分析利润表

【案例4】2014年12月30日，欣宝月实业有限公司董事要求查看本年度利润表，财务部于当日重算利润表，并对利润表中各项目进行了分析。

【实训要求】

要求在金蝶KIS标准版会计核算软件中对欣宝月实业有限公司的年度利润表进行重算，以及对该利润表中的各项目进行分析。

【实训思路】

本实训是对利润表进行重算和分析的练习，其中重算利润表的方法和重算资产负债表的方法一样，只需在工具栏中单击相应按钮即可。而分析利润表时，可利用多种不同的分析方法，依次对不同月份的项目金额进行对比，查看增减变动情况。

【步骤提示】

STEP 1 启动金蝶KIS标准版，使用管理员账户登录“欣宝月”账套。

STEP 2 单击“报表与分析”选项卡，在中间单击“利润表”超链接，打开“利润表”选项卡。

STEP 3 查看利润表各项目对应金额，在工具栏中单击重算按钮，系统自动对报表数据进行重算，单击关闭按钮关闭选项卡，此时将打开提示对话框，单击是(Y)按钮保存新数据。

STEP 4 返回“报表与分析”选项卡，在右侧单击“利润分析”超链接，打开“利润分析”选项卡，查看分析数据，并通过单击条件按钮，在打开的“报表分析选项”对话框中设置分析参数，来对比利润表中各项目对应金额，达到分析利润的目的。

常见疑难解析

问：所有企业都应编制资产负债表、利润表和现金流量表吗？

答：我国《小企业会计制度》规定，小企业的年度财务会计报表包括资产负债表、利润表和会计报表附注，小企业可以根据需要选择是否编制现金流量表。

问：企业报税是否需要用到会计报表？报税的一般流程是什么？

答：报税就是向税务部门申报并办理有关纳税手续的行为。一般情况下，报税分为上门申报和网上申报两种，其中网报（即网上申报）流程由于其方便快捷的优点，正逐步应用到各地区。不管是上门申报还是网报，都需要用到财务会计报表。以增值税为例，报税时，财会人员应向主管税务机关购领“增值税纳税申报表”，填写完成后同时提供“资产负债表”和“损益表”，以及其他备查资料以供税务机关核查。纳税人应按月进行纳税申报，申报期为次月1日起至15日止，纳税人经税务机关通知申报而拒不申报或者进行虚假的纳税申报，不缴或者少缴应纳税款的，按偷税处理；纳税人不进行纳税申报，不缴或者少缴应纳税款的，将按相关法律规定进行处罚。

拓展知识

（一）自定义财务会计报表

在金蝶KIS标准版中，只提供了资产负债表、利润表和简易现金流量表3种财务报表的基本格式，也就是说，只有这3种报表可以自动获取数据、自动填列项目、自动应用报表格式。要生成和使用其他类型的报表，只能通过自定义的形式来进行操作。

在“报表和分析”选项卡中单击“自定义报表”超链接，打开“会计报表”对话框，在“会计报表”列表框中显示了“所有者权益（股东权益）变动表”选项，该表也是系统自动定义的，选择该选项后，单击“打开(O)”按钮即可生成并打开所有者权益（股东权益）变动表，如图10-31所示。

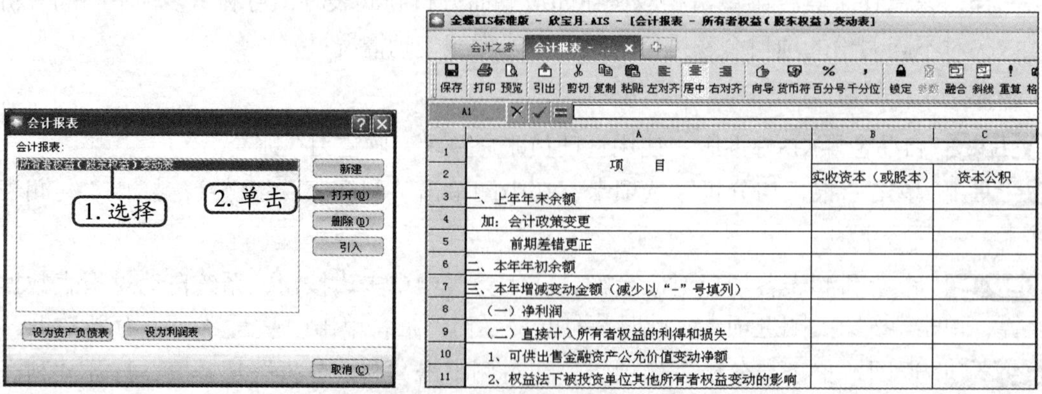

图10-31 自动生成所有者权益（股东权益）变动表

要生成其他报表，则需在“会计报表”对话框中单击[新建]按钮，此时将打开一个新的选项卡，选项卡中间部分为Excel工作表的一部分内容，在单元格中输入文本，在工具栏设置格式，对于需要计算数据来填列的单元格，可在工具栏中单击[向导]按钮，在打开的“自定义报表公式向导”对话框中完成公式的设置，如图10-32所示。所有报表数据设置完成后，在工具栏中单击[保存]按钮，在打开的“保存报表”对话框中设置报表名称，单击[确定(O)]按钮即可保存报表，保存的报表将在“会计报表”对话框的列表框中显示，如图10-33所示。

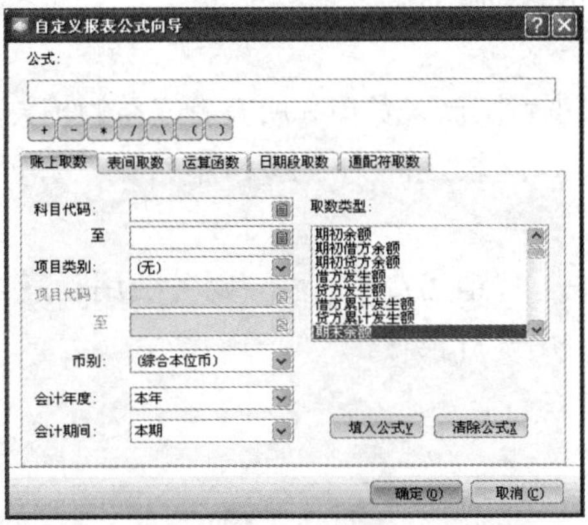

图10-32 自定义报表公式向导

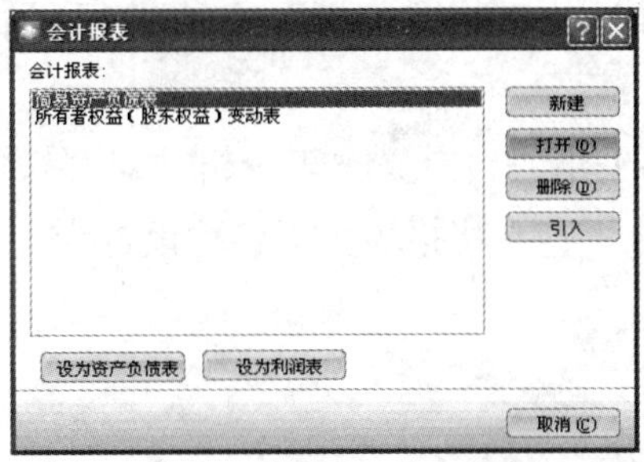

图10-33 查看自定义的会计报表

（二）会计人员编制、审计和报送财务会计报表的要求

1. 编制财务会计报表的基本要求

企业编制财务会计报表时应最大限度地满足财务报表使用者的信息要求，同时，企业编制的财务会计报表应真实可靠、相关可比、全面完整、编报及时、便于理解，并符合国家统一会计制度和会计准则的有关规定。

财务会计报表编制的基本要求体现在以下8个方面。

- 以持续经营为基础编制。
- 按正确的会计基础编制。
- 至少按年编制财务会计报表。
- 项目列报遵守重要性原则。
- 保持各个会计期间财务报表项目列报的一致性。
- 各项目之间的金额不得相互抵销。
- 至少应当提供所有列报项目上一个可比会计期间的比较数据。
- 应当在财务报表的显著位置披露编报企业的名称等重要信息。

2. 编制、审计和报送财务会计报表的时间规定

不同类型的财务会计报表，其编制、审计和报送的时间规定也各不相同，月报、季报、半年报和年报的编制和对外提供的时间要求如下。

- 月报在每月终了时进行编制，应于月份终了后6日内报出。
- 季报在每季度终了时编制，应于季度终了后的15日内报出。

- 半年报在每半年终了时编制，应于年度中期结束后60天内报出。
- 年报在每年度终了时编制，应于年度终了后4个月内报出。

课后练习

在大顺粮油公司的账套中根据以下经济业务事项完成相关核算。

（1）自动生成资产负债表、利润表和简易现金流量表。

（2）设置并打印生成的利润表。

（3）进行资产负债分析，依次以图表形式查看资产、负债和所有者权益的相关数据。

（4）以“比较分析”方法进行利润分析，比较期间为“2014年11期”和“2014年12期”。

（5）生成自定义报表分析，对“管理费用”“销售费用”和“财务费用”三大期间费用进行分析，并将报表分析名称设置为“期间费用分析表”。

附录
综合上机实训

实训一 上岗准备——川宏公司概况与基础数据准备

在使用会计核算软件进行日常账务核算前，应做好充分的准备，包括掌握企业类型和主要业务，准备期初会计资料，以及对会计核算软件有一定的认识。

一、 实训准备

在计算机中安装金蝶KIS标准版9.1会计核算软件，熟悉软件界面和功能模块的使用，了解建账、收集资料、录入资料等流程。

二、实训内容

首先了解企业概况，然后根据企业的类型新建账套，查看（整理）各种公共基础资料，并将期初会计数据录入到新建的账套中，以完善企业会计信息，为以后的会计核算做好基础准备工作。

三、实训资料

（一）川宏服饰有限公司概况

川宏服饰有限公司成立于2014年，是一家小型的，专门从事服饰生产、加工及销售的综合型企业。川宏服饰有限公司总部设立在四川成都，生产厂房与行政办公地点分离，并设置总经办、财务部、行政部、销售部、采购部、运输部、生产部等多个部门，分别对生产经营过程中的各个环节进行监督和管理。

川宏服饰有限公司员工总数约100人，其中管理人员约为20名，一般员工（含车间）约为80人。企业采取开放式管理模式，在生产厂区和行政办公地点都设立了财务部门，分别对两个不同办公地点的经济业务事项进行管理，期末再统一收集和分配相关原始凭证，由专门的财会人员进行会计核算，填制记账凭证、生成会计账簿和财务会计报表。

2015年，川宏服饰有限公司根据业务的发展，试用并决定引入金蝶KIS标准版进行会计核算，以逐步用会计电算化来替代手工做账。川宏服饰有限公司财务部整理上一年度的会计数据，开始使用金蝶KIS标准版进行核算。

（二）账套资料和财务系统核算框架

1. 账套资料

根据表1的账套信息在金蝶KIS标准版中为川宏服饰有限公司创建一个新的账套。

表 1 账套信息表

项目	账套信息
文件名	川宏
账套名	川宏
所属行业	新会计准则
记账本位币	RMB－人民币
会计科目结构	2-2-2-2
会计期间	自然月份 开始日期：1 月 1 日 启用期间：2015 年 1 期

2. 用户和权限

账套是公司存放一切财务数据和核算资料的容器，账套创建好后，才能进行其他设置。根据表2所示的财务人员信息详情，在账套中新增财务人员，并分别为其设置密码和权限。

表 2 川宏服饰有限公司财务人员信息详情

姓名	职位	密码	用户组	权限
甄实	系统管理员	123456	系统管理员组	所有权限
任国英	操作员	123456	操作员组	账务处理凭证（除审核、检查和过账外）、工资、固定资产、往来管理、科目
韩萍	操作员	123456	操作员组	账务处理凭证（除审核、检查和过账外）、工资、固定资产、往来管理、科目
汤芹	操作员	123456	操作员组	账务处理凭证（除审核、检查和过账外）、工资、固定资产、往来管理、科目
厉有为	操作员	123456	操作员组	账务处理凭证（除审核、检查和过账外）、工资、固定资产、往来管理、科目
伍爱民	审核员	123456	审核员组	凭证审核、过账、期末处理、报表、科目

续表

姓名	职位	密码	用户组	权限
萧志伟	审核员	123456	审核员组	凭证审核、过账、结账、报表、科目
郝楠	审核员	123456	审核员组	凭证审核、过账、结账、报表、科目
严光荣	出纳	123456	出纳组	出纳管理所有权限
司徒平	出纳	123456	出纳组	出纳管理所有权限
方浩	系统维护	123456	系统维护员组	系统维护
何一伟	系统维护	123456	系统维护员组	系统维护

3. 财务软件基础数据

财务软件基础数据包括币别、凭证字、结算方式和核算项目、总分类科目和明细分类科目等。根据表3~表5所示的信息，在“川宏”账套中添加财务软件基础数据。

表3 币别

币别代码	币别名称	期初汇率	期末汇率
USD	美元	6.1	期末调汇前输入
GBP	英镑	9.9	期末调汇前输入
HKD	港币	0.87	期末调汇前输入

表4 凭证字、结算方式和核算项目

凭证字	记	收	付	转	–
结算方式	支票	汇票	–	–	–
核算项目	往来单位	部门	职员	库存商品	材料

表 5　总分类科目和明细分类科目

总科目	科目代码	明细科目	总科目	科目代码	明细科目
银行存款	100201	工商银行	应付职工薪酬	221101	工资
	100202	中国银行		221102	职工福利
交易性金融资产	110101	成本		221103	工会经费
	110102	公允价值变动		221104	职工教育经费
应交税费	222101	增值税		221105	社会保险费
	22210101	销项税		221106	住房公积金
	22210102	进项税		221107	非货币性福利
	222102	未交增值税		221108	其他

（三）会计初始资料

企业以前年度的会计数据会影响当前年度的会计数据，所以会计初始资料在建账过程中尤为重要。川宏服饰有限公司财务部收集了上一年度的相关会计核算资料，包括固定资产折旧方法、供应商档案、员工信息、原材料和库存商品，以及上一年度期末各总账账户和明细分类账户的余额，如表6~表12所示。根据下列各表的信息，在“川宏”账套中设置会计初始资料。

表 6　固定资产类别

类别名称	折旧方法	预计净残值率
办公设备	平均年限法	10%
生产设备	平均年限法	10%
包装设备	平均年限法	10%
运输设备	平均年限法	10%
其他设备	平均年限法	10%

表 7 固定资产变动方式

变动	方式	变动	方式
增加	购入	减少	出售
	接受投资		报废
	接受捐赠		盘亏
	融资租入		其他
	自建		
	盘盈		
	其他增加		

表 8 供应商档案

代码	名称	联系人	地址
1001	宇宙公司	尹婷	四川成都武侯区丰俞路
1002	金球公司	张翔	四川成都锦江区上丰路
1003	海风公司	王维	四川成都锦江区裕丰路
1004	领航公司	王峰	四川成都高新区旺西路
1005	凌宇公司	袁股	四川成都武侯区洗面桥
2001	强者辅料	罗志强	四川成都金牛区八于路
2002	好运商贸	刘永军	四川成都新都区连齐路
2003	天凡公司	齐颖	四川成都郫县云紫西路
2004	浩丰公司	冯燕	四川成都高新区桂林路
2005	齐羽公司	张永华	四川成都武侯区子紫路

表 9　员工信息表

代码	部门	姓名	性别	职位
10101	总经办	王礼	男	管理人员
10102	总经办	李小艾	女	管理人员
10201	财务部	甄实	男	管理人员
10202	财务部	任国英	男	管理人员
10203	财务部	韩萍	女	管理人员
10204	财务部	汤芹	女	管理人员
10205	财务部	厉有为	男	管理人员
10206	行政部	范林	男	管理人员
10207	行政部	林熊	男	管理人员
10301	销售部	劳琴	女	销售人员
10302	销售部	曹汉林	男	销售人员
10401	采购部	辛凯	女	管理人员
10402	采购部	吴猛	男	管理人员
10501	运输部	卓远	男	管理人员
10502	运输部	马涛	男	管理人员
20101	一车间	周同	男	生产人员
20102	一车间	兰小勇	男	生产人员
20201	二车间	方浩	男	生产人员
20202	二车间	何一伟	男	生产人员
20301	三车间	房海波	男	生产人员
20302	三车间	肖小天	男	生产人员

表 10　库存商品和材料

库存商品		原材料	
代码	商品名称	代码	材料名称
1001	A 服饰	01	主要材料
1002	B 服饰	0101	甲布料
1003	C 服饰	0102	乙布料
1004	D 服饰	02	辅助材料
1005	E 服饰	0201	丙纽扣
1006	F 服饰	0202	丁拉链

表 11　会计科目的辅助核算

代码	科目名称	核算项目	业务编号	详情
1122	应收账款	往来单位	0001	2014 年 11 月 2 日应收宇宙公司 50 000 元
			0002	2014 年 11 月 5 日应收金球公司 30 000 元
			0003	2014 年 11 月 14 日应收海风公司 25 000 元
			0004	2014 年 11 月 16 日应收领航公司 20 000 元
1123	预付账款	往来单位	0011	2014 年 11 月 20 日预付强者辅料 15 000 元
			0012	2014 年 11 月 21 日，预付好运商贸 35 000 元
1221	其他应收款	部门、职员	0051	采购部辛凯借支 6 000 采购材料
1403	原材料	原材料	1001	2014 年 12 月 04 日采购甲布料 70000 元
			1002	2014 年 12 月 07 日采购丙纽扣 16 000 元
1405	库存商品	库存商品	1011	2014 年 12 月 09 日 A 服饰入库 800 000 元

续表

代码	科目名称	核算项目	业务编号	详情
2202	应付账款	往来单位	0021	2014 年 12 月 11 日应付天凡公司 250 400 元
			0022	2014 年 12 月 15 日应付浩丰公司 124 600 元
2203	预收账款	往来单位	0031	2014 年 12 月 22 日预付凌宇公司 20 000 元
4401	实收资本	往来单位	2001	2014 年 12 月 31 日接受齐羽公司投资 300 000 元

表 12　科目初始数据

科目代码	科目名称	方向	期初余额	科目代码	科目名称	方向	期初余额
1001	库存现金	借	10 000	1221	其他应收款	借	6 000
1002	银行存款	借	50 000		——辛凯	借	6 000
100201	工商银行	借	20 000	1231	坏账准备	贷	6 000
100202	中国银行	借	30 000	1401	材料采购	借	200 000
1121	应收票据	借	12 000	1403	原材料	借	86 000
1122	应收账款	借	125 000		主要材料	借	70 000
	——宇宙公司	借	50 000		——甲服饰	借	70 000
	——金球公司	借	30 000		辅助材料	借	16 000
	——海风公司	借	25 000		——丙纽扣	借	16 000
	——领航公司	借	20 000	1404	材料成本差异	借	15 000
1123	预付账款	借	50 000	1405	库存商品	借	800 000
	——强者辅料	借	15 000		A 产品	借	800 000
	——好运商贸	借	35 000	1471	存货跌价准备	贷	20 000

续表

科目代码	科目名称	方向	期初余额	科目代码	科目名称	方向	期初余额
1601	固定资产	借	600 000	221103	工会经费	贷	10 000
1602	累计折旧	贷	80 000	221104	职工教育经费	贷	10 000
1605	工程物资	借	19 000	221105	社会保险费	贷	21 000
2001	短期借款	贷	20 000	221106	住房公积金	贷	34 000
2201	应付票据	贷	20 000	221107	非货币性福利	贷	12 000
2202	应付账款	贷	375 000	2221	应交税费	贷	200 000
	——天凡公司	贷	250 400	222102	未交增值税	贷	200 000
	——浩丰公司	贷	124 600	2241	其他应付款	贷	12 000
2203	预收账款	贷	20 000	2501	长期借款	贷	230 000
	——凌宇公司	贷	20 000	4001	实收资本	贷	300 000
2211	应付职工薪酬	贷	320 000	4002	资木公积	贷	100 000
221101	工资	贷	173 000	4104	利润分配	贷	450 000
221102	职工福利	贷	60 000				

四、操作步骤

在电算化核算中，会计数据是从无到有的过程，必须新建账套并将各基础数据录入后，才能进行一系列的处理和核算。设置基础数据时可参照以下提示进行。

（1）新建账套。在计算机中选择【开始】/【所有程序】/【金蝶KIS】/【金蝶KIS标准版】菜单命令，启动金蝶KIS财务核算软件，在登录界面中单击新建账套按钮，并按指定数据依次设置。

（2）新增用户（组）。在账套初始化界面中选择【工具】/【用户管理】菜单命令，在打开的对话框中单击新增(N)按钮或新增组按钮新增用户或用户组。

（3）设置资料。在账套初始化界面中选择【基础资料】菜单命令，在打开的菜单中选择对应的菜单命令，即可打开对应的对话框，在其中依次设置基础资料即可。

（4）录入期初数据。在账套初始化界面中单击“期初数据”超链接，在打开的选项卡中根据提供的数据依次进行设置，完成后返回初始化界面，单击“启用账套”超链接。

实训二 小试身手——处理日常账务

日常账务处理是会计核算的重点，其中操作最为频繁的就是填制、审核记账凭证。除此之外，还包括出纳对现金日记账和银行存款日记账的管理，管理人员对凭证和账簿的管理，以及日常经营活动中对固定资产、低值易耗品等企业资产的管理等。

一、实训准备

要对日常账务进行会计核算，首先必须掌握一笔经济业务事项的发生会引起哪些账户金额的增减变动，然后通过编制会计分录，填制对应的记账凭证。涉及在金蝶KIS标准版财务软件中进行操作设置的，应及时登记或核销相关记录；涉及多个会计人员协同处理的，要明确会计责任，并及时处理。同时，只有对金蝶KIS标准版财务软件的功能模块和操作界面有一定的认识，才能熟练地根据经济业务事项进行会计核算。

二、实训内容

（1）录入、修改、审核凭证。

（2）材料、商品、固定资产购入。

（3）材料、商品、固定资产出售。

（4）往来核算与核销。

（5）现金如银行存款的管理。

三、实训资料

川宏公司2015年1月份发生以下经济业务，要求进行相应的会计处理。

（1）1月2日，收到凌宇公司现金投资500万元。

【操作提示】相关会计分录如下。

借：银行存款——工商银行　　　　5 000 000

　　贷：实收资本　　　　5 000 000

（2）1月5日，财务部出纳在中国工商银行购买转账支票，由银行直接扣款25元，支票信息如表13所示。

表 13　转账支票信息

项目	内容	项目	内容
银行名称	中国工商银行	日期	2015-01-07
银行账号	65246654412654452	支票有效期	60 天
币别	人民币	支票号码	1001-1030

【操作提示】相关会计分录如下。

借：管理费用　　　　25

　　贷：银行存款——工商银行　　　　25

（3）从中国银行取得短期借款60 000元，期限为6个月，年利率为7%，利息每季结算一次，所得借款存入银行。

【操作提示】相关会计分录如下。

借：银行存款——中国银行　　60 000

　　贷：短期借款　　60 000

（4）1月10日，从中国工商银行提取3 000元备用金。

【操作提示】相关会计分录如下。

借：库存现金　　3 000

　　贷：银行存款　　3 000

（5）1月10日，总经办员工李小艾向财务部借支现金5 000元，用于出差。

【操作提示】相关会计分录如下。

借：其他应收款——李小艾　　5 000

　　贷：库存现金　　5 000

（6）1月11日，采购部辛凯向宇宙公司采购甲布料500匹，不含税单价为700元/匹，增值税税率17%，材料已验收入库，货款未支付。

【操作提示】相关会计分录如下。

借：原材料　　350 000

　　应交税费——应交增值税（进项税额）　　59 500

　　贷：应付账款　　409 500

（7）1月12日，采购部辛凯在财务部领取一张转账支票，用于支付11日购买的甲材料的货款，支票信息如表14所示，同日，支付货款后将支票存根交予财务部核销，支票剩余账款以现金形式交还财务部。

表14　支票领用和报销信息

项目	内容	项目	内容
银行	中国工商银行	领用人	辛凯
账号	65246654412654452	使用限额	410 000
对应科目	100201	领用日期	2015-01-12
支票号	1001	报销人	辛凯
币别	人民币	报销金额	410 000
领用部门用途	支付采购款	报销日期	2015-01-12

【操作提示】相关会计分录如下。

①领取支票以支付货款。

借：其他应收款——辛凯　　410 000

　　贷：银行存款——中国银行　　410 000

②退还剩余货款。

借：应付账款　　409 500

　　库存现金　　500

　　贷：其他应收款——辛凯　　410 000

（8）11日，以现金1450元支付办公区水电费。

【操作提示】相关会计分录如下。

借：管理费用　　1 450

　　贷：库存现金　　1 450

（9）17日，总经办员工李小艾出差回来，报销差旅费4550元，退回现金450元。

【操作提示】相关会计分录如下。

①报销差旅费。

借：管理费用　　4 550

　　贷：其他应收款　　4 550

②退回现金。

借：库存现金　　450

　　贷：其他应收款　　450

（10）31日，企业根据本月乙材料的领料凭证，编制领料凭证汇总表，具体如表15所示。

表 15　材料领用情况汇总表

部门及用途	数量（匹）	金额（元）	合计（元）
生产 A 服饰直接耗用	200	670	134 000
生产 B 服饰直接耗用	230	670	154 100
生产 C 服饰直接耗用	190	670	127 300
车间一般性消耗	10	670	6 700
行政管理部门耗用	2	670	1 340
销售部门耗用	2	670	1 340

【操作提示】相关会计分分录如下.

借：生产成本——A服饰　　134 000

　　　　　　——B服饰　　154 100

　　　　　　——C服饰　　127 300

制造费用　　　　　　　　　　　6 700

管理费用　　　　　　　　　　　1 340

销售费用　　　　　　　　　　　1 340

贷：原材料　　　　　　　　　　　424 780

（11）1月，厂房产成A服饰、B服饰和C服饰，生产车间派专人运送至仓库，仓管人员核对入库信息后，即将所有商品登记入库。

【操作提示】相关分录如下。

借：库存商品　　　　　　　　　　　415 400

贷：生产成本——A服饰　　　　　　　　134 000

——B服饰　　　　　　　　154 100

——C服饰　　　　　　　　127 300

（12）1月8日，销售部曹汉林向海风公司销售A服饰共1 000件，不含税单价为50元/件；销售B服饰1 500件，不含税单价为67元/件，销售C服饰1 200件，不含税单价为55元/件，通过转账支票收回货款，其中增值税税率为17%。

【操作提示】相关会计分录如下。

借：银行存款　　　　　　　　　253 305

贷：主营业务收入——A服饰　　　　　50 000

——B服饰　　　　　100 500

——C服饰　　　　　66 000

应交税费——应交增值税（销项税额）　　36 805

（13）1月9日，新增自动结转主营业务成本的自动转账凭证，完成后结转已销售产品的销售成本，相关信息如表16所示。

表 16　自动转账凭证

项目	内容	项目	内容
自动转账凭证名称	结转主营业务成本		
转账期间	1-12	凭证字	转
摘要 1	结转主营业务成本	摘要 2	结转主营业务成本
科目	主营业务成本	科目	库存商品
核算项目		核算项目	A 服饰
借贷	借	借贷	贷
包含本期未过账凭证	是	包含本期未过账凭证	是
转账比例	100%	转账比例	100%

【操作提示】相关会计分录如下。

借：主营业务成本——A服饰　　134 000

——B服饰　　154 100

——C服饰　　127 300

贷：库存商品　　415 400

（14）向宇宙公司购买乙布料，收到对方公司开具的专用发票，数量为700匹，单价为670元/匹，价款469 000元，增值税税率为17%，货款以工商银行存款支付。

【操作提示】相关会计分录如下。

借：原材料——乙布料　　469 000

应交税费——应交增值税（进项税额）　79 730

贷：银行存款——工商银行　　548 730

（15）计提60 000元短期借款的第一个月的利息（年利率为7%）。

【操作提示】相关会计分录如下。

借：财务费用　　350

贷：应付利息　　350

（16）1月31日，企业购入2台大型缝纫机，该缝纫机的相关信息如表17所示，其中该固定资产的运输费为700元，增值税为27 319元，相关费用由中国银行账户转账支付。

表 17　缝纫机的相关信息

基本信息		折旧与减值准备信息 1		折旧与减值准备信息 2	
项目	内容	项目	内容	项目	内容
代码	F10	类别	机械设备	币别	人民币
名称	缝纫机	使用状况	使用中	原值本位币	80 000 元
固定资产科目	1601	折旧费用科目	折旧费	折旧方法	平均年限法
累计折旧科目	1602	使用部门	生产部	预计使用期间	120
减值准备科目	1603	减值准备对方科目	营业外支出		
型号	F204				
入账日期	2015-1-31				
增加方式	购入				

【操作提示】相关会计分录如下。

借：固定资产　　160 700

应交税费——应交增值税（进项税额）　27 319

银行存款——中国银行　　188 019

（17）1月31日，财务部根据各部门上交的数据，整理出的员工工资表如图1所示，在财务软件中设置计算方式、录入数据并计提应付职工薪酬。其中计提职工薪酬的各部门对应科目代码如表18所示。

员工工资表

代码	姓名	部门	基本工资	提成	奖金	全勤奖	应发合计	病事假	代扣税	扣款合计	实发合计
01	王礼	总经办	500		700	200					
02	甄实	财务部	4000		700			140			
03	芳琴	销售部	1300	1500	800	200					
04	辛凯	采购部	1500	1000	600			110			
05	李华	仓库	3000		500	200					
06	郑爱华	行政部	3000	1300	700			140			
07	范林	运输部	1500	1000	500			140			
08	卓远	一车间	2500	1200	500	200					
08	何一伟	二车间	1500	1500	500	200					
10	肖小天	三车间	1500	1100	500	200					

图1 员工工资表

表18 材料领用情况汇总表

职员类别	项目	费用代码	应付工资代码
管理人员	实发工资	6602（管理费用）	2211（应付职工薪酬）
销售人员	实发工资	6601（销售费用）	2211（应付职工薪酬）
生产人员	实发工资	5001（生产成本）	2211（应付职工薪酬）
车间管理	实发工资	5101（制造费用）	2211（应付职工薪酬）

（18）1月31日，根据计提的各部门应付职工薪酬，支付各部门工资，并做相应账务处理，相关会计分录如下。（金额由计提的记账凭证获取）

【操作提示】相关会计分录如下。

借：应付职工薪酬

　　贷：银行存款——工商银行

（19）按照税法规定计提本月应交城市维护建设税620元，教育费附加180元。

借：营业税金及附加　　　　800

　　贷：应交税费——应交城建税　　　　620

　　　　　　　　——应交教育费附加　　180

（20）企业销售一批多余甲布料25匹，单价为740元/匹，增值税税率为17%，货款已收到，结转该批材料的销售成本。

【操作提示】相关会计分录如下。

①收到销售货款。

借：银行存款　　　　　　21 645

　　贷：其他业务收入　　　　　　18 500

　　　　应交税费——应交增值税（销项税额）　　3 145

②结转销售成本。

借：其他业务成本　　　　　　　　17 500

　　贷：原材料——甲布料　　　　　　17 500

（21）向宇宙公司采购甲布料，公司双方签订采购合同，合同信息如表19所示，该合同分两次进行。

表 19　合同信息

项目	内容	项目	内容
合同编号	20150130	合同类型	采购合同
合同名称 / 合同项目	向宇宙公司采购甲布料	签约日期	2015-01-30
对方名称	宇宙公司	期限	2015-01-30 至 2014-01-31
项目地点	四川成都	计量单位	匹
我方签约代表	陈某	数量	500
对方签约代表	张某	合同总额	25 000（元）
兑现详情	①第一次付款 15 000 元，对方科目为“银行存款——农行银行” ②第二次付款 10 000 元，对方科目为“银行存款——农行银行”		

（22）31日，企业要求各部门对财产物资进行全面清查盘点，财产清查数据如表20所示。

表 20　财产清查数据

清查日期	项目	清查结果	上级指示	处理
12 月 8 日	库存现金	盘亏 30 元	由出纳补足	当日出纳补足
12 月 9 日	固定资产	盘赢一台包装机	转为资产	确认为其他业务收入
12 月 9 日	库存商品	盘亏 10 件	一般经营损失	确认为管理费用

四、操作步骤

在金蝶KIS标准版中对会计数据进行核算需要权责分离，即使用不同的账户设置不同的权限，在进行账务处理时，可参照以下提示进行。

（1）录入凭证。操作员使用自己的账户登录金蝶KIS标准版，在系统主界面左侧单击“账务处理”选项卡，在中间单击“凭证录入”超链接，在打开的对话框中依次录入凭证。

（2）审核凭证。以管理员的身份登录账套，对录入的凭证进行检查并审核。

（3）修改/删除凭证。及时检查录入的记账凭证，若出现错误，应进行修改，或删除凭证后重新录入。

（4）过账。以管理员身份登录账套，对当月凭证进行过账。

（5）结账。以管理员身份登录账套，对当月凭证进行结账。

实训三 手到擒来——结转成本和利润

期末，会计人员进行的相关账务处理较多，包括短期/长期借款计提（支付）利息，固定资产折旧或减值准备，坏账准备，结转制造费用、本年利润，结转损益等。

一、实训准备

完成实训二相关账务处理并结账。

二、实训内容

（1）固定资产折旧。

（2）往来账务核算。

（3）结转制造费用。

（4）结转本年利润。

（5）结转损益。

三、实训资料

（1）对1月份增加的固定资产计提折旧。

【操作提示】在“固定资产”选项卡下单击“计提折旧”超链接，打开“计提折旧”对话框，根据提示信息依次单击 前进 > 按钮进行计提折旧。

（2）对1月份的应付和应收账款业务进行核销。

【操作提示】在“往来管理”选项卡中单击“核销往来业务”超链接，在打开的对话框中设置会计科目和项目代码，单击 确定(O) 按钮后，在打开的对话框中单击 自动核销 按钮。

（3）在自动转账功能下，结转本月制造费用。

【操作提示】在“账务处理”选项卡下单击“自动转账”超链接，打开“自动转账凭证”对话框，在“结转制造费用”选项上双击，然后单击 生成凭证 按钮。

（4）结转本年利润。

【操作提示】打开“自动转账凭证”对话框，在“结转本年利润”选项上双击，然后单击 生成凭证 按钮。

（5）结转损益。

【操作提示】在“账务处理”选项卡下单击“结转损益”超链接，打开“结转损益”对话框，根据提示信息一次单击 前进 > 按钮进行结转。

四、操作步骤

期末相关费用的结转和损益的结转其实是在过账和结账前进行的，但固定资产折旧和往来核算只有相关凭证过账及当月结账后才能进行。

（1）以审核员账户登录账套，对相关凭证进行自动结转。

（2）以另一审核员身份登录账套，对生成的凭证进行审核，并过账及结账。

实训四 游刃有余——编制财务会计报表

财务报表是一切财务数据的最终归属，它也是企业进行合理管理的有效依据。企业必须在指定日期内编制财务会计报表，以供报表使用者进行决策和分析。

一、实训准备

完成相关账务数据的录入、过账及结账。

二、实训内容

（1）查看总账和明细分类账。

（2）生成财务会计报表。

（3）进行财务分析。

（4）打印财务报表。

三、实训资料

（1）查看“银行存款”总账和该总账下“工商银行”和“中国银行”对应的明细分类账，并打印账页。

【操作提示】在“账务处理”选项卡右侧单击“总账”（“明细账”）超链接，在打开的对话框中设置会计期间和会计科目，单击确定(O)按钮。

（2）根据1月份发生的经济业务事项，分别生成资产负债表（月报）、利润表（月报）和简易现金流量表（月报）。

【操作提示】在“报表与分析”选项卡下单击“资产负债表”（“利润表”/“简易现金流量表”）超链接，在打开的选项卡中单击重算按钮并保存数据。

（3）打印生成的资产负债表和利润表。

【操作提示】查看资产负债表（利润表）时，在工具栏中单击预览按钮，预览打印效果并设置打印参数，确认无误后单击打印按钮打印。

（4）通过1月份的相关数据，进行资产负债分析、利润分析和财务指标分析。

【操作提示】在“报表与分析”选项卡右侧单击“资产负债分析”（“利润分析”“财务指标分析”）超链接，在打开的选项卡中进行数据分析。

四、操作步骤

财务报表分为月报、季报、半年报和年报，根据不同的需求，在不同的会计期间结束后进行编制。

（1）以任意会计人员账户登录账套，查看相关账簿（一般操作员只有查看权限）。

（2）以管理员账户登录账套，生成三大财务报表或进行财务数据分析。